# EN ALGÉRIE

SOUVENIRS D'UN PROVINOIS

PAR

E. BOURQUELOT

PARIS
TYPOGRAPHIE GEORGES CHAMEROT
19, RUE DES SAINTS-PÈRES, 19

1881

# EN ALGÉRIE

### SOUVENIRS D'UN PROVINOIS

# EN ALGÉRIE

SOUVENIRS D'UN PROVINOIS

PAR

E. BOURQUELOT

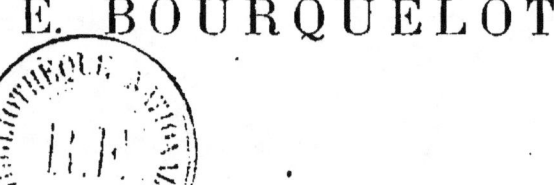

PARIS

TYPOGRAPHIE GEORGES CHAMEROT

19, RUE DES SAINTS-PÈRES, 19

—

1881

Tous Droits réservés.

# PRÉFACE

Ainsi que je l'ai fait lors de la publication de mes *Notes sur l'Italie* (1), je crois devoir déclarer ici, qu'avant de se présenter sous la forme peut-être trop ambitieuse d'un volume, les *Souvenirs d'un Provinois en Algérie* ont paru en feuilletons dans le journal la *Feuille de Provins*, et qu'ils ont été écrits pour des amis et des compatriotes, sur la bienveillance desquels il m'était permis de compter.

Cette déclaration m'a semblé nécessaire pour réclamer l'indulgence des lecteurs entre les mains desquels ce livre pourra tomber, et qui n'auraient pas les mêmes motifs de ménager les critiques à l'auteur.

E. BOURQUELOT.

(1) Provins, Lebeau, imprimeur. 1867.

# EN ALGÉRIE

## SOUVENIRS D'UN PROVINOIS

## PREMIÈRE PARTIE

### I

Le train le *Rapide*. — Le square de la gare de Marseille. — Le Palais de Longchamps. — Fontaines réhabilitées. — Le paquebot l'*Afrique*. — Un voyageur malgré lui. — Soirée à bord. — Calme et tempête. — Les îles Baléares. — Arrivée dans le port d'Alger.

Le 1er avril 1875, le train le *Rapide* qui franchit en quelques heures la distance de Paris à Marseille, m'emportait dans sa course vertigineuse. Je m'étais engourdi encore tout grelottant, transi par les derniers froids d'un hiver rude et opiniâtre, et, le lendemain matin, je me réveillais doucement caressé par les tièdes haleines d'une brise parfumée. Puis, à cette délicieuse sensation de bien-être, s'ajoutait l'enchantement des yeux, ravis par la vue du square situé en face de la gare, où s'épanouissent de nombreuses plantes exotiques que le soleil provençal féconde de ses généreux rayons. On dirait une corbeille de fleurs tropicales, gracieusement offerte par les aimables descendants des Phocéens aux visiteurs de leur cité.

Je connaissais depuis longtemps Marseille, cette reine industrielle de la Méditerranée; j'en avais plusieurs fois apprécié les beautés pittoresques et artistiques. Cette nouvelle visite me donna occasion de constater combien la ville cosmopolite par excellence s'était encore embellie. Je restai surtout saisi d'admiration à l'aspect d'un édifice récemment achevé, que les indigènes appellent indifféremment *Palais de Longchamps* ou *Château-d'Eau*, merveille d'architecture et de sculpture, dont les élégants pavillons, reliés par une colonnade de style renaissance, abritent d'importantes collections artistiques et scientifiques.

Les eaux limpides de la Durance, dérivées de leur cours naturel et emmagasinées au château, se précipitent d'une grande hauteur en cascades bouillonnantes, sur des rochers dominés par de gigantesques statues allégoriques. Les nappes de cristal liquide retombent dans un vaste bassin aux bords diaprés de fleurs, pour aller, de là, approvisionner les nombreuses fontaines de la ville.

Il n'est donc plus permis de répéter aujourd'hui la spirituelle plaisanterie de Méry, qui prétendait que les fontaines de Marseille, à force d'architecture, tâchaient de faire oublier qu'elles manquaient d'eau.

Trop heureux habitants de la Canebière! Quelle

nouvelle humiliation pour la capitale qui ne possède, en ce genre, aucun monument digne de rivaliser avec le palais hydraulique de Longchamps!

En l'an de grâce 1865, je quittais le chef-lieu des Bouches-du Rhône pour explorer la terre classique des arts, la patrie de Raphaël, de Michel-Ange et de Rossini; aujourd'hui, c'est sur le rivage africain que doit me déposer un des élégants et confortables paquebots de la compagnie Valéry, qui fait le service de Marseille à Alger.

Celui sur lequel nous nous embarquons, ma femme et moi, s'appelle *l'Afrique;* il me semble qu'en prononçant seulement ce nom, j'éprouve comme une forte sensation de calorique. Cette sensation, imaginaire d'abord, prend un caractère de douloureuse réalité quand je reçois en pleine figure les torrides effluves qui se dégagent de la cheminée métallique du bateau, et me donnent un avant-goût des jouissances du *simoûnn.*

Les passagers accourent en foule et escaladent à la file les uns des autres, comme s'ils montaient à l'assaut, l'escalier mobile qui, dressé contre le flanc du navire, aboutit au pont. L'un d'eux occasionne à son arrivée un certain émoi; c'est un Arabe drapé majestueusement dans son burnous de laine blanche.

Le Fils du désert n'entreprend pas précisément un voyage d'agrément, deux gendarmes l'escortent et veillent sur sa personne avec une sollicitude toute particulière. D'après les renseignements que je recueille, le passager musulman est accusé de complicité dans un assassinat, et c'est à Alger qu'il devra rendre compte de ses méfaits à la justice. On le loge à fond de cale, et je ne revois plus le triste spécimen de la race avec laquelle je me propose de faire plus ample connaissance.

Les derniers et touchants adieux s'échangent du bateau avec les parents et les amis restés sur le quai, puis on retire l'échelle de communication, et, au signal du commandant, le navire, après un habile mouvement de conversion, se fraye lentement un passage à travers la forêt de bâtiments de toutes les nationalités qui encombrent le port de la Joliette.

Bientôt, nous saluons le château d'If qui découpe fièrement, au milieu de l'archipel rocheux dont il est environné, le relief pittoresque de ses tours légendaires. Un de mes voisins officieux, en me désignant par son nom chaque îlot de pierre, m'assure que l'un d'eux, peut-être le plus nu et le plus décharné de tous, était habité par une nombreuse colonie de lapins et que c'était un rendez-vous très-fréquenté par les Nemrods Marseillais. Je me contente d'exprimer au bourgeois de la Canebière mon profond étonnement sur ces deux faits invraisemblables. Je possédais assez de connaissances géographiques pour savoir qu'entre le Gascon et le Provençal il n'y avait que l'épaisseur d'un cheveu ou plutôt, sans aucune métaphore, la largeur d'une rivière.

Le soleil plonge peu à peu son disque fulgurant dans les profondeurs des flots ; encore quelques lueurs confuses qui passent successivement du pourpre au violet, puis au bleu sombre, et tout s'évanouit dans une brume crépusculaire qui fait bientôt place aux ténèbres de la nuit.

A ce moment solennel, il est peu de voyageurs, même les plus blasés sur les impressions maritimes, qui n'éprouvent comme un pénible serrement de cœur, en se sentant pour ainsi dire perdus au milieu de l'immense désert liquide.

Mais la cloche du bord fait entendre ses joyeux tintements qui raniment les plus rêveurs et les plus contemplatifs ; le temps est magnifique, le mouvement du bateau presque insensible ; aussi tous les passagers, sans exception, fait assez rare pour être mentionné, envahissent la salle à manger et prennent place à table d'hôte. La gaieté épanouit les visages les plus sévères, et chacun fait honneur au menu habilement préparé par le Vatel de *l'Afrique*. . . . . . . . . . . . . . . .

La soirée est splendide, les étoiles scintillent comme autant de diamants enchâssés dans le lapis-lazuli du firmament. On peut suivre au loin le sillage phosphorescent que laisse après lui le paquebot dans son parcours.

Pendant que les uns s'absorbent dans de poétiques méditations, d'autres, et je suis du nombre, descendent au salon, attirés par les suaves mélodies que d'habiles amateurs des deux sexes exécutent sur un excellent piano d'Érard.

Parmi les exécutants, je distingue un jeune magistrat qui, d'après ce qu'il m'apprit, se rendait à son poste, dans un des chefs-lieux de l'Algérie.

A en juger par le caractère tour à tour mélancolique et passionné des morceaux choisis par le virtuose, on pouvait soupçonner qu'à son regret de quitter peut-être pour longtemps le pays natal, se joignait un sentiment d'une nature infiniment plus tendre.

C'est à l'indiscret instrument, auquel il confiait ses pensées les plus intimes, que M. X... doit s'en prendre de cette révélation.

L'heure s'envolait rapide au milieu de ces agréables impressions; cependant l'instant de la séparation arriva. Le clavier sonore exhala ses derniers soupirs dans les accords les plus harmonieux et chacun se retira de son côté.

J'allai à mon tour prendre possession du domicile momentané que le hasard m'avait assigné. Je m'efforçai de m'insinuer, à l'aide d'une ingénieuse gymnastique, dans l'espèce de tiroir qu'on est convenu d'appeler une couchette. J'occupais l'étage supérieur des lits superposés et séparés du plafond par un intervalle si exigu, qu'il m'était presque impossible de soulever la tête sans la heurter contre la cloison. Nous étions six prisonniers, entassés dans une étroite cellule de quelques mètres carrés, presque absolument privée d'air respirable.

Malgré ces inconvénients, une fois blotti dans ma case, je ne tardai pas à goûter un sommeil aussi calme que celui dont je jouis habituellement rue aux Aulx.

. . . . . . . . . . . . . . . . .

Le vent avait changé pendant la nuit, l'affreux malaise que je ressentis le matin à mon réveil me le prouva surabondamment. . . . . . . . .

. . . . . . . . . . . . . . . . .

Quant à mes camarades de chambrée, leur attitude était des plus lamentables. . . . . . .

*Ils ne mouraient pas tous, mais tous étaient frappés.*

. . . . . . . . . . . . . . . . .

Jetons vite un voile sur ce navrant et pitoyable tableau.

Je fis cependant un effort héroïque pour me lever, au moment où l'on signala les îles Baléares; il était environ midi, à l'horizon flottaient des nuages d'un gris terne, la bise aigre soufflait avec un bruit strident; impossible d'imaginer que nous voguons sous le beau ciel de l'Espagne.

Je me traînai péniblement sur le pont désert, et, là, j'entrevis, avec le secours de ma lorgnette, les côtes dentelées de l'île Minorque, je distinguai même quelques maisons isolées qui estompaient vaguement leur silhouette dans la brume. Voilà, en conscience, tout ce que j'aperçus des îles Baléares ; cet acte de courage accompli, je regagnai en chancelant ma boîte à compartiments, dont l'équilibre était singulièrement compromis par les brusques et fréquentes oscillations d'un roulis implacable.

Le temps, morne et lugubre dans la matinée, s'assombrit de plus en plus l'après-midi ; on ne voit circuler que les garçons de salle qui répondent aux appels réitérés et désespérés des malades.

Personne, à l'exception du commandant et du médecin de *l'Afrique,* n'avait paru à table, pas plus au déjeuner qu'au dîner.

Le navire s'était transformé en hôpital flottant.

Enfin, la tempête s'apaise, le vent tombe peu à peu.

Chacun commençait à s'abandonner aux douceurs d'un repos assurément bien mérité, quand, vers les trois heures du matin, un des garçons du bord vint réveiller les passagers en leur annonçant qu'ils étaient arrivés à destination.

En effet, le bateau demeurait immobile, le bruit saccadé de l'hélice avait complètement cessé.

Je me lève à la hâte pour monter sur le pont et chercher à me rendre compte de la situation. La nuit est épaisse et profonde ; cependant, à une petite distance, je distingue comme une ceinture de points lumineux qui se reflètent dans l'eau noire du port.

Au milieu d'un silence imposant, on entend le clapotement produit par l'agitation qu'imprime au flot la multitude de barques qui s'approchent du vapeur, comme une armée de poissons fantastiques. A mesure qu'elles s'avancent, on entrevoit, à la lueur pâle des falots dont elles sont munies, les bateliers qui font manœuvrer régulièrement leurs rames.

Mes regards cherchent vainement à percer le rideau opaque des ténèbres qui me dérobent la vue de la ville, dont quelques mètres seulement nous séparent. J'avais entendu tant de fois vanter la magnificence du coup-d'œil que présente Alger au voyageur qui, avant d'entrer dans le port, découvre ses premières maisons éclairées par le soleil africain, que je me pris à maudire la célérité de notre paquebot, coupable d'avoir devancé l'heure réglementaire de l'arrivée.

## II

Débarquement. — Avantage des points suspensifs. — L'Hôtel de l'Oasis. — Un violoniste nègre. — La Place du Gouvernement. — Mosquée de la Pêcherie. — Un coin de l'Arabie. — Le Marché de la place de Chartres. — Les Mauresques. — Puissance de l'imagination.

Évidemment, c'était pour moi une première impression manquée.

Aussitôt que l'aube naissante commença à blanchir l'horizon, je me fis débarquer sur le quai où m'attendait un parent affectionné, en garnison alors à Alger et dont la présence ne contribua pas médiocrement à l'agrément de mon séjour.

Ce ne fut pas sans une émotion réelle que je mis le pied sur le sol où s'élève une des villes les plus curieuses du monde. . . . . . . . . .
. . . . . . . . . . . . . . . . .

Ici, je remplace par une série de points éloquents les réflexions philosophiques et sentimentales plus ou moins neuves, inspirées par la situation; ce qui, en économisant ma prose, me permettra de gagner plus vite l'hôtel de *l'Oasis*, où un logement m'avait été obligeamment retenu.

L'enseigne était déjà de nature à séduire un amateur de couleur locale ; j'eus de suite le plaisir de constater que cette enseigne n'était pas seulement une étiquette de pure fantaisie.

Figurez-vous, et il ne faut pas pour cela une grande dépense d'imagination, un jardin encadré de trois côtés par de vastes bâtiments, et dont une grille sur la rue ferme le quatrième côté.

Ce jardin est planté de bananiers, de palmiers, de bambous, d'eucalyptus, de lataniers et autres productions de la flore africaine, dont l'ombrage et la fraîcheur seraient fort goûtés au milieu des sables brûlants du Sahara.

Cependant on peut encore en apprécier les avantages à Alger, où il n'existe pas pour ainsi dire de jardin dans les maisons particulières, ce qui constitue en faveur de mon hôtel un privilège exceptionnel. J'ajoute, pour ne rien oublier, que, dans les allées sablées et sous les massifs de verdure du petit square de *l'Oasis*, errent en toute liberté un paon, un vautour et un héron. Malgré leur différence d'origine, ces volatiles paraissent entretenir ensemble les meilleures relations.

A peine avais-je pris possession de ma chambre dont une fenêtre regardait la mer, bornée d'un côté par un splendide horizon de montagnes, qu'un affreux nègre, m'ayant aperçu de la rue, m'arracha désagréablement à ma contemplation, en se mettant à danser et à chanter devant la grille du jardin, avec mille contorsions grotesques. Le musicien, aux cheveux crépus et aux lèvres épaisses, s'accompagne d'une sorte de violon grossier, de forme carrée et recouvert de peau, monté avec deux cordes et d'où il ne sort que des sons rauques et discordants. Je me débarrassai de cet importun en lui jetant quelques pièces de monnaie, dont il me remercia en grimaçant un horrible sourire.

Dans la crainte d'avoir à subir une seconde audition de musique nègre, je me hâtai de quitter mon observatoire, impatient d'ailleurs que j'étais de faire une première reconnaissance dans la ville. En quelques minutes, j'avais franchi la partie du boulevard de la République, ou quai supérieur, supporté par de hautes arcades, et qui sépare l'hôtel de l'Oasis de la place du Gouvernement.

De cet endroit, qui occupe à peu près le centre de la ville basse, on a en face de soi le port et la rade, animés par de nombreuses et coquettes embarcations enluminées des couleurs les plus réjouissantes. L'œil s'arrête avec ravissement sur les collines qui abaissent mollement jusqu'au rivage leurs croupes verdoyantes, parsemées de villages et de blanches maisons de plaisance. Au dernier plan, se dressent de hautes montagnes, aux sommets neigeux, anneaux gigantesques de la formidable chaîne de l'Atlas.

A droite et à gauche de la place, aboutissent les rues de Bab-Azounn et Bab-el-Oued, qui n'ont plus

de turc que le nom ; elles sont, comme la rue de
Rivoli, bordées de galeries à arcades sous lesquelles
s'ouvrent de riches et brillants magasins. Rien
d'arabe de ce côté, si l'on n'en excepte les boutiques des marchands de tabac, décorées à l'orientale. Derrière la place du Gouvernement, vis-à-vis
la mer, s'étagent en amphithéâtre, sur une pente
inclinée dont le point culminant est occupé par la
citadelle ou kasbah, les blanches maisons à terrasses de la vieille cité mauresque.

A peu près au centre de la place du Gouvernement, le forum algérien, s'élève la statue équestre
en bronze du duc d'Orléans, dont l'attitude est
raide et empesée. Le costume militaire de 1830,
dans lequel le prince royal est emprisonné, me
paraît aussi démodé qu'un uniforme du premier
empire. Mais on admire généralement le cheval, et
je m'incline volontiers devant l'opinion consacrée.

J'éprouve d'abord un vif désappointement, en
considérant les maisons à cinq étages qui montrent leurs élégantes façades, les hôtels aristocratiques, les cafés somptueux, les kiosques-chalets des
marchands de journaux.

Suis-je donc encore en France, à Lyon, à Bordeaux ou à Marseille?

Cette première impression défavorable se modi-
fie heureusement après un examen plus attentif,
et mes préventions commencent à se dissiper,
quand mon regard, se dirigeant du côté de la rue de

la Marine, découvre à l'entrée la mosquée de *la Pêcherie*. Qu'on se représente un ensemble de bâtiments irréguliers, blanchis à la chaux et fermés par une enceinte de murs peu élevés, d'où émerge une coupole gracieusement arrondie, que domine une svelte tour carrée ou minaret. Cette espèce de *campanile*, revêtu sur ses quatre faces de plaques de faïence historiée, se termine par une plate forme, qu'entoure une galerie crénelée.

J'ajoute de suite, pour ne pas y revenir, que les dispositions extérieures de la mosquée de la *Pêcherie* se rencontrent dans presque tous les édifices religieux des musulmans.

Malgré ma tentatiou d'y pénétrer, je remets ma visite à un autre jour, et je poursuis le cours de mes observations.

A cette heure matinale, quelques passants seulement traversent la place, les bancs qui la garnissent sont occupés par des portefaix biskris (1); immobiles sous leur enveloppe de toile grossière, on les prendrait pour des ballots de marchandises, symétriquement alignés. Quand ces colis humains commencent à s'agiter, l'effet est des plus bizarres. Plusieurs dorment abrités par l'élégant feuillage des palmiers qui forment un délicieux quinconce, dans un angle de la place.

Peu à peu, le mouvement des allants et venants

---

(1) Indigènes originaires des environs de Biskra ou Biskara (province de Constantine).

s'accentue, des groupes animés d'indigènes et d'Européens débouchent à la fois des rues voisines, et remplissent la place, qui offre bientôt un coup d'œil des plus pittoresques.

Encore quelques instants, et la foule agglomérée présente une réunion des types et des costumes les plus variés ; tous les langages s'y confondent avec une étonnante promiscuité.

Cependant, en dépit de l'attrait et de l'intérêt de ce spectacle, je finis par trouver que la couleur locale y est trop sensiblement altérée par la multitude d'habits, de blouses, de casquettes et de chapeaux tuyaux de poêle, qui jettent leur note disparate au milieu des burnous et des turbans indigènes.

Aussi, ne résistai-je pas longtemps au désir qui me brûlait d'aborder les régions pures de tout mélange hétérogène.

Rien d'ailleurs de plus facile.

L'*Arabie*, comme nous avions désigné la partie de la ville habitée par les musulmans, n'est qu'à deux pas ; il suffit, pour s'y transporter, de franchir les deux ou trois rues parallèles à celle de Bab-Azounn.

Le changement est alors complet. Ici, plus de voies larges, spacieuses et tirées au cordeau ; les rues étroites et tortueuses de l'ancienne cité turque se croisent et s'enchevêtrent en tous sens dans un désordre indescriptible, qui n'a de comparable que celui des fils d'un écheveau très-embrouillé. Les différents étages des maisons font saillie les uns sur les autres, supportés par de minces poutrelles, sortes de petits arcs-boutants fixés dans la muraille; les constructions boiteuses qui bordent la voie des deux côtés sont souvent tellement rapprochées qu'elles se réunissent presque à leurs sommets, et forment des voûtes au travers desquelles perce difficilement la lumière du jour. On croirait une réunion de vieux amis qui se penchent les uns vers les autres, comme pour se donner une accolade fraternelle.

Les communications ne se font, dans certains quartiers montueux, qu'au moyen d'escaliers abrupts qui ressemblent à des échelles de pierre.

En général, le pavage des chaussées à pic, accessibles seulement aux piétons et aux animaux, parmi lesquels l'âne, transformé en véhicule, joue un rôle considérable, est tellement glissant, qu'il faut user des plus grandes précautions pour s'y maintenir d'aplomb.

Pendant les quelques semaines que je passai à Alger, je ne laissai pas s'écouler une seule journée sans explorer le quartier maure; j'aimais à me perdre dans le fouillis inextricable de ses rues et de ses impasses, recueillant en chemin les détails qui me paraissaient les plus saillants.

Je commence ces notes, prises à vol d'oiseau et sans plan arrêté, par cette remarque générale :

c'est que, dans la matinée, les rues présentent leur physionomie la plus caractéristique.

La ville semble alors en fête; une animation extraordinaire règne partout; à peine si l'on peut se frayer un passage à travers la cohue bariolée qui obstrue les rues et les places.

La couleur orientale se déploie ici avec un éclat incomparable.

Le peintre rencontre à chaque pas des sujets de tableaux tout faits; cependant, la place de Chartres est encore l'endroit le plus favorable qu'il puisse choisir pour étaler sur la toile les richesses de sa palette.

Sur cette place, se tient le principal marché d'Alger. En quelques minutes vous assistez au défilé le plus fantaisiste qui se puisse imaginer, d'Arabes déguenillés, mais conservant toujours une certaine dignité sous leurs haillons, de Kabyles aux turbans serrés par des cordes faites de poil de chameau, de Maures dont les élégants costumes sont d'une variété infinie, de nègres crépus dont les jambes nues semblent frottées avec de la suie, de Maltais au teint bistré, de spahis aux brillants uniformes, de Grecs, etc. Toute cette multitude, véritable mosaïque humaine, fourmille et s'agite au milieu des monceaux d'oranges, de citrons, de dattes, de figues de Barbarie, enfin des divers produits africains étalés sur le sol avec plus de profusion que d'art. Les marchands ne sont pas les types les moins curieux à étudier.

On dirait, en contemplant cette foule bigarrée, un immense bal travesti donné en plein air. Il ne manque, pour compléter l'illusion, qu'un orchestre colossal, qui, au commandement d'un Strauss, ferait tourbillonner ces groupes joyeux, confondus dans un immense ballet.

Parmi les nombreux types qui posent devant moi, j'ai négligé de signaler le plus original, me réservant d'en faire une description toute spéciale. Je veux parler des femmes mauresques, qui viennent faire leurs provisions de ménage au marché et que l'on ne voit guère circuler qu'à cette heure. Ces femmes se présentent ici sous la forme aussi bizarre que peu attrayante de paquets de linge plus ou moins blanc, qui marchent et parlent.

Rien ne surprend davantage l'étranger nouvellement débarqué, que de se trouver en face de ces singuliers fantoches. Il croit rêver, en apercevant ces êtres humains emmaillottés dans d'épais vêtements de laine blanche, qui ne laissent à découvert que deux yeux dont les prunelles brillent comme des charbons ardents.

Le costume des Mauresques, en apparence fort simple, est cependant assez compliqué.

On va en juger par les détails descriptifs que j'emprunte à des écrivains qui, admis dans le sanctuaire, j'allais dire dans le sérail, ont pu assister à la toilette intime de ces dames : « chemise de gaze à manches courtes, pantalon de couleur se serrant à la ceinture et descendant aux genoux, redingote en étoffe de soie brodée d'or, autour de laquelle s'enroule une ceinture en or ou en soie dont les bouts pendent par devant; les pieds sont chaussés de babouches sans quartier.

« Il s'agit ici du costume que la femme porte dans son intérieur. Quand la Mauresque sort, elle garde ces vêtements, passe par-dessus son caleçon un large pantalon en calicot, tombant jusqu'à la cheville, noue derrière sa tête un mouchoir qui lui cache la figure à l'exception des yeux, s'enveloppe d'un haïk, immense voile blanc d'étoffe de laine très-fine, et jette par dessus un autre haïk plus épais. »

Joignez à ces détails qu'elles se teignent les sourcils, les cils, se tatouent la peau en bleu et se rougissent avec le henné les pieds et les mains.

Il est bon de remarquer encore que cette dernière habitude est d'origine assez ancienne, puisque, d'après l'Écriture sainte, les femmes d'Abraham se teignaient déjà les extrémités des pieds et des mains.

Quand j'aurai dit que la plupart des Mauresques portent des bracelets aux bras et aux jambes, ma description sera à peu près complète.

Il n'est pas rare de croiser, à Paris, des Arabes drapés dans leurs burnous, des Turcs, des Maures avec leurs vestes brodées, des nègres de toutes nuances, des Grecs coiffés de leur fez rouge, mais je ne sache pas qu'on ait jamais vu sur les boulevards des Mauresques algériennes, qui, empaquetées dans leurs lourds vêtements, ressemblent à des momies vivantes.

Ce n'est pas même au bal de l'Opéra qu'on aurait chance d'en rencontrer; le disgracieux pantalon bouffant qui leur bat les jambes, et gêne considérablement leur marche, interdit à ces dames toute manifestation chorégraphique. C'est donc à Alger, et presque exclusivement dans cette ville, que se montrent les Mauresques avec leur accoutrement national.

Au bout de trois semaines de séjour, je n'étais pas encore blasé sur l'étrangeté et l'originalité de ces apparitions fantasques.

Ces houris mystérieuses, pudiquement enveloppées de leur voile impénétrable, exercent sur les cerveaux les moins inflammables une attraction fascinatrice à laquelle il est difficile de se soustraire. Le prestige de l'inconnu que l'on cherche à deviner fait rêver les plus prosaïques; l'imagination surexcitée prête des charmes provocants à ces formes énigmatiques, qu'emprisonne un costume d'une rigidité ultra-monacale.

Que d'illusions tomberaient sans doute, avec le masque d'étoffe, qui abrite indistinctement la beauté juvénile, la vieillesse et la laideur!

## III

Fâcheuse révélation. — Les maisons mauresques. — Emblèmes superstitieux. — Comparaison n'est pas raison. — Quelques noms de rues. — Commerce et industrie locale. — Les bouchers mozabites. — Le quartier de la Kasbah. — Cafés maures et musique arabe. — Opinion d'un mélomane persan sur l'Opéra.

Je n'insisterai pas davantage sur ce point, on pourrait m'accuser de m'y arrêter avec trop de complaisance, surtout quand l'on saura, comme je l'appris plus tard, que la plupart de ces femmes si chastement habillées qui s'exposent aux regards profanes ne sont rien moins que des rosières.

Les Mauresques honnêtes appartenant à la classe bourgeoise, ne sortent jamais, si ce n'est pour aller à la mosquée, au cimetière ou au bain. Encore sont-elles accompagnées de leurs servantes, généralement des négresses, revêtues d'un haïk quadrillé de bleu, et qui occupent auprès de leurs maîtresses le poste confié, à Constantinople, à certains fonctionnaires déclassés qu'il est inutile de nommer.

Je vais donc abandonner les aristocratiques

Mauresques à leurs gardiennes vigilantes, pour continuer le cours de mes pérégrinations à travers le pays de l'Islam.

J'ai déjà donné un aperçu de la physionomie générale des rues et des constructions qui les bordent; qu'on me permette d'ajouter quelques traits à cette esquisse.

Absence à peu près complète d'ouvertures à l'extérieur; ainsi que je l'avais observé autrefois à Tolède et dans plusieurs villes d'Espagne, la plupart des portes sont constellées d'énormes clous à tête; des rosaces sculptées, souvent peintes, décorent les encadrements de marbre ou de pierre.

De place en place, saillissent sur la rue de petits moucharabis en fer ouvragé, au travers desquels se montrent de piquants minois qui vous regardent curieusement passer.

Sur diverses façades, on remarque des mains et des fers à cheval, soit peints soit sculptés; l'esprit superstitieux des musulmans attache à ces signes une influence préservatrice; ils les considèrent comme des talismans destinés à conjurer le mauvais sort.

Chez les modernes Romains, ce sont les cornes d'animaux qui jouissent de la même propriété; aussi surchargent-ils; leurs meubles et leurs étagères de ces disgracieux appendices. Chez les deux peuples, la même idée superstitieuse préside à ces exhibitions, les emblèmes seuls diffèrent.

Quant à l'intérieur des habitations privées, l'accès en est difficile et presque absolument interdit aux étrangers du sexe masculin. Aussitôt que j'essayais de glisser un regard furtif à travers l'interstice d'une porte entre-bâillée, une main agile la refermait violemment et j'en étais pour mes frais d'indiscrète curiosité.

Du reste, les habitations mauresques se ressemblent toutes par leur distribution intérieure; on en connaît mille quand on en a visité une. Il me suffira donc de m'introduire dans une de celles qui sont affectées aux services publics, pour pouvoir en donner une description applicable à toutes les autres.

La porte franchie, vous traversez un vestibule garni de bancs revêtus, ainsi que les murs, de faïences historiées. J'observe, à cette occasion, que l'emploi des carreaux émaillés est extrêmement répandu ici, on en trouve jusque dans les endroits les plus retirés et les plus secrets des appartements où ils égaient votre solitude.

Le vestibule précède une cour pavée ou dallée sur laquelle les chambres prennent jour, et qui rappelle les *patios* espagnols, avec cette différence que, dans la péninsule, le centre de la cour est presque toujours orné d'un jet d'eau qui s'épanche dans une vasque de marbre.

Quatre galeries soutenues par des colonnes de pierre ou d'autre matière, variées dans leurs formes, encadrent la cour au rez-de-chaussée. Cette disposition se répète au premier étage, où les colonnes sont reliées par des balustrades à hauteur d'appui en bois ouvragé et colorié.

Enfin, une terrasse dépourvue de galerie couronne l'édifice. C'est sur cette plate-forme aérienne, que la Mauresque, condamnée par sa naissance à une réclusion perpétuelle, vient le soir respirer les brises plus ou moins lointaines de la mer, et réfléchir sur ses tristes destins.

Toutes ces maisons, uniformément badigeonnées avec un lait de chaux, présentent à une certaine distance l'aspect d'un amoncellement de cubes de marbre blanc superposés. On dirait une ville taillée symétriquement dans un bloc immense de carrare, ou plutôt, dans un massif de craie.

Cette comparaison, qui vient naturellemment à l'idée, est, malgré sa banalité, la plus saisissante et la plus exacte. Pourquoi se torturer l'esprit à en chercher d'autres ?

Ainsi, je lis dans un ouvrage récemment publié sur l'Algérie, les expressions suivantes : Une énorme opale, un nuage argenté, un immense gâteau de miel, etc. Voilà des comparaisons qui ont dû sans doute coûter à leur auteur beaucoup d'efforts d'imagination ; à mon avis, le but est dépassé, elles sont aussi fausses que prétentieuses.

Peu ou point de noms arabes dans les rues de la ville haute, baptisées aussitôt la conquête avec des dénominations empruntées à l'histoire, à la géographie, à la mythologie, à la zoologie, etc. Je relève sur les plaques indicatives les noms de Napoléon, du 29 Juillet, du 4 Septembre. J'ignore si les indigènes se préoccupent beaucoup de leur signification politique; ce que j'ai été à même de constater, c'est l'obligeance de ces braves gens, qui, toutes les fois qu'ils me voyaient sur le point de me fourvoyer dans une ruelle aboutissant à une impasse, m'avertissaient, d'un geste intelligent, que je ne trouverais pas d'issue de ce côté.

Si la vie privée est fermée ici, comme en Orient, par une muraille impénétrable, la vie commerciale et industrielle demeure constamment exposée sous les yeux du public; les affaires se traitent à l'extérieur des maisons, et pour ainsi dire en pleine rue.

Les boutiques, ou plutôt les échoppes, qui occupent le rez-de-chaussée, sont séparées de la rue par de petits murs à hauteur d'appui, servant de comptoir et d'étalage au marchand. Aucun vitrage ne les protège contre le regard du curieux qui peut, tout en flânant, s'initier à une foule de particularités locales. Des nattes recouvrent le sol de ces sortes de caves blanchies à la chaux dans lesquelles les indigènes se livrent à leur négoce ou à leur industrie. Ils sont presque toujours accroupis à l'orientale, c'est-à-dire les jambes croisées, posture aussi gênante que disgracieuse, qui n'est de mode chez nous que parmi les tailleurs, et dont personne jusqu'à présent ne paraît disposé à leur enlever le monopole.

Au nombre des industries les plus répandues, je remarque celle des fabricants de chaussures qui occupent des rues entières ; ce ne sont pas, comme on pense, les moins odorantes. Les maroquiniers sont également très nombreux ; ils ont le privilège d'attirer autour d'eux une foule de désœuvrés qui assistent à la confection des porte-monnaie, des pantoufles et des portefeuilles chargés d'élégantes et riches broderies, que l'étranger achète en quantité. Plus loin, le potier pétrit et façonne l'argile en lui donnant les formes les plus élégantes. La boutique obscure et étroite de l'épicier présente l'aspect d'un capharnaüm où sont accumulés, dans le désordre le moins artistique, les produits les plus hétéroclites. L'étalage du vendeur d'étoffes n'est guère plus coquet et plus séduisent. Une des choses qui étonnent toujours l'étranger, c'est l'insouciance avec laquelle le commerçant arabe attend l'acheteur, qu'il ne provoque jamais.

Quand vous avez recours à lui, il vous sert, la plupart du temps, de fort mauvaise grâce, ayant l'air de vous reprocher de le troubler dans son doux *farniente*. Il accepterait presque volontiers vos excuses.

L'honorable corporation des bouchers se recrute

parmi les Arabes de race mozabite (1). Quels singuliers personnages que ces petits hommes trapus, installés dans leur niche étroite, au milieu des morceaux de viande pantelante qu'ils débitent avec une gravité imperturbable !

Leur costume les fait aisément reconnaître ; ils sont revêtus d'une sorte de dalmatique dont l'étoffe épaisse est rayée horizontalement de bandes vertes, rouges, bleues et jaunes, et qu'on croirait plutôt destinée à servir de tapis ou de portière de fenêtres qu'à être employée comme habillement. Sous leur turban blanc autour duquel s'enroule une corde de poil de chameau, brillent des yeux pleins de finesse et d'intelligence. Les Mozabites passent pour être très laborieux ; leurs aptitudes commerciales leur ont valu le surnom de juifs du désert.

Le touriste qui se serait borné à parcourir Alger pendant le jour n'emporterait qu'une idée incomplète des beautés de cette ville, qui, à l'exemple des élégantes du grand monde, renouvelle pour ainsi dire sa parure aussitôt que le soleil a fait place aux ténèbres. C'est alors qu'il convient de visiter la cité arabe, pour saisir un des côtés les plus piquants de sa physionomie.

(1) Les Mzabis ou Mozabites, viennent de Mzab, contrée située sous le méridien, à 200 lieues d'Alger ; ils descendent, à ce qui paraît, des Moabites. Les Mzabis sont schismatiques ; ils appartiennent à la secte de l'assassin d'Ali, gendre du Prophète ; jamais on ne les voit, à Alger, mettre les pieds dans une mosquée. (Piesse, *Guide en Algérie*.)

Or, par une tiède et charmante soirée d'avril...
Voilà qui commence comme un chapitre de roman, s'écriera-t-on ; malheureusement, je suis obligé de déclarer, à ma grande confusion, que je n'ai pas la moindre aventure à raconter au lecteur déjà alléché par un début insidieux qui lui promettait des émotions plus ou moins vives. Je n'ai, hélas! à lui offrir, en fait de récits palpitants du pays des Mille et une Nuits, que des descriptions dont je ne me dissimule nullement la monotonie.

Quoi qu'il en soit, c'était, je le répète, une bien délicieuse soirée printannière, que celle où je me hasardai pour la première fois dans les parages habités par les fils de Mahomet.

Après avoir traversé la cité européenne, dont tous les magasins, sauf les débits de tabac, sont fermés à huit heures, aussitôt que le canon du port s'est fait entendre, j'escalade la rue de la Kasbah qui monte presque en ligne directe jusqu'à la vieille forteresse turque.

En suivant cette rue dans toute son étendue, j'y rencontre, à chaque pas, des sujets d'observation et d'étude ; dans cet espace relativement circonscrit, se trouve en partie résumée la vie usuelle des indigènes.

Pour moi, rien n'égalait le plaisir que j'éprouvais à m'arrêter devant les cafés maures si multipliés à Alger et particulièrement aux environs de la kasbah. On y chercherait en vain le luxe des établissements de Paris, de Marseille ou de Bordeaux. Ici, l'œil ne subit aucun éblouissement, tout y est d'une simplicité primitive.

Imaginez une petite salle, basse, étroite et sombre, dont le sol est recouvert de nattes de sparterie, et autour de laquelle règne une série de banquettes, dont quelques-unes adossées au mur extérieur. Au fond de la pièce, on aperçoit un fourneau de terre cuite assez grossier, dont le feu est constamment entretenu. Sur les cendres brûlantes, chauffent en permanence un assortiment de petites cafetières de fer blanc, de la contenance à peu près de nos demi-tasses, et que l'on retire à mesure que les demandes se produisent.

Dans un angle de la crypte obscure, sur une planchette rustique, sont dressées les tasses minuscules destinées aux clients. Le moka préparé à l'orientale n'offre pas, comme on le sait, un aspect bien séduisant. Quand les grains restés en suspension dans le liquide se déposent enfin au fond de la tasse, vous obtenez alors une boisson agréable et surtout fort anodine.

C'est la seule d'ailleurs, avec l'eau pure, qui soit servie dans les cafés maures; pas la moindre liqueur n'y apparaît, les prescriptions de Mahomet sont sur ce point strictement observées. Elles le sont également en ce qui concerne l'exhibition de tableaux, d'images ou de dessins. Dans tous les cas, si par hasard vous en découvrez quelque part, soyez sûr que la figure humaine n'y est jamais représentée, la loi du Coran s'y oppose formellement. J'ignore si le prophète, dans sa prévoyance intuitive, a interdit à ses fidèles la lecture des feuilles publiques; mais je dois constater l'absence complète de journaux dans les cafés maures; je n'y aperçois pas même le *Mobacher*, le *Nouvelliste*, journal officiel de la colonie, rédigé en langue arabe et publié spécialement pour les indigènes.

Le luminaire est en rapport avec la modestie du mobilier; les jours de fête, on allume toutes les petites lampes et les bougies multicolores suspendues au plafond orné de guirlandes découpées et festonnées en papier de diverses nuances.

Un mot maintenant de la clientèle : elle se compose presque exclusivement d'indigènes, enveloppés pittoresquement dans leurs burnous. Accroupis ou couchés par terre et sur les banquettes, ces amateurs de la position horizontale fument gravement leur cigarette en absorbant par petites gorgées leur demi-tasse. Ils gardent l'immobilité et le mutisme de statues de pierre; à peine si l'entrée d'un nouvel arrivant les distrait des rêveries narcotiques dans lesquelles ils demeurent plongés. Je termine ces détails par un renseignement économique à l'adresse des consommateurs : la tasse de moka coûte cinq centimes aux indigènes et dix aux Européens.

Le grand attrait des cafés maures ne consistait pas seulement pour moi dans la dégustation du nectar d'Arabie plus ou moins clarifié ; on y entend souvent de la musique nationale, et cette considération aurait suffi pour m'y entraîner.

Le café où je pénètre ce soir ne porte pas plus que les autres d'enseigne, et j'ai d'autant moins besoin de donner son signalement que c'est à peu près toujours la même répétition dans les établissements de ce genre. Quatre exécutants composent l'orchestre installé à l'intérieur : l'un pince avec un bec de plume les deux cordes d'une espèce de petite mandoline, dont la caisse bombée est formée par une écaille de tortue, recouverte d'une peau fortement tendue et sur laquelle repose un chevalet destiné à supporter les deux cordes accordées à la quinte. Le manche, sorte de bâton arrondi, est, ainsi que les autres parties de cet instrument appelé *gounibri*, décoré d'arabesques aux couleurs vives. Il n'en sort guère que des sons aigres et secs ; cependant, j'ai entendu quelques virtuoses en tirer des effets assez agréables.

Tandis que celui-ci pince du *gounibri*, son voisin tambourine en cadence avec ses deux mains, sur une espèce de cylindre en terre cuite, orné de fleurs peintes sur un fond rouge ou bleu foncé ; ce tube, évasé à ses extrémités, est fermé du côté le plus large par une peau de chèvre très tendue.

Suivant que les doigts frappent sur les bords ou sur la partie centrale, le timbre est plus sourd ou plus éclatant.

Je ne me fusse jamais douté que ce vase nommé *derbouka*, qui figurerait avantageusement sur une étagère en guise de potiche à contenir des fleurs, servait à délecter les oreilles des mélomanes arabes.

Un troisième concertant fait résonner avec le pouce la peau graisseuse d'un tambour de basque; enfin le quatrième chante d'une voix chevrotante. J'ajoute que quelquefois l'orchestre se complète par l'addition de flageolets et de flûtes.

Les flûtes arabes sont tout simplement des tiges de roseaux percées de six ou sept trous, et dont l'embouchure, au lieu d'être placée latéralement, se trouve à l'un de ses orifices. Il résulte de cette disposition inusitée une extrême difficulté d'exécution qui n'a pas l'air d'embarrasser les joueurs indigènes, dont quelques-uns sont parvenus à acquérir un certain talent. Je n'oserais toutefois affirmer que les plus forts de ces virtuoses remporteraient un prix ou même un simple accessit aux concours du Conservatoire.

Dernier détail : les tubes sonores, en roseau, sont couverts de dessins gravés en creux, dont une couleur rouge-brun fait ressortir les fines niellures.

J'écoute l'orchestre avec une religieuse attention, m'appliquant à saisir le sens des airs ou plutôt des mélopées bizarrement modulées (1) dont

(1) L'échelle musicale des Arabes se divise en 84 gammes! C'est à faire reculer d'épouvante les plus intrépides qui songeraient à y monter.

la tonalité et l'enchaînement échappent complètement à mes oreilles déroutées. Je remarque seulement que les mélodies — l'Arabe ignore absolument la science de l'harmonie (1) — sont presque toujours composées dans le mode mineur, qui leur communique un sentiment mélancolique non dépourvu de charme.

Le chanteur arabe n'élève presque jamais la voix, il la maintient au diapason tempéré appelé par les Italiens *mezza voce*. Son organe est généralement nasillard, ses articulations gutturales.

Le plus souvent, l'artiste entremêle les motifs qu'il a appris de routine (la musique écrite n'existant pas ici) de notes dites d'agrément, de vocalises bizarres, de broderies extravagantes, de trilles déréglés.

L'association incohérente des demi-tons, des tiers et des quarts de ton qui forment la base de cette musique excentrique, produit un effet indescriptible sur les oreilles européennes.

Pour résumer mon impression personnelle, c'est

(1) Voici un exemple du peu de goût de ce peuple pour l'harmonie ; je l'emprunte à un ouvrage de M. Villoteau, savant musicologue : « J'ai connu, dit-il, à Paris, un Arabe qui aimait passionnément la *Marseillaise*, et qui me demandait souvent de lui jouer cet air sur le piano ; mais, lorsque j'essayais de le jouer avec son harmonie, il arrêtait ma main gauche en me disant : *Non, pas cet air-là ; l'autre seulement.* Ma basse était pour son oreille un second air qui l'empêchait d'entendre la *Marseillaise*. »

Tel est l'effet de l'éducation sur les organes.

l'idéal du faux systématique, élevé à sa plus extrême puissance. — Quand l'exécutant arrive à la fin d'une période, il accuse et accélère de plus en plus le rhythme. — En dépit de nos critiques, ces incantations monotones et énervantes qui paraissent n'avoir pour nous ni commencement ni fin, et que l'accompagnement de tambour de basque est peu propre à relever, jettent les naturels du pays dans une extase indéfinissable. Ils se pâment rien qu'au son du derbouka.

Maintenant, si nous sommes loin de ressentir la même jouissance que les Arabes en écoutant leur musique, il est juste d'ajouter que ceux-ci, en revanche, ne comprennent absolument rien à la nôtre. L'exécution parfaite des plus belles œuvres de Mozart ou de Rossini les laisserait absolument froids.

Si l'on se plaint que leur chant manque de justesse, ils nous retournent le compliment. D'où je conclus que nous n'arriverons probablement jamais à nous apprécier mutuellement, au moins sous ce rapport.

Encore une anecdote, avant de clore cette dissertation d'esthétique, pour prouver que l'éducation musicale des Orientaux a fait jusqu'ici peu de progrès. Tout récemment, un Persan dilettante, après avoir assisté à une représentation de l'Opéra, assura que rien ne l'avait autant charmé que le moment où, avant le lever du rideau, les instrumentistes de l'orchestre prennent l'accord et préludent à la fois dans tous les tons de la gamme. Or, c'est précisément celui que redoutent le plus les oreilles civilisées, qui ont à subir pendant quelques minutes le supplice d'une épouvantable cacophonie.

## IV

Chez le barbier. — A la porte d'une boulangerie. — Les odalisques du quartier de la Kasbah. — Promenade nocturne. — La grande mosquée. — Un office à la synagogue. — Les juives d'Alger. — La Pâque et l'anniversaire de la naissance du Prophète.

A deux pas de la boutique du débitant de demi-tasses, on rencontre fréquemment celle du barbier, qui est presque somptueuse en comparaison. On y voit des miroirs encadrés de bois doré d'un travail délicat et dont la forme rappelle le style Louis XV, des étagères de bois peint, artistement découpé, des lanternes aux brillants verres de couleurs. Les modestes nattes de sparterie sont quelquefois remplacées par de moelleux et riches tapis. Les indigènes de tout rang viennent là causer de leurs affaires politiques ou autres, en humant le moka qu'ils se sont fait apporter du café le plus voisin.

Quant à la barbe et à la coupe des cheveux, ce sont deux opérations compliquées et surtout fort longues, par suite de l'extrême minutie qu'y apporte l'artiste capillaire. Celui-ci ne ressemble en rien au *Figaro* espagnol ; autant l'un est loquace et jovial, autant son confrère d'Alger se montre circonspect et taciturne. Mais, si sa langue est muette, quelle dextérité il déploie dans le maniement du rasoir qu'il promène en tous sens sur le crâne plus ou moins chevelu du patient, jusqu'à ce que l'épiderme complètement mis à nu, ait acquis le poli du plus pur ivoire !

Ce petit vase en forme d'entonnoir que j'aperçois fixé au plafond par un anneau joue un rôle important dans l'opération. Au moment propice, l'opérateur tourne un robinet et un mince filet d'eau vient tomber d'aplomb comme une douche sur le chef du client, pour se précipiter ensuite au fond d'un bassin de métal.

Posté dans la rue, j'eus la constance d'assister jusqu'au bout à l'une de ces opérations qui dura plus d'une demi-heure, sans qu'il y eût eu le moindre échange de paroles entre les deux acteurs. Je ne pouvais choisir de meilleure occasion pour observer jusqu'à quel degré il est possible à l'homme de pousser la patience et le mutisme.

La sagesse des nations prétend que le silence est d'or ; si le proverbe est vrai dans son application, les musulmans et les barbiers algériens en particulier mériteraient de réaliser des fortunes considérables.

Les boulangeries de la rue de la Kasbah ont aussi leur originalité ; il est facile de suivre du dehors les manipulations successives qu'exige la fabrication du pain. J'enregistre ce fait insolite ici, c'est que les femmes mêlées aux ouvriers mettent la main à la pâte, mais je m'empresse d'ajouter que ces collaboratrices sont Européennes. Aussi on n'entend pas seulement résonner le bruit régulier du pétrin : dans la pénombre de la salle enfumée, éclairée à la Rembrandt, se meuvent les travailleurs des deux sexes dont les chants et les éclats de rire contrastent avec le silence qu'on remarque partout ailleurs.

En approchant de la kasbah, je rencontre des groupes nombreux de zouaves et de turcos qui regagnent leurs casernes situées dans le voisinage de la citadelle.

Bonne renommée vaut mieux que ceinture dorée,

assure un vieux dicton : le quartier de la Kasbah est médiocrement favorisé à cet égard. J'ai pu constater *de visu* que sa mauvaise réputation n'est que trop justifiée : les ceintures dorées y pullulent.

Une honnête femme n'oserait se risquer le soir, et même le jour, dans ces régions impures, où les odalisques de bas étage se montrent avec les costumes les plus extravagants et les moins décents.

Pendant la journée, elles se tiennent devant leurs portes, et circulent en pleine liberté dans les rues, que le passant ne peut traverser sans être l'objet de provocations cyniques de la part de ces sirènes de ruisseau.

J'en ai déjà peut-être trop dit à ce sujet; je n'ajouterai rien au tableau hideux dont je n'ai soulevé un coin que pour faire connaître jusqu'où s'étend le relâchement et la dépravation des mœurs dans la capitale algérienne.

Après avoir accompli l'ascension de la rue de la Kasbah, je pris pour descendre dans la ville basse une voie moins directe, ce qui me valut l'agrément de m'égarer maintes fois en route, attiré à droite, à gauche et en face par l'originalité et la variété des perspectives que présentaient à cette heure les rues tortueuses et étranglées, les corridors voûtés, les ruelles borgnes, les mystérieuses impasses, les escaliers rocailleux sur lesquels s'ouvrent çà et là les arcades ogivales de vieilles portes en ruine de l'effet le plus saisissant.

Après mille circuits, malgré le secours des lanternes à gaz qui projetaient de distance en distance leur lumière à travers les capricieux méandres de ce labyrinthe, au lieu d'avancer, je me retrouvais souvent au point de départ.

Cependant, l'heure de la retraite était arrivée, les cafés maures se fermaient peu à peu; on percevait encore quelques notes du chant plaintif des musiciens musulmans; les dernières vibrations des *gounibris* et des *derboukas* se perdaient dans le silence de la nuit.

Enfin, j'atteignis la rue Bab-Azounn; sous ses arcades devenues solitaires se glissaient, comme de blancs fantômes, quelques Arabes attardés.

Quand je rentrai à l'*Oasis*, il y régnait un calme parfait; je passai inaperçu au milieu du groupe des innocents volatiles ensevelis dans un profond sommeil, que je me fusse fait d'autant plus de scrupule de troubler que, moi-même, j'aspirais à suivre l'exemple des hôtes emplumés de la maison.

. . . . . . . . . . . . .

Je compterai parmi les heures qui m'ont laissé la plus vive impression celles que j'ai consacrées à la visite des édifices religieux et spécialement des mosquées d'Alger. Presque chaque jour je faisais un pèlerinage aux temples islamites, où je pénétrais, après avoir retiré préalablement mes chaussures que je déposais à la porte, pour me conformer à la loi musulmane.

Seulement, l'expérience me démontra que j'aurais dû me munir d'une paire de ces pantoufles indigènes, dont l'ampleur facilite beaucoup la pratique d'une opération aussi ennuyeuse que souvent répétée. Ai-je besoin d'insister sur l'embarras où se trouvent les visiteurs dont les pieds sont emprisonnés par des bottes plus ou moins étroites?

La grande mosquée d'Alger, *Djamma-Kébir*, est un des spécimens les plus parfaits de l'architecture de ces sortes de monuments.

Quand on a traversé la première des cours intérieures dont les fontaines sont abritées par des bananiers et des orangers, on a devant soi une salle immense, trop basse pour sa largeur; l'œil se perd dans une forêt de colonnes réunies entre elles par des arceaux dentelés et festonnés et dont la disposition rappelle l'intérieur de la cathédrale de Cordoue, si connue par les nombreux dessins qui en existent.

Des nattes épaisses recouvrent le sol et enveloppent la base des colonnes. A peu près au centre, s'élève une sorte de chaire nommée *minbar*.

Adossée à l'un des murs intérieurs, une fontaine jaillissante laisse retomber avec un bruissement argentin son eau pure dans une vasque de marbre.

Telle est la décoration modeste de la *Djamma-Kébir* et celle en général des autres mosquées; leur simplicité et leur nudité peuvent rivaliser avec celles des temples protestants.

Mais quelle différence de mise en scène!

Rien de plus curieux que d'assister au défilé pittoresque des sectateurs de Mahomet, revêtus des costumes les plus variés et les plus fantaisistes; je parle de ceux des Maures et des nègres, les Arabes ne quittant jamais le classique burnous qui constitue pour eux comme une seconde peau.

Aussitôt ses babouches déposées sur le seuil du temple, le musulman s'approche de la fontaine aux ablutions, et là, après avoir ôté sa veste, relevé son pantalon jusqu'aux genoux, il s'asperge vigoureusement les jambes, le cou et le visage; cette opération hygiénique achevée, il remet ses habits et se prépare à la prière. Rien alors ne distrait le croyant prosterné à terre, la face tournée du côté de l'Orient et absorbé dans une profonde méditation. Après une fervente invocation à *Allah*, il se relève automatiquement, comme mu par un ressort, se prosterne de nouveau, répète plusieurs fois de suite ces pieux exercices et quitte enfin la mosquée avec la même gravité qu'il y est entré.

Ces détails sont sans doute bien connus de la plupart des lecteurs, aussi n'ai-je pas la prétention de rien dire de nouveau à ce sujet; je déclare donc une fois pour toutes que je raconte les choses que j'ai vues, sans me préoccuper de ceux qui les ont vues et racontées avant moi.

Les vendredis sont les dimanches des musulmans; ces jours-là, ils se réunissent pour assister à l'office célébré par leurs prêtres, marabouts ou muphtis. Je dois avouer que mon ignorance des pratiques de la liturgie mahométane rendait pour moi ces cérémonies incompréhensibles. Parmi les nombreux assistants prosternés à terre, je distingue les élèves du collège franco-arabe, avec leurs uniformes composés de vestes couleur lie de vin, de pantalons bouffants et de fez de drap rouge.

A propos de ces jeunes écoliers, on m'a affirmé qu'ils étaient fort intelligents, très bien doués, montraient beaucoup d'aptitude au travail, et que, fait assez notable, ils primaient souvent dans les compositions en langue française leurs condisciples nos compatriotes.

Seulement, a-t-on ajouté, les Arabes arrivés à un certain degré d'instruction ne le dépassent presque jamais.

La musique sacrée que j'entendis à *Djamma-Kébir* me parut encore plus bizarre que les chants profanes sur lesquels j'ai exprimé franchement mon opinion. De temps en temps, toutes les voix se confondent dans un unisson de la justesse la plus équivoque.

Voilà ce que je remarquai de plus saillant au point de vue musical.

L'occasion et la curiosité me firent également assister à quelques cérémonies juives à la grande synagogue, construite dans un style mauresque un peu fantaisiste.

Le jour où les israélites célébraient la Pâque, je m'étais introduit avec une certaine hésitation dans leur temple, ignorant l'accueil que j'y recevrais. Je fus bientôt rassuré : non seulement on me laissa entrer, mais un des fils d'Israël m'invita gracieusement à m'asseoir à côté de lui, politesse dont certainement aucun mahométan n'eût été l'objet. Par suite de l'antipathie qui existe entre les deux races, il n'est pas plus permis à un juif de pénétrer dans une mosquée, qu'à un musulman de franchir le seuil d'une synagogue.

L'assistance était nombreuse; la diversité des costumes formait un ensemble fort pittoresque; les turbans multicolores et les vestes agrémentées de passementeries se mêlaient aux chapeaux européens et aux habits noirs. Tous gardaient, selon la coutume judaïque, leur coiffure sur la tête. J'observe que chaque nouvel arrivant se rend d'abord au vestiaire où il prend son livre hébreu et l'écharpe blanche rayée de bleu dont il se couvre les épaules.

Au centre de la nef, se dresse une estrade peu élevée entourée d'une balustrade à hauteur d'appui. C'est là qu'officie le rabbin dont un ample voile blanc enveloppe le corps et une partie de la tête jusqu'aux yeux.

Trois personnages, coiffés d'un chapeau cylindrique, sont placés à côté de lui et l'assistent dans son ministère. Je n'ai aucune intention de décrire les détails compliqués d'un cérémonial auquel il faudrait être initié pour en comprendre le sens et en parler sérieusement. Je me borne donc à donner mon impression, que je résume ainsi: Tout me parut bizarre, étrange: l'attitude, les gestes, la voix de l'officiant, les chants qui ont une grande analogie avec ceux des Arabes, entonnés ou plutôt détonnés par les fidèles; les inflexions multipliées du corps et de la tête, les accolades données au rabbin à certains moments ; enfin, l'embrassement général des Israélites entre eux, avant de quitter la synagogue.

J'eus moi-même quelque peine à me soustraire à l'accolade dont allait me gratifier un des descendants de Moïse, qui m'avait pris sans doute pour un de ses coreligionnaires. Je me contentai de répondre machinalement à son serrement de main. Un autre, en passant devant moi, me salua d'un familier sourire ; c'était le marchand Abraham, coiffé pour la circonstance d'un splendide turban, et qui avait reconnu dans ma personne un de ses clients les plus assidus.

Quant aux femmes, dont je n'ai pas encore mentionné la présence, elles suivent l'office dans les tribunes élevées, à peu près à la hauteur d'un premier étage. Ces tribunes sont fermées par un grillage en bois dont les mailles serrées ne laissent aucune prise aux regards indiscrets. Si les femmes israélites sont invisibles à l'église, on a le loisir de les contempler dans toute leur magnificence lorsqu'elles sortent du temple, avec leurs robes traînantes aux tons criards et dont la jupe tombe droit sur leurs pieds, sans faire le moindre pli, leurs singulières coiffures, petites calottes pailletées d'or qu'elles portent légèrement inclinées sur le front. Quelques-unes, et ce ne sont pas bien entendu les plus opulentes, cachent leur chevelure sous une coiffe d'étoffe noire, espèce de serre-tête des moins élégants.

Toutes ont le type caractéristique de leur race, mais les plus belles sont plutôt remarquables par la régularité que par la distinction de leurs traits. Du reste j'aurai l'occasion de les présenter de nouveau au lecteur, quand je serai arrivé à Constantine, où le type israélite se produit dans toute sa pureté.

J'ai été à même de constater ici avec regret que beaucoup de sœurs de Rachel gagneraient à user plus fréquemment des ablutions purificatives dont les Arabes sont si prodigues.

Je ne dirai qu'un mot sur les églises chrétiennes d'Alger : ce sont des mosquées dont l'architecture a été plus ou moins modifiée et défigurée pour être appropriées au culte catholique. Cependant la cathédrale, avec ses tours massives, produit à distance un effet assez pittoresque, leur forme rappelle un peu l'architecture moscovite. A l'intérieur, on remarque quelques détails intéressants : faïences historiées, inscriptions arabes, dessins mauresques stuqués. Ce dont il faut louer les architectes, c'est d'avoir eu le bon goût de répudier le style gothique, qui eût singulièrement juré avec celui des constructions nationales.

Par une heureuse coïncidence, pendant la dernière semaine de mon séjour à Alger, les israélites et les mahométans étaient en fête : les uns célébraient la Pâque, en même temps que les autres fêtaient l'anniversaire de la naissance du prophète.

Chez les premiers, la manifestation principale consistait dans la fermeture de leurs boutiques, ce qui constituait un grand acte d'abnégation de la part de commerçants dont le désintéressement n'est pas en général la qualité prédominante.

Quant aux disciples de Mahomet, ils profitaient de la circonstance pour s'adonner à une oisiveté complète, ce qui ne changeait pas grand'chose à leurs habitudes, à se promener et à s'installer dans les cafés, qui, ces-jours là, étaient décorés presque luxueusement : oriflammes, drapeaux à l'intérieur et à l'extérieur, guirlandes de fleurs et de feuillages capricieusement entrelacés, découpures de papier, etc.

Le soir, illumination à *giorno*, le derbouka fait rage ; je vois pour la première fois apporter le *narghilé*, qu'un garçon présente à la ronde aux consommateurs qui aspirent chacun à son tour une ou deux bouffées de la vapeur narcotique.

Sur l'étroite place Télémy, dans le haut quartier, j'avise suspendu à un cordage, que soutiennent deux mâts pavoisés et enguirlandés de feuillages, un petit vaisseau qui se balance dans les airs au gré du vent.

Une animation extraordinaire remplit les rues. Je suis assourdi par les cris rauques des marchands ambulants de fruits confits, de gâteaux, de beignets ruisselants de graisse et autres friandises d'un aspect plus original que ragoûtant et auxquelles je me propose de goûter un jour où je serai en appétit. Parmi les comestibles que l'on promène autour de moi, je distingue des petits pains au milieu desquels sont encastrés des œufs durs, teints de plusieurs couleurs et dont la vue me rappelle nos roulées provinoises exposées chez les fruitières pendant la semaine de Pâques; vieille tradition locale qui disparaît peu à peu, comme tant d'autres.

Je rencontre un grand nombre de femmes qui portent au cou de gracieux et odorants colliers de fleurs d'oranger passées dans des fils. Plusieurs tiennent à la main de charmants *bambinos* qui, avec leur costume mauresque, leurs petites mains rougies avec du henné en guise de gants, semblent prêts à se rendre à quelque bal travesti, organisé à leur intention.

En considérant cette multitude joyeuse, je me figurais assister à une sorte de carnaval algérien.

## V

Le palais du gouverneur. — La bibliothèque et le musée lapidaire. — Les théâtres. — Une soirée à *la Perle*. — *Tous mabouls*. — La mosquée *Sidi-Raman*. — Une négresse excentrique. — Ce qu'on voit dans un cimetière maure. — Le jardin Marengo.

Parmi les édifices dont j'ai déjà indiqué les dispositions générales, un des plus remarquables, que l'on considère comme un des spécimens les plus élégants et les plus riches de l'art mauresque, est incontestablement le palais du gouverneur de l'Algérie.

Malheureusement, par suite des exigences du service militaire, la façade a dû subir plusieurs mutilations et additions regrettables qui en altèrent le dessin primitif. Quoi de plus choquant, par exemple, que l'effet de la marquise en zinc qui protège le corps-de-garde !

Escorté du concierge, je pus, grâce à l'absence du gouverneur alors en tournée, visiter les appartements privés et les salles de réception, dont plusieurs détails d'ornementation ont une grande analogie avec ceux qui décorent l'intérieur de l'*Alhambra* de Grenade. Les arabesques stuquées me parurent du meilleur goût, ainsi que les revêtements de faïence historiée aux reflets mordorés. Les carreaux émaillés, rehaussés de dorures, sont fort anciens, et aussi rares que précieux; on songe en les admirant aux merveilleuses maïoliques de Faënza.

Le palais de Mustapha-Pacha où sont installés la bibliothèque et le musée archéologique présentait pour moi un intérêt tout spécial; aussi, lui fis-je pendant mon séjour de fréquentes visites.

Sous les galeries du rez-de-chaussée, fermées par une rangée de colonnettes d'un ravissant travail, sont exposés des fragments plus ou moins importants de sculpture et d'architecture antiques, des mosaïques, des bas-reliefs, des tombes romaines et arabes, presque tous objets trouvés dans la contrée.

Des arbustes exotiques au feuillage luxuriant, entremêlés de fleurs balsamiques, ornent la cour occupée au milieu par un bassin dont l'eau limpide se renouvelle sans cesse, et entretient la fraîcheur de cette végétation prisonnière. Des volubilis aux corolles nuancées de couleurs tendres, et autres plantes grimpantes, étreignent de leurs tiges flexibles les colonnes du premier étage, qui renferme les collections bibliographiques. Les murailles sont tapissées de faïences d'une variété et d'un éclat incomparables.

La première impression du visiteur est donc une impression agréable, sa vue est tout d'abord charmée et récréée ; mais il ne tarde pas à se convaincre que l'appropriation de ce local à une bibliothèque publique présente des inconvénients dont je vais signaler les plus sérieux.

Les salles qui correspondent aux quatre côtés du quadrilatère et qui contiennent les livres ne reçoivent la lumière que par la cour. On ne peut donc guère y lire que dans une demi-obscurité. Aussi sont-elles désertées par les lecteurs pour lesquels on a disposé d'un côté de la galerie extérieure de petites tables mobiles formant pupitre. Il est aisé de comprendre que le manque d'air est une cause de détérioration incessante pour les volumes exposés à l'action destructive de l'humidité.

Puis l'extrême division du local rend la surveillance très-difficile.

La bibliothèque d'Alger est naturellement plus fréquentée que celle de Provins. Je m'y rencontrai chaque fois avec un certain nombre de bourgeois et d'officiers de la garnison. J'y trouvai aussi quelques musulmans qui venaient consulter les manuscrits orientaux, au nombre d'environ 800, et qu'une gracieuse et savante jeune fille s'occupait de cataloguer.

Je ne puis reproduire les détails techniques que me donna mon honorable et érudit collègue (ancien élève de l'École des chartes), sur l'administration de la riche collection confiée à sa garde. Il faudrait pour cela un chapitre spécial qui serait déplacé ici. Je tiens seulement à mentionner ce fait : c'est que le conservateur de la bibliothèque, dans un intérêt bien compris de la propagation de l'instruction, prête des livres au dehors, avec une grande libéralité.

Je présume que le lecteur préférera, à une plus longue station dans le palais de Mustapha-Pacha, une visite au grand théâtre d'Alger.

C'est une belle et robuste construction d'un style classique, taillée sur le patron des monuments de cette espèce qui existent dans les principales villes de France. Seulement, il a le précieux avantage de se trouver placé en face de la mer, de sorte que, du foyer, on jouit d'un coup d'œil qui fait pâlir la décoration intérieure de la salle, laquelle, du reste, n'offre rien de bien saillant.

Je n'assistai qu'à une seule représentation, dont le programme était assez varié ; mais, malgré la pluie de bouquets qui tomba des loges sur la scène, j'avoue que les artistes me parurent fort médiocres et peu dignes des ovations dont ils furent l'objet.

Le théâtre de *la Perle*, malgré son nom, se présente sous des dehors plus modestes ; le public qui le fréquente n'est peut-être pas la fine fleur de l'aristocratie, mais on s'y amuse beaucoup, et c'est le point capital.

En prenant ma place au guichet, on me remet,

comme à tout le monde, deux cartes dont l'une donne droit à l'entrée et l'autre à une consommation. Le théâtre de *la Perle* est donc un café-spectacle.

J'avais été affriandé par la lecture d'une affiche monstre qui annonçait, en caractères flamboyants, la représentation d'une folie-vaudeville, portant le titre assez piquant de : *Tous mabouls,* en français, *tous fous.*

En résumé, cette pièce est une sorte de revue locale, qui sert de prétexte à l'exhibition de décors très exacts et fort réussis des principaux monuments, des différentes rues et places d'Alger. On y voit apparaître la plupart des types originaux qu'on rencontre dans la ville ; les auteurs, car ils sont deux, ont mis en scène les particularités les plus caractéristiques de la vie algérienne.

L'intrigue est à peu près nulle, comme dans le plus grand nombre des pièces du même genre; mais le dialogue est vif et spirituel.

Voici les principaux tableaux qui se déroulent sous les yeux du spectateur : La place du Gouvernement, le restaurant du Veau-qui-tette, les fumeurs de kief ou hatchis, lesquels, à la suite d'excès de cette drogue enivrante, deviennent fous, d'où le titre de la pièce, un intérieur arabe qui donne lieu à une foule de plaisanteries et de quiproquos. Enfin, au dénouement, apparaissent des danseurs et des chanteurs nègres, parmi lesquels figure celui qui, trop empressé de fêter ma bienvenue lors de mon arrivée à l'hôtel de l'*Oasis*, m'avait salué d'une aubade aussi burlesque qu'intempestive.

A l'apparition de certains personnages parfaitement reconnaissables et que mes voisins me signalent complaisamment, les rires et les bravos éclatent dans la salle.

Je compte au parterre seulement une demi-douzaine d'indigènes.

Les intermèdes de chant qui remplissent les entr'actes sont très goûtés du public qui répète en chœur les refrains de certaines chansons grivoises paraissant jouir ici d'une grande popularité.

Évidemment, la mère de famille hésitera à conduire sa fille au théâtre de *la Perle*; il y règne un abandon et une gaieté par trop aimables.

En somme, je n'eus pas à regretter cette soirée récréative, rendue surtout attrayante par le piquant mélange de couleur locale qui l'avait émaillée.

Du théâtre au cimetière, la transition pourrait sembler inconvenante et presque brutale, à qui ignorerait la différence bien tranchée existant entre les cimetières maures et les nécropoles chrétiennes.

Rien de funèbre ni d'attristant dans les premiers, où l'on assiste à des spectacles qui présentent quelquefois un côté vraiment comique.

Le cimetière contigu à la mosquée *Sidi-Raman*, laquelle domine si pittoresquement le jardin Marengo, n'est ni le plus vaste ni le plus curieux, mais on peut y faire des observations intéressantes.

J'y pénètre un vendredi, jour de la semaine qui, je l'ai déjà dit, correspond pour les musulmans à notre dimanche. Je croise en chemin des groupes de Mauresques qui vont accomplir leurs dévotions. La plupart tiennent à la main de frais rameaux, destinés à la tombe des morts dont la mémoire leur est chère.

Je descends, en compagnie des filles du Prophète, un escalier fort raide qui donne accès à la mosquée, dont une des salles renferme le tombeau d'un marabout des plus vénérés. Elle est décorée avec profusion de drapeaux, d'oriflammes de toutes couleurs et de petits lustres suspendus au plafond.

A travers la porte entr'ouverte d'une pièce voisine, j'aperçois un grand nombre de femmes qui, agenouillées ou accroupies sur leurs talons, murmurent des prières.

Bien qu'elles paraissent profondément recueillies, il reste cependant encore une petite place à la curiosité féminine. Les mahométanes ne sont-elles pas aussi des filles d'Ève ? Plusieurs, pensant n'avoir à redouter l'indiscrétion d'aucun témoin, se sont débarrassées de leur voile, et je ne puis douter que je ne sois l'objet d'une attention, d'ailleurs peu flatteuse, en observant les malicieux sourires qui errent sur leurs jolies lèvres.

Ne voulant pas être plus longtemps une cause de

distraction pour ces pieuses croyantes, j'opérai une discrète retraite, et j'allai me réfugier dans le jardin-cimetière qui avoisine le sanctuaire vénéré de *Sidi-Raman*.

Ce jardin est planté en grande partie de figuiers et de caroubiers énormes; sous leur feuillage exubérant, s'abritent quantité de tombes uniformes qui ne se distinguent guère les unes des autres que par le prix de la matière et les diverses épitaphes dont elles sont chargées.

Sur l'herbe folle et touffue qui croît à l'aventure, sont couchés paresseusement ou accroupis plusieurs indigènes qui causent familièrement. Quelques ânons pacifiques attendent patiemment leurs maîtres en savourant avec volupté le succulent gazon dont le sol est couvert.

Tandis que je contemple ce tableau champêtre, passe rapidement devant moi une négresse qui se dirige vers un caroubier séculaire et revêtu sans doute à ses yeux d'un caractère sacré, à en juger par les manifestations singulières dont il est l'objet.

Après avoir embrassé à plusieurs reprises le tronc de l'arbre et répandu autour quelques pièces de menue monnaie, elle se livre à une gesticulation bizarre et à une sorte de chorégraphie dont je ne saisis pas la signification. Puis cette sorcière au teint d'ébène poursuit sa course désordonnée à travers les tombes, s'arrêtant de temps à autre pour répéter devant certaines sépultures sa pantomime extravagante. L'horrible folle, s'apercevant que je l'examine avec étonnement, me lance un sourire expressif qui a sans doute des intentions aimables, mais dont je ne saurais apprécier la grâce provocante. Une Mauresque qui sous son voile pleure et sanglote, agenouillée près d'une tombe, me ramène au sentiment de la situation.

A peu de distance de la kasbah, se trouve placé le cimetière musulman le plus important d'Alger ; c'est de ce côté que je me dirigeai en quittant la mosquée de *Sidi-Raman*.

Les sentiers escarpés qui longent la citadelle et conduisent au champ funèbre sont encombrés de femmes indigènes ; elles marchent en procession, lentement et silencieusement ; l'éclatante blancheur de leurs costumes tranche crûment sur l'horizon : de loin, on croirait le chemin recouvert d'épaisses couches de neige.

Aucune barrière ne ferme le cimetière borné d'un côté par la grande route. Il occupe le versant d'une haute colline. De monstrueux figuiers de Barbarie, des aloès, des cactus épineux, des grenadiers aux fleurs de corail, surgissent de tous côtés dans un désordre sauvage.

Des troupes de Mauresques sont disséminées dans toute l'étendue de la nécropole, au milieu des cippes funéraires ornés d'inscriptions en relief qui ressemblent plutôt à de capricieux dessins qu'à des caractères d'écriture. Quelques sépultures sont entourées par de maigres clôtures composées de pierres plates fichées en terre.

Les attitudes des visiteuses, dont la plupart ont levé leur voile, sont fort diverses; on peut observer les contrastes les plus singuliers.

Pendant que les unes prient avec recueillement, d'autres se promènent en folâtrant comme des écolières en récréation; nombre d'entre elles sont assises en cercle autour des pierres tumulaires, là elles causent et babillent aussi librement que si elles étaient dans la rue. De ces groupes joyeux s'échappent de frais gazouillements entremêlés de rires argentins.

Que de propos confidentiels, que de piquants commérages s'échangent ici le vendredi avec une liberté d'autant plus savourée qu'elle est plus rare, et tout cela sans souci de ceux qui dorment, à côté, du sommeil éternel! A un instant, mon attention est attirée par l'accent menaçant de certaines voix discordantes, on se dispute derrière moi, les gestes s'accentuent de plus en plus; encore un peu, et je vais assister à une curieuse scène de pugilat; puis, tout se calme et s'apaise, pas de dénouement tragique pour aujourd'hui. J'ajoute en outre, comme détail caractéristique, que beaucoup de ces dames ne se font aucunement scrupule d'apporter avec elles leur nourriture qu'elles consomment sur place, avec un appétit qui ne semble pas souffrir du sombre voisinage des trépassés.

Que le lecteur ne se scandalise pas trop; tout cela est affaire de sentiment national. Vérité en deçà, erreur au delà; ce qui serait irrévérencieux et choquant chez nous, paraît fort naturel ici. Il en est de même en matière d'art; les Arabes trouvent notre musique détestable, nous trouvons la leur exécrable.

Quoi qu'il en soit, le lecteur voudra bien reconnaître que je ne me suis pas trop avancé en assurant que le spectacle d'un cimetière maure sans être tout à fait aussi gai que celui que peut offrir celui du théâtre de *la Perle*, ne présente rien qui doive porter le spectateur à la mélancolie.

Tandis que je me livre à ces réflexions philosophiques, un fossoyeur occupé à creuser une fosse, m'ayant aperçu, quitte précipitamment son travail pour venir à moi. Il m'invite dans un français assez correct à me retirer au plus vite, attendu que je commets une grave infraction à l'ordonnance qui interdit d'une façon absolue l'acès des cimetières aux personnes de mon sexe. Le sinistre fonctionnaire ajouta complaisamment que, le vendredi, le champ des morts était exclusivement réservé à la visite des femmes, et que, les autres jours, je pourrais y circuler librement.

J'obéis avec d'autant moins de regret à l'injonction péremptoire qui m'était faite, que j'en avais suffisamment vu et entendu pour mon édification personnelle. Et d'ailleurs, il était facile, de la route;

et sans franchir l'enceinte, d'assister aux différents épisodes qui se passaient à l'intérieur.

Du reste, je crus remarquer, et je ne mets dans cette confidence aucun sentiment de fatuité, que les Mauresques ne paraissaient pas me garder rancune de mon indiscrète témérité. J'en rencontrai plusieurs à la sortie qui me souhaitèrent le bonjour avec des inflexions de voix dont la douceur caressante me rendirent rêveur. Dans le défilé de celles qui passent devant moi, j'entrevois, à travers la gaze transparente de certains haïks blancs rayés de rose, les costumes les plus riches et les plus élégants.

Du poste d'observation où je me suis installé, je jouis d'un panorama admirable, mon regard plonge au fond d'un frais et romantique vallon planté d'eucalyptus aux cimes violacées; les montagnes qui l'encadrent sont revêtues de teintes chaudes et lumineuses; sur leurs flancs verdoyants le soleil verse à profusion des flots d'or. La nature vigoureuse des paysages africains se révèle là dans toute sa splendeur. Dans le lointain, sur un des points culminants, l'église Notre-Dame d'Afrique, récemment construite, détache sur le ciel bleu ses coupoles orientales.

Du jardin sépulcral de la kasbah à celui de Marengo, la transition est simple et la distance est courte; on peut parcourir, sans aucune arrière-pensée lugubre, ses avenues sinueuses tracées comme je l'ai dit plus haut, sur les pentes d'une colline qui s'abaisse doucement jusqu'au rivage.

Le visiteur étranger marche de surprise en surprise, ravi par les merveilles de végétation étalées sous ses yeux.

Son admiration est tour à tour sollicitée, tantôt par les luxuriants massifs de plantes tropicales qui l'environnent, tantôt par les grappes de fleurs purpurines du *bougainville*, dont les terrasses sont tapissées. Plus loin, ses regards s'arrêtent sur des yucas aux proportions gigantesques; plus loin encore, les bambous dressent leurs tiges noueuses et pressées. Au moindre souffle de la brise qui agite leurs feuilles sonores, on entend un bruissement mystérieux. Le sol est jonché d'écailles vernissées qui se détachent des roseaux. A deux pas, les palmiers dattiers, alignés sur un double rang, élèvent fièrement dans les airs leurs panaches ondoyants. Enfin, le promeneur se laisse doucement enivrer par les senteurs pénétrantes des orangers et des citronniers, qui au printemps portent en même temps une moisson de fleurs et de fruits. Autour de leurs troncs robustes s'enlacent amoureusement des rosiers d'espèces variées.

Tout est disposé avec un art et un goût exquis; de place en place, apparaissent d'élégantes constructions d'architecture mauresque : kiosques et fontaines jaillissantes avec leurs revêtements de faïences qui miroitent au soleil.

Puis, pour compléter ce tableau enchanteur, à travers les échappées lumineuses des ombrages feuillus, on voit se dérouler à quelques pas les volutes azurées de la Méditerranée, sur lesquelles glissent les légères embarcations des pêcheurs.

Quand elles déploient leurs blanches voiles, on croirait voir des bandes d'alcyons effleurant de leurs ailes la surface des flots.

## VI

Les omnibus d'Alger. — La koubba de Sidi Mohamed. — Le café des Platanes. — Le Hamma. — Paysage oriental. — Un officier de spahis. — La rue des Zouaves. — Les Aïssaouats. — Tableau !...

Si ravissant que puisse paraître le jardin Marengo, il faut encore réserver une part de son enthousiasme pour l'Éden algérien qui s'appelle jardin d'essai ou du *Hamma,* situé à quatre ou cinq kilomètres d'Alger. Je prends, pour m'y transporter, un des nombreux omnibus qui font ce trajet et dont la place du Gouvernement est le lieu de stationnement.

Ils sont tous étiquetés et portent généralement des noms qui visent à la couleur locale, tels que : le Lion du Désert, le Chameau, la Gazelle, la Fleur d'Oranger, le Sahara, etc. Cependant je lis sur quelques-uns les inscriptions suivantes, qui n'affichent aucune prétention orientale : M^me Angot, Giroflé-Girofla, Barbe-Bleue. Plusieurs de ces véhicules sont exclusivement remplis de Mauresques qui, en attendant le départ, babillent dans leur boîte roulante comme des oiseaux en cage.

La route que l'on suit, presque constamment bordée d'habitations, est un faubourg d'Alger ; il y règne une circulation et un mouvement incessants de piétons et de voitures. Elle est dominée par de riants coteaux sur lesquels on entrevoit, à demi enfouies dans les massifs d'une verdure un peu sombre, les blanches villas européennes et mauresques qui s'y abritent.

L'omnibus franchit le célèbre village de Mustapha, et je me fais descendre près de la *koubba de Sidi Mohamed*, chapelle musulmane, entourée d'un cimetière encore plus négligé que celui de la kasbah.

Les tombes, pour la plupart déjetées, penchent sur leurs bases : beaucoup disparaissent dans l'épaisseur des figuiers de Barbarie et des agaves. C'est d'ailleurs un lieu de pèlerinage très fréquenté.

Pendant que les femmes, répandues çà et là dans le jardin, pratiquent leurs dévotions avec plus ou moins de recueillement, quelques croyants, arrêtés dans la cour, se livrent en ma présence à une véritable orgie d'ablutions, au moyen des jets d'eau qui s'échappent de robinets fixés au mur de clôture. A proximité de la kouba, se trouve le Hamma qui occupe une étendue de terrain considérable.

Avant d'y pénétrer, je fais une petite halte au

café maure situé vis-à-vis et ombragé par les magnifiques platanes qui lui ont donné son nom.

C'est une construction d'un caractère oriental bien accusé, avec son dôme blanchi à la chaux, ses galeries à arcades, sa poétique fontaine.

Que n'ai-je à mon service la plume ou le pinceau de Fromentin, pour rendre le charme pittoresque du café des Platanes! Je ne résiste pas au plaisir de me faire servir une demi-tasse que je déguste en compagnie d'indigènes qui, accroupis sur des nattes étendues à l'extérieur, jouent flegmatiquement, les uns aux cartes, les autres aux dames ou aux échecs; à chaque instant, passent des convois d'animaux qui viennent se désaltérer à la jolie fontaine dont je perçois distinctement le murmure harmonieux.

Une fois la grille du Hamma franchie, c'est la Terre promise qui se découvre à mes regards surpris et captivés. La flore africaine étale les plus riches productions de son luxe éblouissant dans les immenses avenues de palmiers, de lataniers, de bambous, de bananiers, de caoutchoucs qui s'entre-croisent en tous sens. J'éprouve une volupté indicible à me reposer sous ces opulents ombrages des tropiques.

Quel changement subit et profond pour un Provinois habitué à l'humble abri des vieux remparts de son pays natal! Et cependant, malgré l'admiration que je ressens en présence de cette prodigieuse végétation, il m'est doux encore d'évoquer l'image des ormes séculaires de nos belles promenades, où le poète se plaît à rêver, l'amant à soupirer. Le souvenir des objets si modestes qu'ils soient, au milieu desquels on a vécu depuis l'enfance, ne conserve-t-il pas toujours et partout un prestige dont rien ne saurait détruire la puissance? Un volume suffirait à peine à la description des merveilles botaniques renfermées dans cette gigantesque serre chaude à ciel ouvert qui se nomme le Hamma.

L'allée des palmiers aboutit à la mer, dont elle est séparée par les rails du chemin de fer de Blidah.

Mollement étendu à la base d'une de ces colonnes écailleuses qui portent à leur sommet un chapiteau verdoyant, je contemple un des plus beaux spectacles du monde : les flots de la Méditerranée, sur lesquels le soleil fait ruisseler des paillettes d'or, viennent mourir près du rivage, en ourlant ses contours d'une frange argentée. A l'horizon, se dressent, comme les gradins de marbre d'un escalier colossal, les maisons en terrasses de la ville d'Alger d'où émergent les coupoles arrondies et les minarets effilés des mosquées qu'inonde une lumière aveuglante. Sur la route qui s'allonge parallèle à la plage, une petite caravane de chameaux, montés par leurs conducteurs, s'avance gravement au milieu des nuages de poussière qu'ils soulèvent en marchant. . . . . . . . . . .

Si ma visite au Hamma n'eût précédé celle du jardin contigu à la villa mauresque du gouverneur de l'Algérie, j'en eusse sans doute apprécié davantage les beautés. Néanmoins il mérite encore une mention fort honorable, ne fût-ce que pour ses bois de citronniers, ses tonnelles de glycines, ses allées de pamplemousses dont le nom fait naturellement songer aux jeunes et sympathiques héros du roman de Bernardin de Saint-Pierre. J'admire surtout les larges et plantureuses feuilles d'acanthe sous la parure desquelles le sol disparaît entièrement. En considérant l'émail brillant de ce feuillage, ses fines et élégantes dentelures, je comprends qu'il ait fourni aux architectes et aux sculpteurs leurs plus gracieux motifs de décoration.

Après cette promenade dans les jardins enchantés où Armide et son tendre Renaud ne se fussent pas trouvés trop dépaysés, il me restait à explorer les environs d'Alger, si justement vantés.

Que de buts charmants et variés d'excursions, quelle succession de paysages tour à tour souriants et grandioses, au milieu de ces verdoyantes campagnes où viennent se réfugier, l'été, les citadins chassés de la ville par les ardeurs d'un soleil dévorant!

Moi aussi, j'ai gravi avec délice ces collines aux molles ondulations sur lesquelles sont paresseusement assis de coquets villages qui se mirent dans une mer calme et limpide comme un lac de Suisse.

Mais je dois renoncer à des descriptions fastidieuses, qui ne donneraient qu'une pâle idée de ces sites merveilleux.

J'ai des raisons encore plus plausibles, pour m'imposer une sage réserve en ce qui concerne les mœurs, les coutumes et les institutions des indigènes. Pour traiter sérieusement et avec autorité un pareil sujet, il faut avoir habité longtemps le pays et avoir beaucoup observé. Je renvoie donc poliment les lecteurs désireux de s'instruire, à cet égard, aux intéressants ouvrages de MM. le général Daumas, Berbrugger, Fromentin, Piesse et autres écrivains compétents. Je me permettrai cependant une observation critique à propos de la sobriété proverbiale des Arabes. Cette réputation n'est qu'en partie fondée; rarement, il est vrai, on rencontre un indigène en état d'ivresse. Toutefois quelques-uns ne se font pas faute d'enfreindre la prescription formelle du Coran qui interdit l'usage du vin et des boissons alcooliques.

J'en acquis la preuve un jour que je me trouvais à dîner dans une maison amie avec un indigène, officier de spahis.

A..., ancien conseiller général et ancien caïd, offre un type superbe de race arabe; son attitude est pleine de noblesse et de dignité, sa physionomie expressive respire l'intelligence et l'énergie. Il parle correctement notre langue avec laquelle l'ont familiarisé ses nombreuses excursions en France, d'où il a rapporté des observations fort judicieuses.

Son air de franchise, je dis son air, — car avec un Arabe on n'est jamais sûr qu'elle soit de bon aloi, — prévient de suite en sa faveur. Rien d'intéressant comme d'entendre l'ancien caïd raconter ses voyages et ses campagnes. Il a montré une extrême bravoure sur les champs de bataille et s'est distingué notamment en Crimée. Pendant la formidable insurrection kabyle de 1871, qui faillit nous devenir si funeste, A... s'est fait remarquer par son courage et sa fidélité à notre cause que tant d'autres de ses coreligionnaires avaient désertée à ce moment critique. Il porte sur sa poitrine la récompense due à ses loyaux services.

J'aurais voulu pouvoir sténographier les détails de toutes sortes que nous donna le brillant officier sur son pays.

C'est un Arabe civilisé que l'ex-caïd, trop civilisé peut-être, et il aura plus tard à rendre ses comptes à Mahomet ; car il boit du vin sans scrupule et même de la liqueur, tout en dégustant un excellent *couscouss*, à la confection duquel il avait tenu à présider pour faire honneur à l'amphitryon.

Malgré tout, A... est bon musulman ; il a placé, il est vrai ses enfants, deux jeunes filles, dans le couvent français du *Sacré-Cœur*, mais il se propose de les en retirer bientôt. Le moment approche, nous dit-il, où elles seront astreintes à suivre les pratiques de la religion du Prophète, dans laquelle, ajoute énergiquement le lieutenant de spahis, lui et les siens doivent mourir.

A... nous quitta très soucieux et très perplexe à l'occasion d'un cheval qu'il se promettait d'engager aux courses du lendemain, dimanche; l'honneur de son régiment, assurait-il, était attaché à son succès.

Je fus en définitive charmé d'avoir fait la connaissance de cet homme du désert, d'un commerce si agréable, et qui n'eût certes été déplacé dans aucun salon français (1). . . . . . . . . . .
. . . . . . . . . . . . . . . . . . .

Pendant le court séjour que je fis à Alger, j'eus l'heureuse chance de pouvoir assister à un spectacle aussi rare que recherché et qui me permit d'être témoin de manifestations religieuses les plus étranges et les plus dramatiques.

Je veux parler d'une séance d'*Aïssaouats*.

Comme je ne suis pas égoïste, je tiens à associer

(1) On lit dans la *Vigie algérienne* à la date du 4 avril 1877 : « Hier soir a été célébré pour la première fois le mariage civil de deux indigènes musulmans. M. Ali Soudouk bachi, médecin de colonisation au Soudont, épousait M<sup>lle</sup> Fathma Bent Caïd Ahmed. M. Ali est un de nos médecins de colonisation les plus dévoués et les plus sympathiques. Il est naturalisé Français et très populaire, etc. Le Caïd Ahmed, père de la mariée, est lieutenant du 1<sup>er</sup> régiment de spahis, chevalier de la légion d'honneur. C'est un homme fort intelligent, aimable en société, et l'un des plus braves officiers d'Afrique. Il a tenu à ce que sa fille reçût une excellente éducation, tout en conservant sa religion et son costume... »

mes concitoyens à cette bonne fortune, en m'efforçant de leur faire partager les impressions qui ont laissé à mon esprit un souvenir profond.

Peu de personnes, je présume, ayant entendu parler d'Aïssaouats, il me semble indispensable, pour l'intelligence des scènes que je vais retracer, de les faire précéder de quelques mots d'explication.

En résumé, le nom d'Aïssaouat est porté par un certain nombre de musulmans appartenant à une secte religieuse, sorte de franc-maçonnerie mahométane, qui se signale par des pratiques singulières ressemblant quelque peu à des jongleries.

Un Arabe fanatique, nommé *Mohamed Ben Aïssa*, originaire du Maroc, passe pour le chef de cette curieuse institution.

C'est en mémoire du fondateur, *Aïssa* — d'où Aïssaouats, — que chaque année, à des époques indéterminées, ses adeptes se rassemblent pour se livrer à leurs exercices religieux. Le jour et le lieu des réunions sont ignorés du public, et le secret est si bien gardé sur ce point, que fort peu d'Européens, y compris les habitants d'Alger, ont occasion de voir ces cérémonies. L'existence des Aïssaouats est même complètement inconnue au plus grand nombre.

D'après ce préambule, on juge si j'étais en droit de me féliciter d'avoir été admis dans le mystérieux sanctuaire.

Aussi, je m'empresse de déclarer que je dus cette faveur rare à l'extrême obligeance de M. G..., allié à l'une des plus honorables familles de Provins, depuis longtemps domicilié à Alger, et à l'hospitalité courtoise duquel je ne saurais trop rendre hommage. Les fonctions de M. G..., en le mettant chaque jour en contact avec les indigènes, lui avaient permis de recueillir des renseignements précis qu'il me communiqua avec le plus grand empressement.

Il résultait de ces renseignements qu'une séance d'Aïssaouats aurait lieu le lendemain.

C'était un dimanche, dans l'après-midi. Accompagné de la famille G... et de ma femme, je me dirigeai du côté de la rue des Zouaves, où devait se tenir la réunion.

Cette rue, perdue au milieu du réseau inextricable que forme le quartier de la kasbah, ne fut pas facile à découvrir, et nous éprouvâmes la même difficulté à trouver la maison, théâtre du drame.

Cependant quelques vagues rumeurs et la présence de certains groupes animés servirent à nous guider dans notre recherche.

Arrivés à la porte, il ne s'agissait plus que de se frayer un passage à travers la masse compacte d'indigènes, Maures et Arabes, qui obstruait le vestibule et montrait fort peu d'empressement à nous faire place.

Enfin, nous parvenons à pénétrer sous la galerie du rez-de-chaussée, d'une habitation mauresque semblable à celles dont j'ai déjà indiqué les dispositions uniformes.

Là, un tableau saisissant frappe nos regards!...

## VII.

### UNE SÉANCE D'AÏSSAOUATS

Le public. — L'orchestre. — Les acteurs. — Les *You-You* des Mauresques. — Chorégraphie des Aïssaouats. — Exercice du Serpent. — Les blanchisseurs de maisons.

Avant de parler des acteurs qui occupent la scène, je commencerai par dire un mot du public. Il est composé en grande majorité de femmes mauresques qui, toutes, cachent leur visage sous un masque de mousseline blanche.

Les unes, debout, remplissent l'espace étroit compris dans le côté de la galerie qui fait face à la scène ; les autres, assises ou accroupies sur leurs talons, garnisssent les quatre galeries du premier étage, ainsi que la terrasse supérieure, d'où leurs regards plongent sur le théâtre de l'action. Enfin, sur les marches des escaliers où elles se tiennent pressées à s'étouffer, s'échelonnent toutes les filles de Mahomet que le défaut de place a fait refluer de l'intérieur.

Une corde fixée à hauteur d'appui aux colonnes

torses du rez-de-chaussée sépare les spectatrices des acteurs.

La cour se divise en deux parties dont l'une est occupée par un orchestre formé de huit musiciens maures, vêtus de costumes fantaisistes. Rangés en demi-cercle, vis-à-vis du public, ils sont assis les jambes croisées sur une natte de sparterie qui recouvre le sol.

Les instruments à percussion dominent : tambours de basque, timbales, derboukas. J'applique ma plus sérieuse attention à deviner le sens mélodique de cette musique d'une bizarrerie sauvage, sans mesure régulière et sans solution de continuité. Je suis disposé pour la circonstance à accepter la définition de cet écrivain humoriste, qui a prétendu que la musique était un bruit plus désagréable que les autres.

De temps en temps les exécutants mêlent leurs voix nasillardes et dolentes au sempiternel bourdonnement des instruments. Devant l'orchestre, est placé un fourneau en terre cuite sur lequel on voit briller des charbons incandescents.

L'intervalle compris entre les musiciens et les spectateurs demeure réservé aux exercices des Aïssaouats.

Au moment où nous pénétrons dans l'enceinte, un individu encapuchonné, vêtu d'ailleurs assez misérablement, danse pieds nus au son de la barbare symphonie. Après avoir fait six pas en avant, il en fait six en arrière, et répète plusieurs fois ce double mouvement avec une régularité mécanique, dodelinant de la tête qu'il laisse retomber sur sa poitrine. Au bout de quelque temps de cette gymnastique, sa face blêmit, ses yeux ternes deviennent fixes et hagards.

Il faut croire que l'exercice est réussi, car de toutes parts, du rez-de-chaussée comme des galetries, on jette au danseur ahuri une pluie de petite monnaie qui tombe à ses pieds.

En même temps, retentit pour la première fois à mes oreilles, le cri de *you-you* que modulent à la fois avec les inflexions les plus diverses, depuis les plus graves jusqu'aux plus aiguës, les spectatrices qui m'environnent.

Cette bizarre onomatopée, qui, suivant l'accent des intonations, ressemble tantôt aux notes flûtées d'un oiseau, tantôt au sifflet strident d'une locomotive, cause une impression d'autant plus singulière, que le bruit est pour ainsi dire anonyme, les bouches qui le laissent échapper étant rendues invisibles par le masque d'étoffe dont elles sont couvertes. A peine si un imperceptible mouvement de la tête trahit les manifestantes.

C'est ainsi que les indigènes expriment leur satisfaction en public.

Jusque-là, je ne connaisssais sous la dénomination de *you-you* que les frêles esquifs dont Th. Gautier disait, qu'ils étaient si légers, qu'on les em-

porterait sous son bras comme un parapluie. Me
voilà désormais fixé sur cette nouvelle acception
du mot. Décidément les voyages instruisent.

Au premier danseur, quatre autres se tenant les
bras passés sur les épaules lui succèdent; ils forment la chaîne, et recommencent la même pantomime que le précédent. Seulement, l'oscillation
imprimée à la tête s'accuse de plus en plus; ils se
démènent comme des possédés, au risque de se
désarticuler les hanches et les vertèbres du cou.
Pendant ce temps-là l'orchestre gronde toujours
en accélérant ou en retardant son rhythme.

Le besoin d'une diversion quelconque à cet interminable et insipide divertissement commençait
à se faire vivement sentir, quand apparut un Aïssaouat d'un âge mûr, qui semblait remplir les fonctions de maître des cérémonies. Il tient à la main
un petit serpent; un des danseurs s'en saisit, l'enroule autour de son cou, puis le suspend à son
bras, se fait mordre jusqu'à l'effusion du sang et
enfin le rejette à terre.

Autre incident : c'est un vieillard pâle et maigre,
qui s'avance drapé dans un burnous dont l'usure
atteste les longs services.

Un mouvement marqué d'attention s'opère parmi les spectateurs; l'entrée en scène de cet octogénaire, sans doute le chef de l'association, est
saluée par une salve de sympathiques *you-you*
flûtés.

Cette espèce de squelette vivant, qui fait l'effet d'un revenant de l'autre monde, où il figurerait avantageusement dans un quadrille de danse macabre, dessine à son tour un pas de caractère, avec des attitudes qui n'ont rien de plastique et manquent absolument d'entrain. Il chante en même temps, d'une voix chevrotante et nasillarde, une mélopée impossible à noter. De jeunes adeptes viennent de temps à autre le soutenir quand il chancelle.

A un instant, on lui amène un petit enfant dont les cheveux sont teints de henné.

Le vieillard murmure quelques paroles mystérieuses qu'il accompagne de gestes cabalistiques.

Grâce aux explications que nous donne un Aïssaouat qui avait été employé dans les bureaux de M. G...., nous apprenons que le vénérable chef venait de bénir l'enfant en invoquant *Allah*, pour qu'il lui accorde sa protection, et daigne préserver son existence des maux qui affligent l'humanité.

A la suite de cette cérémonie, le grand prêtre, que son rôle trop prolongé de cavalier seul avait fini par exténuer, va s'asseoir haletant derrière l'orchestre pour présider de là aux évolutions des disciples d'Aïssa.

Les exercices de dislocation chorégraphique reprennent avec fureur; peu à peu, les visages des danseurs, qui ont reformé la chaîne, se congestionnent, leurs têtes pendent inertes, leurs yeux sont mornes, sur les lèvres entr'ouvertes de ces illuminés se dessine un sourire hébété.

L'un d'eux, à la figure jaune et bouffie, se fait remarquer par son exaltation ; les longues mèches de ses cheveux noirs flottent en désordre, ramenées d'avant en arrière par les brusques oscillations de sa tête.

Arrivé au dernier paroxysme d'une sorte de délire extatique, on est obligé de le soutenir pour l'empêcher de tomber comme un homme ivre. Nous nous détournons écœurés pour reporter notre attention du côté d'un personnage qui tout en se promenant de long en large, brise un verre de vitre qu'il tient à la main, porte les morceaux à sa bouche et les avale sans aucune ostentation et avec la même insouciance que s'il se fût agi de croquer une noisette. La vue de ce tour de force accompli avec tant de simplicité, provoque une explosion de *you-you* effrénés dans toute la salle.

Exhibition nouvelle d'un serpent avec lequel les Aïssaouats se livrent à des jongleries plus ou moins récréatives et plus ou moins dangereuses. Puis, nous remarquons qu'il se produit dans l'assistance une agréable sensation, à l'apparition de rafraîchissements et de comestibles représentés par une énorme jatte de lait aigre et un formidable plat de métal rempli d'un appétissant couscoussou.

Une de mes voisines se fait servir une tasse de lait, je me dispose à profiter de l'occasion pour contempler son visage qu'elle devra nécessairement découvrir pour absorber le blanc liquide. Mais la rusée Mauresque, soupçonnant mon intention, sait la prévenir en opérant une rapide volte-face qui ne me laisse voir que son dos.

Une autre, moins farouche, essaie de m'adresser la parole; mais, vains efforts, je ne comprends de son langage que celui de ses yeux, dont la noire auréole qui les surmonte, avive la flamme.

J'eus encore là occasion de constater que, si le Prophète a imposé aux croyantes de tenir leurs traits rigoureusement cachés aux profanes, il ne leur a pas sans doute interdit de se servir de leurs prunelles pour regarder les *Roumis* (1). Aussi, ces dames m'ont-elles paru user largement de la tolérance. Précieux privilège que celui de voir sans être vu et qui est réservé exclusivement ici au sexe faible!

Quelques-unes des Mauresques installées sur la terrasse, que rien ne protège contre les ardeurs du soleil couchant, se sont débarrassées de leurs kaïks; l'or et l'argent qui ornent leurs vêtements de dessous étincellent de mille feux.

Le jour baisse sensiblement; à peine les ombres du crépuscule ont-elles commencé à envahir la salle que les Mauresques abandonnent leurs places et disparaissent peu à peu. Il n'est pas permis aux femmes d'assister aux séances de nuit.

(1) Nom donné par les musulmans aux chrétiens.

Après avoir jeté un dernier regard sur les personnages fantastiques qui s'agitent confusément dans la demi-obscurité de la pièce, pendant que les tams-tams continuent leur vacarme, nous sortons à notre tour en remettant aux gardiens qui se tiennent à la porte notre offrande, qu'ils acceptent sans que nous ayons besoin de leur faire violence.

Un des initiés nous confie que ses confrères sont extrêmement fatigués, attendu qu'ils *travaillent* depuis le matin; il ajoute que les excercices seront continués sans interruption jusqu'au lendemain à midi, et que les plus intéressants auront lieu dans la matinée. Je prends acte de cet avertissement, comptant bien en faire mon profit.

Il résulte des détails que je recueille en chemin de la bouche de M. G... sur les Aïssaouats, que ces fanatiques sectaires sont pour la plupart fort misérables.

Beaucoup d'entre eux se livrent à la profession de blanchisseurs de maisons. On doit penser que l'occupation ne leur manque pas, en considérant que toutes les habitations arabes sont badigeonnées avec un lait de chaux à l'intérieur et à l'extérieur, et que cette opération se répète régulièrement deux ou trois fois par an.

## VIII

Encore les Aïssaouats. — Le figuier de Barbarie. — Scène de gloutonnerie. — Le supplice des épingles. — Explication physiologique. — Les mangeurs de charbon. — Prodige d'équilibre. — Destinée des Aïssaouats. — Chez les nègres. — Le chant du Muezzin et le *Désert* de Félicien David. — La prière du soir à la grande Mosquée.

La représentation du dimanche m'avait mis en goût, et la perspective d'une séance plus variée et plus palpitante me détermina à faire le lendemain matin une seconde visite à la maison de la rue des Zouaves. Je constate d'abord un peu moins d'encombrement dans la salle, dont les femmes occupent, comme la veille, exclusivement les galeries.

A peine entré, un Aïssaouat, revêtu d'un élégant costume surchargé de passementeries, se détache d'un groupe, et s'avance vers moi en me disant laconiquement : Viens (1).

(1) A ce propos, disons qu'une des particularités qui étonne le plus l'étranger ici est celle d'être tutoyé par les indigènes parlant quelque peu notre idiome. Il n'y a nullement à se formaliser de cette habitude nationale. Personne n'ignore que le tutoiement était pratiqué chez les Romains de tous rangs et que nul ne songeait à s'en offusquer.

Je suis mon introducteur, qui traverse la cour et me fait asseoir à côté de lui, sur un petit escabeau à deux places et de façon qu'aucun des détails du spectacle ne doive m'échapper.

Je ne puis qu'attribuer à ma générosité d'hier les attentions et les prévenances flatteuses dont je suis l'objet.

Presque rien de modifié dans la mise en scène; le mystique vieillard occupe son poste derrière l'orchestre dont les instruments ronflent avec rage et sans répit. Je retrouve encore le personnage aux cheveux flottants parmi ceux qui exécutent en ce moment un pas d'ensemble.

On juge à quel degré d'ahurissement sont arrivés ces malheureux qui ont passé la nuit à se démener dans les contorsions les plus extravagantes. Ils sont pâles, harassés, brisés d'extase.

Après une demi-heure de cette chorégraphie abrutissante, on apporte à mon voisin, qui me fait l'effet de jouer le rôle d'un exécuteur des hautes œuvres, une énorme feuille de figuier de Barbarie. Tout le monde connaît cette plante charnue, sorte de raquette végétale hérissée d'une foule de petits dards.

Aussitôt un individu à la face ignoble et bestiale quitte la chaîne des danseurs, et, après maintes grimaces plus hideuses les unes que les autres, s'agenouille et donne l'accolade au grand-maître.

Celui-ci lui tend alors la feuille de figuier sur

laquelle le féroce Aïssaouat se précipite en poussant des hurlements rauques et étranglés.

Puis, ce sauvage sectaire mord gloutonnement la raquette épineuse dont il mâche et avale successivement plusieurs morceaux. J'aperçois sur ses lèvres une écume blanchâtre formée par le suc laiteux de la plante.

Il est immédiatement remplacé par un camarade encore plus exalté et plus farouche que lui. Sa physionomie idiote est repoussante de laideur; il bondit comme une bête fauve sur l'atroce comestible qu'il engloutit avec une voracité croissante. On dirait un des tigres du Jardin des Plantes au moment où le gardien lui sert son repas quotidien.

Cet enragé convive semble ne pouvoir se rassasier du monstrueux régal qui lui est offert, il revient sans cesse à la charge et on est obligé d'employer la force pour lui faire lâcher prise. Le public féminin récompense son héroïsme par une triple salve de bravos flûtés. Les musiciens enthousiasmés frappent à coups redoublés sur leurs tambours et leurs derboukas.

A la feuille de figuier on substitue des épingles de la dimension de celles que les Européennes placent dans leurs cheveux et dont l'une des extrémités est terminée par une boule.

Je me demande si elles sont destinées à être avalées et je frémis d'horreur, en pensant aux terribles désordres que doit causer dans l'estomac l'introduction de ces engins. Mais le tortionnaire se contente de piquer les épingles dans la bouche des infortunés qui viennent spontanément et librement s'offrir en holocauste après avoir embrassé leur bourreau.

Les tiges métalliques transpercent de part en part la chair des victimes jusqu'à la peau ; chose surprenante, pas une goutte de sang ne coule, on voit seulement apparaître sur l'épiderme de la joue une petite cicatrice bleuâtre qui marque l'endroit où la pointe d'acier s'est arrêtée.

Immédiatement, le prosélyte recommence à danser en dodelinant de la tête, orné des épingles dont les boules saillissent au dehors à chaque coin de sa bouche. Deux de ses camarades vont bientôt le rejoindre après avoir subi le même supplice et montré un égal courage.

Pour que ces individus puissent supporter d'aussi douloureuses épreuves avec un pareil sang-froid, il faut qu'ils soient arrivés à une sorte d'état cataleptique.

Je présume que ce résultat se produit chez les Aïssaouats à la suite des évolutions qu'ils impriment à leurs têtes balancées violemment d'avant en arrière. Ce mouvement continu de roulis et de tangage, qui d'abord les étourdit, finit par anéantir complètement leur sensibilité physique.

L'effet physiologique s'opère plus ou moins

rapidement selon l'organisation plus ou moins nerveuse du sujet.

Le réchaud dont j'ai signalé la présence en avant des musiciens n'est nullement placé là pour servir à la cuisson du couscouss, ou de tout autre aliment. A divers intervalles, on jette sur les charbons en ignition quelques pincées d'une poudre odorante, espèce d'encens qui répand ses vapeurs balsamiques en modifiant agréablement l'atmosphère viciée.

Un disciple s'approche du fourneau, incline quelque temps sa tête au-dessus, et, après avoir aspiré les émanations enivrantes qui s'en dégagent, il essaie à plusieurs reprises de saisir avec ses dents les braises enflammées.

L'opération n'est ni sans difficulté ni sans danger; l'Aïssaouat finit par triompher, il broie et avale le charbon ardent en jetant des cris effroyables.

Le même tour est exécuté avec un égal succès par plusieurs membres de la corporation. Un nouveau serpent — est-il venimeux, je l'ignore et ne me soucie pas de l'expérimenter sur ma personne, — fait les frais de l'intermède. Un jeune et fervent associé introduit délicatement le reptile dans sa bouche; ce dernier, trouvant sans doute le logement de son goût, menace de s'y installer; on a recours à la force pour faire déménager ce gênant locataire. L'animal vient tomber en frétillant à mes pieds, et j'avoue que je me recule instinctivement, étant peu disposé à folâtrer avec lui.

A cet instant, j'observe qu'il règne dans l'assemblée comme un courant magnétique de férocité qui gagne de proche en proche. Le public, fortement surexcité, paraît de plus en plus avide de se repaître des hideuses exhibitions offertes à sa curiosité malsaine. Il semble maintenant que rien ne puisse plus satisfaire ses appétits brutaux.

Je me trouvais absolument seul d'Européen au milieu de cette réunion d'hallucinés, et, bien que je ne courusse aucun danger, je jugeai néanmoins qu'il n'était pas prudent de rester plus longtemps.

Cependant, en dépit de cette sage résolution, la curiosité, prenant le dessus, m'enchaîna à ma place.

Deux hommes occupent la scène, on leur remet un yatagan dont la pointe est enveloppée d'un linge épais ; chacun d'eux, saisissant une des extrémités, maintient l'arme dans la position horizontale. C'est alors qu'un troisième personnage se présente, et, après l'accolade préalable, s'aidant des épaules de ses confrères, monte et parvient à se dresser debout, ses pieds nus n'ayant pour point d'appui que le tranchant de la lame sur laquelle pendant quelques minutes il garde l'équilibre sans que sa figure trahisse la moindre souffrance.

Celui qui lui succède introduit une variante assez importante dans l'exercice. Après avoir soulevé les vêtements qui lui couvrent le ventre, il fait embrasser par le chef la partie de son abdomen mise à nu, puis il va l'appuyer de toutes ses forces sur le fil aiguisé du sabre. Aucun épanchement de sang ne se produit à l'extérieur, ce qui ne me surprend guère plus que la vigueur déployée par les robustes acolytes chargés de supporter le poids énorme de leur confrère.

Quel est ce nouvel instrument de torture exhibé par l'implacable inquisiteur; quel peut être le genre de supplice réservé à l'infortuné qui va faire usage de cette boule de cuivre armée sur tous ses côtés de dards d'acier, comme une pelote bourrée d'aiguilles?

Je déclare que le courage me manqua pour attendre le dénouement; ma curiosité était largement rassasiée, et je me trouvais suffisamment édifié sur ces exhibitions d'une monstrueuse extravagance. Je m'esquivai en me faufilant à travers les groupes, sans rencontrer d'obstacle.

Les actes de démence dont je venais d'être témoin n'avaient éveillé en moi qu'un sentiment de pitié; je me fusse surtout bien gardé d'en rire, à la pensée que les braves gens qui les accomplissaient obéissaient à des convictions sincères et profondes.

Ces manifestations, qui semblent d'abord plus puériles que dangereuses à l'observateur superficiel, ne sont-elles pas pour les sectateurs d'Aïssa, des moyens de sanctification et de mortification que leurs croyances superstitieuses leur imposent?

Ne pourraient-ils pas, à leur tour, opposer aux railleurs les ridicules pratiques de nos flagellants du moyen âge?

On m'assura, et je n'eus pas de peine à l'admettre, que ces martyrs du fanatisme religieux mouraient fort jeunes pour la plupart. Ils contractent, dans la répétition fréquente de certains exercices, d'horribles et incurables infirmités. Un grand nombre d'entre eux deviennent complètement fous ou idiots.

Mais ils meurent avec la consolante pensée qu'ils occuperont une bonne place dans le paradis de Mahomet.

Il n'y a que la foi qui sauve, assure un vieux et consolant dicton; ne serait-il pas juste que celle des Aïssaouats fût aussi récompensée?

En rentrant à l'hôtel de l'*Oasis*, je trouvai un spahis qui m'y attendait. Il venait de la part de son lieutenant A..., — l'aimable et brillant officier que j'ai présenté récemment au lecteur, — se mettre à ma disposition pour m'accompagner dans les maisons où devait se célébrer pendant la journée la fête des nègres.

Je déclinai l'escorte en me contenant, pour m'orienter, des indications topographiques que me fournit le spahis.

A l'aide de ces renseignements, je consacrai mon après-midi à explorer les diverses habitations mauresques où la race noire prenait ses ébats joyeux.

Je retrouvai à peu près partout la même mise en scène que chez les Aïssaouats : disposition et composition analogues de l'orchestre, instruments à percussion renforcés d'énormes castagnettes en fer, exercices chorégraphiques aussi monotones; aucune épreuve violente. La différence la plus sensible me parut consister dans la couleur de la peau des acteurs et des assistants. J'ajoute que l'effet général des démonstrations se caractérise par un réalisme plus grossier et surtout plus bruyant. Je note encore que l'élément féminin est ici en minorité; pour moi, en contemplant le visage de ces filles de la nuit, je regrettais qu'elles n'eussent pas emprunté aux Mauresques de la rue des Zouaves leurs voiles protecteurs.

Les danses sont accompagnées de chants d'une étrangeté sauvage; si au moins il s'y mêlait quelque almée indigène pour égayer ce sombre tableau!

Mais je serai privé aujourd'hui de cet agrément, et ce n'est pas précisément une compensation que d'avoir les oreilles assourdies par les musiciens aux lèvres épaisses qui frappent frénétiquement en cadence sur leurs chaudrons comme des forgerons sur leurs enclumes.

On se croirait dans l'antre de Vulcain, où le beau sexe serait représenté par des mégères couleur de charbon, qui, avec leurs longues et blanches incisives, ressemblent à des cannibales prêtes à vous dévorer.

Ai-je besoin d'ajouter que, dans les endroits réservés aux manifestations du sabbat nègre, il régnait une atmosphère étouffante chargée d'exhalaisons fétides qui ne rappelaient en rien les parfums d'Orient?

On comprend qu'à la suite de ces visites successives, j'étais désireux de renouveler ma provision d'oxygène; aussi, après avoir jeté quelque menue monnaie aux artistes qui m'avaient accueilli avec bienveillance, je pris définitivement congé de mes hôtes.

Dans la soirée, des émotions heureusement plus douces m'étaient réservées; comme je me promenais sur le boulevard de République qui domine la mer, le cerveau encore tout rempli de visions cauchemardantes, une mélodie aérienne vint tout-à-coup résonner délicieusement à mes oreilles et changer fort à propos le cours de mes pensées.

Je m'arrête attentif, et je reconnais la voix du Muezzin qui invite ses frères à la prière du soir.

Le chanteur, d'abord invisible, se montre enfin à mes yeux, je l'aperçois sur la plate-forme crénelée du minaret dont il fait lentement le tour, s'arrêtant aux quatre points de l'horizon pour réitérer son appel.

J'avais déjà entendu ce bizarre et poétique motif

que Félicien David a introduit dans sa symphonie du *Désert ;* je l'avais même accompagnée, mêlé aux exécutants d'un orchestre conduit par l'illustre maëstro. C'est une impression musicale dont j'aime souvent à évoquer le précieux souvenir.

Mais il faut bien convenir de l'absence complète d'illusions dans la salle Pleyel, où un monsieur tout de noir habillé vient se placer sur l'estrade des musiciens, pour psalmodier avec plus ou moins d'expression le récitatif de la mélopée orientale.

Ici, le prestige de la mise en scène augmente singulièrement le charme qu'éprouve l'auditeur lorsque, par une nuit sereine et pure, transporté sous la voûte constellée du beau ciel algérien, il écoute ravi la voix du fantastique personnage qui, du haut de la galerie du minaret, fait vibrer dans l'espace éthéré les notes mélancoliques et solennelles de son chant religieux (1).

J'obéis par une irrésistible attraction à l'appel du Muezzin, et je pénètre à la suite des mahométans dans la cour de la grande mosquée, sur laquelle le disque argenté de la lune projette sa douce et pâle lumière.

Les orangers, les citronniers, les jasmins embaument l'air de leurs plus suaves parfums. Aucun

---

(1) D'après le texte du Coran, les Musulmans sont obligés de prier à cinq époques différentes de la journée. Le chant du Muezzin remplace les cloches dont l'usage est inconnu chez les Orientaux.

fidèle ne manque avant d'entrer de faire ses salutaires ablutions.

Dissimulé dans un angle obscur de la cour, j'assiste au défilé des croyants qui disparaissent peu à peu sous les arceaux mauresques noyés dans une mystérieuse et discrète clarté.

Le bruit de leurs pas s'amortit sur les nattes étendues à terre ; chacun se prosterne et murmure à voix basse de pieuses oraisons au milieu du plus profond recueillement.

Quelques instants de cet édifiant spectacle avaient suffi pour rendre le calme à mon esprit troublé par les dramatiques et lugubres épisodes de la journée.

## IX

Excursion à Blidah. — Les Arabes en chemin de fer. — Un aimable caïd.— La plaine de la Mitidja.— Bou-Farik. — Le jardin des Hespérides. — Blidah. — Les gorges de la Chiffa et les singes en liberté. — Peintures murales. — Une famille mauresque. — Concert de la Société des Beaux-Arts.

Deux heures environ de trajet sur la voie ferrée d'Alger à Oran suffisent pour transporter le voyageur à Blidah; c'est une excursion intéressante et facile que je m'étais promis de faire avant de quitter le Paris africain. Le 20 avril, à l'heure où l'orient se teignait des premiers feux du jour, ou, pour parler en vile prose, à six heures du matin, nous prenions place, ma femme et moi, dans un wagon qui rappelle par ses principales dispositions les wagons suisses et américains. C'est-à-dire que les banquettes sont divisées par un couloir longitudinal aboutissant à une petite plate-forme qui relie entre elles les différentes classes du train.

Un certain nombre d'Arabes des deux sexes étaient montés dans un compartiment de troisième classe. L'animation turbulente qui y régnait dénotait la joie naïve qu'éprouvent les indigènes quand ils se trouvent en chemin de fer. Car en dépit de leurs préjugés contre les inventions modernes des Roumis, les descendants de Mahomet affectionnent infiniment ce genre de locomotion. Ils veulent bien reconnaître que le chameau, malgré les réels services qu'il rend en qualité de navire du désert, est singulièrement distancé par la vapeur.

Dans le compartiment que nous occupons, se trouvent plusieurs colons français munis de fusils de chasse, et en face de moi vient se placer un caïd sur le burnous duquel brille la décoration de la Légion d'honneur : superbe type arabe, physionomie à la fois noble et gracieuse. Il se met de suite en frais d'amabilité, cherchant à utiliser les quelques mots de français qu'il possède ; mais, malgré ses efforts et les miens, la conversation languit et s'éteint bientôt, par suite de notre insuffisance mutuelle.

Le chef arabe fume, en manière de consolation, une série de cigarettes parfumées, et, ne pouvant rester longtemps assis, il s'accroupit de temps à autre sur sa banquette, exercice que rend assez difficile le peu d'espace départi à chaque voyageur. Mais la grande habitude que les natifs ont de cette gymnastique permet à notre compagnon de l'exécuter avec aisance et presque avec grâce.

Autant mon vis-à-vis a l'air digne et calme, autant nos compatriotes se montrent loquaces et bruyants. Leur conversation roule presque exclusivement sur la chasse. Ils racontent avec une complaisance emphatique les exploits cynégétiques dont ils ont été les héros.

Le paysage absorbe complètement notre attention ; le chemin que nous suivons côtoie d'abord la mer, en traversant les villages de Mustapha, d'Hussein-dey et de Maison-Carrée ; puis la voie s'infléchit brusquement, et s'éloigne du rivage pour s'engager dans la plaine fameuse de la Mitidja.

Elle est dominée par la chaîne de l'Atlas, aux cimes couvertes de glaciers éternels, qui ressemblent à autant de diadèmes dont le soleil fait resplendir les myriades de cristaux.

La lenteur de la marche du train et la longueur des arrêts à chaque station permettent de jouir à l'aise des beautés sévèrement pittoresques du pays. Les montagnes qui se dressent à l'horizon sont, à mon avis, plus remarquables par leurs proportions gigantesques que par la variété de leurs formes ; elles ne présentent aucun de ces effets imprévus de perspective qui surprennent et émerveillent le voyageur parcourant la Suisse ou les Pyrénées.

Je m'associe du reste à l'admiration générale que provoque la vue de la plaine de la Mitidja, dont la riche végétation peut être comparée avec celle de nos campagnes de la Beauce ou de la Brie.

On nous fait observer que la plupart des villages qui s'élèvent à droite et à gauche de la route ont été construits par des colons français sur des terrains où naguère encore il n'existait que des marais pestilentiels. Celui de Bou-Farik se distingue par son air florissant. Il a l'aspect riant et heureux d'un village normand. Seulement les haies d'aubépine et de rosiers sauvages sont remplacées ici par des clôtures de figuiers de Barbarie et de cactus.

La prospérité de Bou-Farik avait déjà été constatée en 1857 par le peintre Fromentin, qui écrivait à cette époque : « Plus de malades, plus de fiévreux à Bou-Farik, les Européens s'y portent même mieux qu'ailleurs, et c'est là, de préférence, que les convalescents des environs vont purger leurs fièvres. Pendant que tant d'hommes y mouraient empoisonnés par la double exhalaison des eaux stagnantes, les arbres qui vivent de ce qui nous tue y poussaient violemment comme dans du fumier. »

La locomotive promène encore pendant quelques kilomètres son panache de fumée blanche à travers la féconde et classique vallée algérienne, et le convoi s'arrête à Blidah. Notre voisin le caïd descend en même temps que nous. Nous sommes témoins des démonstrations de politesse et de respect dont il est l'objet de la part de plusieurs indigènes qui viennent lui baiser la main.

Et, à ce propos, le lecteur ne sera peut-être pas fâché de connaître la façon curieuse dont les Arabes entendent et pratiquent entre eux la politesse; c'est le général Daumas, auquel j'emprunte les détails suivants, qui se chargera de nous renseigner sur ce sujet :

« L'étiquette officielle est rigoureuse, dit-il, chaque signe en est noté scrupuleusement.

« L'inférieur salue son supérieur en lui baisant la main s'il le rencontre à pied; le genou, s'il le trouve à cheval. Les marabouts et les tolbas retirent vivement la main, mais ne la dérobent au baiser qu'après que le simple fidèle s'est mis en posture de la donner. Ils se prêtent à une respectueuse accolade et se laissent effleurer les lèvres, la tête ou l'épaule.

« Quand un inférieur à cheval aperçoit sur sa route un homme tout à fait considérable, il met pied à terre pour lui embrasser le genou. Deux égaux s'embrassent sur la figure, ou se touchent légèrement la main droite et chacun se baise ensuite l'index, etc. »

On voit, d'après ces citations, que le code de ces *salamalecs* ou révérences musulmanes est assez compliqué et qu'il faut y regarder à deux fois avant de saluer un Arabe. Entre Français, on y met moins de façon.

A peine sortis de la gare, plusieurs voituriers nous font des offres de service pour nous conduire, après avoir visité la ville, aux gorges de la Chiffa, complément indispensable de l'excursion de Blidah. Nous donnons la préférence à un automédon nommé Orsel, originaire de Grenoble, et dont l'air d'honnête bonhomie inspire toute confiance.

La ville de Blidah, fermée par une ceinture de fortifications modernes, est peu étendue, et on en aurait fait promptement le tour, même à pied, n'étaient les orangeries situées à l'extérieur de la cité, qui réclament la visite de l'étranger. Ces orangeries, la *great attraction* du pays, sont de véritables forêts d'orangers, de citronniers, de limoniers, de mandariniers, qui étalent avec une profusion inouïe leurs rameaux chargés de fruits savoureux.

L'or de toutes nuances marie son éclat à celui des fleurs semées comme de blanches étoiles sur le vert lustré du feuillage.

En me promenant sous ces balsamiques ombrages, j'aime à me persuader que je foule le sol habité jadis par les Hespérides de mythologique mémoire. Si ce n'est qu'une poétique illusion, elle s'accorde toutefois avec la tradition qui place le séjour des filles d'Hespéris en Mauritanie, au pied de l'Atlas. Notre guide nous fait observer qu'une multitude de jeunes plants ont péri dernièrement par suite d'irrigations excessives et inintelligentes.

Néanmoins la récolte des pommes d'or s'annonce, cette année encore, fort abondante. On sait que les Blidiens exportent à l'étranger des quantités considérables de ces fruits qui se transforment pour les propriétaires en un véritable et intarissable Pactole.

En moins d'une heure, on a exploré la ville de Blidah, presque entièrement rebâtie ; les rues se coupent à angles droits et sont bordées de maisons européennes bien alignées et dont l'élévation paraît fort exagérée, dans un pays sans cesse menacé de tremblements de terre. Une seule rue se distingue de celles qui l'entourent, par son cachet vraiment oriental. C'est une suite de constructions basses et irrégulièrement percées, dont les rez-de-chaussée servent de magasins aux marchands mozabites qui vendent des comestibles de toutes sortes, des étoffes, des chaussures, etc.

L'élément indigène est en majorité à Blidah. Les rares Mauresques que je rencontre sont encore plus hermétiquement voilées que leurs sœurs d'Alger. Tandis que celles-ci laissent à découvert leurs deux yeux, les Mauresques Blidiennes, — au moins celles qui circulent ce matin, — n'en découvrent qu'un ! Il est difficile de pousser plus loin le sentiment de l'abnégation, en manière de coquetterie, et la soumission aux prescriptions de Mahomet. Que d'efforts d'imagination pour idéaliser ces espèces de fantômes borgnes !

Les deux mosquées dans lesquelles je pénètre n'offrent absolument rien d'intéressant; j'en dirai autant de la place centrale, bordée de maisons à arcades et d'une fontaine peu monumentale.

Quand j'aurai signalé comme but agréable de promenade le jardin public dont on admire les oliviers trois fois séculaires; quand j'aurai vanté, après bien d'autres, la salubrité et la douceur du climat de Blidah, sa position pittoresque au pied d'une immense falaise couronnée de neiges éternelles, il ne me restera plus qu'à remonter dans le véhicule qui m'entraîne rapidement du côté de la Chiffa, rivière torrentielle qui descend des pentes de l'Atlas.

La vallée dans laquelle coule la Chiffa présente un aspect morne et désolé qui me rappelle un peu celui de la Campagne romaine. Seuls, quelques pâtres arabes montrent de loin en loin leurs burnous blancs. Le ciel est d'un gris terne; la bise, qui souffle avec une âpreté septentrionale, m'oblige à endosser le paletot d'hiver.

A l'horizon, s'estompe sur une éminence isolée l'imposante silhouette du monument funéraire connu sous le nom de Tombeau de la chrétienne; énigme archéologique qui a donné lieu à une foule de dissertations savantes.

Après avoir traversé le torrent sur un élégant pont moderne, la voiture s'engage dans un étroit défilé formé par une échancrure naturelle de la montagne, et au milieu de laquelle la Chiffa roule ses flots boueux.

Le passage se rétrécit de plus en plus ; à mesure que l'on avance, il prend un caractère de sauvagerie qui me saisirait davantage si je n'avais été gâté par la vue des gorges les plus célèbres des Alpes et des Pyrénées. Maintenant la nature du pays que nous explorons aujourd'hui est fort différente. Plus de ces frais et moelleux tapis d'émeraude qui émaillent les flancs des monts alpestres.

Ici, le sol aride est presque complètement revêtu de maigres bruyères et de bouquets de palmiers nains dont les feuilles surgissent de tous côtés comme des myriades de petites lances.

Le chemin monte toujours, surplombant de profonds abîmes ; on est assourdi par le fracas des cascades qui se précipitent d'une hauteur prodigieuse en bondissant de rochers en rochers. Une partie de cette route magnifique, qui conduit à Médéah, a été construite par M. Bert, ancien ingénieur des ponts-et-chaussées à Provins, et dont plusieurs de nos compatriotes ont gardé le souvenir.

A peu près au milieu du défilé, on rencontre une auberge où descendent généralement les voyageurs et les touristes attirés par la certitude d'un déjeuner réconfortant et par l'espoir de contempler des singes à l'état sauvage.

La maison hospitalière, entourée de petits jardins, de limpides et joyeux cours d'eau, est tout à fait isolée, et comme perdue dans cette agreste solitude. Elle s'élève au pied d'une montagne dont le versant, presque à pic, est recouvert de bois touffus de lentisques, d'oliviers, de lauriers de toutes espèces. C'est dans l'épaisseur de ces massifs impénétrables que vivent cachés les affreux quadrumanes, dont il ne faudrait pas trop médire, si l'on tient compte de l'opinion de certains philosophes qui attribuent à ces bêtes un rôle considérable dans l'origine et le développement de l'humanité.

Seulement, ces messieurs sont rarement visibles ; il faut, pour avoir le bonheur de les contempler, être favorisé par le hasard ou les circonstances. Combien de touristes, venus exprès pour jouir de ce spectacle, sont repartis sans avoir aperçu même la queue de l'un de ces intéressants animaux ! Aussi dus-je me féliciter d'avoir accepté les services d'un jeune pâtre arabe, qui s'était offert de me guider en m'assurant du succès si je me conformais absolument à ses recommandations.

Il s'agissait de gravir sans bruit les sentiers abrupts et sinueux à peine tracés au milieu du bois, et de se dissimuler le mieux possible derrière les arbres, de peur d'effaroucher les hôtes poilus qui y ont élu domicile.

Grâce à ces précautions, après quelques instants de la tactique la plus habile, j'eus l'extrême joie d'entendre un chœur de petits cris aigus, et la joie, plus grande encore, d'apercevoir, à travers une éclaircie, une demi-douzaine de singes folâtrant dans le feuillage et se livrant avec un abandon familier aux jeux les plus enfantins et aux gambades les plus amusantes.

Je me voyais déjà transporté par l'imagination dans quelque forêt vierge de la libre Amérique, lorsque les tintements de la cloche du déjeuner firent éclipser subitement les espiègles grotesques qui posaient involontairement devant moi.

En quelques minutes, j'avais quitté le Nouveau-Monde pour aller m'asseoir dans la salle à manger de l'hôtel, à une table confortablement servie.

La décoration de cette pièce suffirait seule à attirer les amateurs de peinture ; les murs sont illustrés de fresques en grisaille fort originales. On y voit représentés une multitude de singes de grandeur naturelle, qui remplissent les rôles d'acteurs dans différentes scènes bouffonnes empruntées à la vie humaine.

Les uns portent des costumes de généraux, d'autres sont revêtus de robes de magistrats ou d'avocats ; à côté, figurent dans un groupe des gardes nationaux dont l'un reçoit avec une gravité comique la décoration de la Légion d'honneur de la main d'un fonctionnaire en uniforme de préfet. Sur le plan inférieur, défile une longue procession de lévriers sur lesquels caracolent des singes.

Je ne puis donner ici une description détaillée

de ces caricatures où l'humanité est si gaiement parodiée, mais j'affirme que ces peintures pleines de verve et d'esprit sont dues à un artiste habile qui a voulu s'amuser et distraire les consommateurs. Peut-être aussi cette œuvre humoristique lui a-t-elle été inspirée par une pensée charitable à l'égard des touristes qui, privés de la vue des singes au naturel, en retrouveraient au moins l'image sur les murailles du restaurant.

Nous prenons bientôt congé des singes vivants et peints, le cocher dauphinois nous presse pour regagner à temps la station du chemin de fer qui dessert le village de la Chiffa. A la gare, plusieurs dilligences attendent dans la cour les voyageurs qui doivent prendre la direction de Médéah. Nous sommes l'objet des propositions les plus insidieuses de la part des conducteurs qui veulent nous mener jusqu'à Lagouat, à l'entrée du désert. Ce mot de désert me rend rêveur, mais il s'agit d'un voyage de cent lieues et de huit jours de marche. Malgré la force de la tentation, je me décide à ne pas m'écarter pour le moment de l'itinéraire que je me suis tracé.

Rien de saillant du reste à noter à la gare, si ce n'est la vue d'une nombreuse famille mauresque appartenant évidemment à la classe aristocratique. Le chef est orné d'un réjouissant costume couleur vert-pomme. Sa femme porte de riches vêtements que cachent incomplètement son haïk rose transparent. Ses yeux, brillants comme des escarboucles enchâssées dans un cercle noir de *koheul* (1), font deviner une jeune et jolie personne. Mais là s'arrêtent mes investigations, la présence de l'Othello au costume vert-pomme ne permet pas de les pousser plus loin.

Toute la famille monte dans un wagon de première classe qu'elle occupe entièrement, et je ne la revois plus qu'en débarquant à Alger.

A l'hôtel, on me remet une invitation que m'avaient adressée d'aimables compatriotes pour assister à un concert donné par la société des Beaux-Arts d'Alger. Je n'eus garde de manquer une si bonne occasion de satisfaire mon goût de prédilection, et de visiter en même temps le musée de tableaux et de sculptures, installé dans le salon où ont lieu les séances musicales.

Le programme de la soirée, aussi attrayant que varié, se composait de morceaux de chant alternant avec des soli et des duos d'instruments, le tout parfaitement exécuté. Mais je fus particulièrement charmé et surpris de la façon avec laquelle furent chantés, par des amateurs des deux sexes, plusieurs chœurs de Mendelssohn et de Félicien David. J'insiste sur ce dernier point, en songeant

---

(1) Sulfure d'antimoine qui, mélangé avec diverses substances, produit une couleur noir-bleu dont les femmes arabes se teignent les paupières. Cette matière est en même temps pour elles une parure et un préservatif contre les ophthalmies.

aux difficultés presque insurmontables que rencontrent l'organisation et le fonctionnement d'une pareille société.

Il est juste de rapporter l'honneur de ce résultat à l'habile professeur de musique, M. Stern, qui jouit à Alger d'une grande et légitime considération.

Pendant les entractes, les auditeurs, encore sous l'impression des délicieuses mélodies qu'ils viennent d'entendre, vont admirer les œuvres de peinture et de sculpture exposées à leurs regards.

Quant à moi, je n'eus qu'à m'applaudir d'avoir reçu l'hospitalité dans les salons de la rue d'Isly, où, par une intelligente combinaison d'esthétique, on a su associer le plaisir des yeux à celui des oreilles.

Le surlendemain, nous partions pour Constantine.

## X

Départ d'Alger. — Adieux mélancoliques. — *La Columba.* — Histoire rétrospective. — Ceci tuera-t-il cela? — Incidents de la traversée. — Dellys. — Simple histoire de deux Mauresques. — Un amateur d'absinthe. — Les Anglaises à table.

Vers la fin du mois d'avril, nous quittions la capitale de l'Algérie avec un vif sentiment de regret et de tristesse. Tout nous avait souri pendant notre séjour : accueil sympathique et cordial, ciel admirable de pureté, température moyenne de 14 à 18 degrés au-dessus de 0, qui permettait de se tenir dehors, de l'aube au coucher du soleil ; impressions toujours nouvelles et toujours variées. Combien de choses intéressantes avaient cependant échappé à notre curiosité, faute de temps ou de renseignements précis! Aussi était-ce un mélancolique au revoir et non un adieu définitif que nos lèvres murmuraient en nous embarquant sur le paquebot *la Columba*, qui allait à Philippeville en faisant les escales réglementaires dans les principaux ports de la côte.

Quand nous arrivâmes sur le pont, il était déjà

encombré par une foule de passagers européens et indigènes, et surtout de militaires de toutes armes et de tous grades.

Au bout de quelques minutes, les ailes de l'hélice frappaient l'onde salée qu'elles refoulaient violemment à droite et à gauche, et *la Columba* sortait majestueusement du port.

Je pus bientôt contempler, sous un de ses aspects les plus favorables, l'ensemble du panorama d'Alger qui découpe vigoureusement sa blanche silhouette sur l'azur foncé du ciel. Mais, malgré l'intérêt et l'attrait de ce spectacle, il avait perdu pour moi le charme prestigieux de l'imprévu. Le lecteur voudra bien se rappeler qu'à l'heure de notre arrivée, les ténèbres jalouses dérobaient à notre impatiente curiosité les beautés pittoresques de la vieille cité barbaresque.

Néanmoins je demeurai longtemps les yeux attachés sur ce colossal nid de pierres qui avait abrité tant de générations de corsaires, sinistres oiseaux de proie que la France a fini par mettre en cage. Je saluai encore une fois du regard les bâtiments désordonnés de l'antique kasbah à laquelle les terrasses des maisons forment comme un piédestal gigantesque.

On sait que c'est du haut de cet imposant belvédère que les pirates algériens, avec leurs yeux de vautours, planant sur l'immensité des flots, guettaient au loin les navires égarés dans ces dangereux parages, pour les capturer et s'en partager le butin.

Pendant quelques instants, mon imagination, évoquant des souvenirs déjà lointains, me transportait dans le salon de ce palais-forteresse où s'était passée la fameuse scène de l'éventail qui eut un dénouement si tragique. Le dernier dey d'Alger, tout le monde s'en souvient, s'étant permis de frapper de son éventail notre ambassadeur, la France ne tarda pas à rendre vigoureusement le coup à l'agresseur qui ne put le parer.

Peu à peu disparaissent les constructions européennes qui occupent le premier plan, et, tour à tour, les étages crayeux du quartier musulman: deux villes et deux civilisations distinctes qui peut-être un jour se confondront dans une seule.

Ceci tuera-t-il cela? Il serait plus que téméraire de décider aujourd'hui la question. On présume seulement que l'assimilation sera longue si jamais elle s'opère chez deux peuples que séparent la religion, les mœurs, le caractère et le langage. La barrière n'est pas absolument infranchissable; pourtant il faut convenir qu'en dépit des bienfaits matériels et intellectuels apportés par notre civilisation, les progrès se font bien lentement; il semble que les indigènes tiennent à conserver le nom de barbares que leur avaient infligé les Romains (1).

(1) Les réflexions suivantes, empruntées à l'un des derniers numéros d'une feuille coloniale, résument la question d'une façon peu encourageante au point de vue de la fusion des deux

Malgré certaines démonstrations amicales plus apparentes que sincères, les Arabes nous regardent toujours et non sans quelque raison comme des spoliateurs, et, bien que notre joug soit infiniment plus doux que celui des Turcs qui occupaient le pays avant nous, ils nous détestent cordialement. L'insurrection de 1871 a donné la mesure des sympathies que la France a récoltées depuis la conquête.

Pendant que je m'absorbais dans ces réflexions, le bateau continuait rapidement sa marche sur Philippeville. L'avantage de ce trajet maritime est de ne jamais s'écarter du rivage, de telle façon qu'on peut saisir tous les contours de sa configuration. J'ajoute qu'à cette époque de l'année, la voie de terre, d'ailleurs fort intéressante, est presque impraticable.

races : « L'Arabe, dit la *Vigie algérienne*, nous est hostile comme peuple par nature et par fanatisme : par nature, parce qu'il ne peut se faire à nos mœurs si opposées aux siennes ; par fanatisme, parce que sa religion lui défend formellement de se soumettre à l'Infidèle. Tant que ce peuple conservera sa langue et sa religion, ses enfants auront toujours comme leurs pères présents à l'esprit les préceptes sanguinaires du Coran : « Tuez-les partout où vous les trouverez, chassez-les d'où ils vous auront chassés. Ne cherchez parmi eux ni protecteur ni ami. »

En vain nous les élevons dans nos lycées avec nos propres enfants ; dès qu'ils en sont sortis, les jeunes Arabes retournent à leurs mœurs premières, reprenant leurs costumes, leurs habitudes nationales, et oubliant aussitôt ce qu'ils ont appris à notre école. Heureux encore quand ils ne profitent pas contre nous de ce que nous leur avons enseigné ! »

Le soleil brille d'un éclat incomparable, la mer ressemble en ce moment à un vaste lac ridé par une légère brise; à peine quelques malades à bord, et encore sont-ils soupçonnés d'y mettre de la mauvaise volonté.

La gaieté et la bonne humeur règnent sur tous les points; à l'arrière du navire, les troupiers français font leur popote en riant et en échangeant les lazzi les plus bouffons, tandis que les Arabes nonchalamment étendus sur le pont les considèrent avec une flegmatique indifférence. A côté de nous, plusieurs jeunes filles, formant les groupes les plus gracieux, chantent en chœur de mélodieux refrains sans se préoccuper du public qui les entoure. La vie à bord tolère ces sortes de libertés.

Le pont d'un paquebot offre un champ précieux d'observations et d'études pour le curieux et le philosophe. Dans cet espace si restreint qu'on pourrait comparer à un minuscule théâtre de la vie humaine, où chacun se coudoie à tout instant pendant un temps plus ou moins long, que de types et d'intérêts divers réunis par le hasard! Combien de scènes plus ou moins intimes se déroulent devant l'observateur qui se livre à une foule de commentaires et d'inductions sur la position sociale et le caractère des individus avec lesquels il se trouve en contact incessant!

La *Columba* est suivie de près par des bandes de marsouins qui s'abandonnent ingénument aux exercices aquatiques les plus folâtres. Semblables à des enfants qui joueraient à saute-mouton, ils s'élancent les uns par-dessus les autres avec une surprenante agilité. Rien de divertissant comme de les voir bondir en l'air et plonger ensuite leurs dos noirs et luisants dans les flots, d'où ils font jaillir dans leurs brusques évolutions une multitude de petites cascades écumeuses.

Le capitaine de la *Columba* leur adresse de temps à autre un coup de fusil et atteint quelquefois le but. A la vue des innocents cétacés dont les cadavres sanglants flottent inertes à la surface de l'eau, les passagers poussent des exclamations enthousiastes en l'honneur du vainqueur. Il faut si peu de chose pour intéresser et récréer le voyageur désœuvré !

Un ingénieur des chemins de fer algériens remporte un autre genre de succès auprès du cercle d'auditeurs attentifs rangés autour de lui.

Conticuere omnes intentique ora tenebant.

Qu'on me pardonne, en faveur de la situation, cette réminiscence classique dont je suis d'autant moins porté à abuser que mon répertoire, je l'avoue humblement, est fort limité.

L'orateur, qui possède son sujet à fond, signale, en les décrivant minutieusement à mesure qu'ils se présentent, les moindres accidents de la côte.

C'est un véritable cours de géographie et de topographie auquel assistent les passagers en écoutant le professeur improvisé. Aucun sentier, aucun cours d'eau du littoral ne lui est inconnu. Il pourrait presque dire le nombre exact des arbres dont nous apercevons les cimes verdoyantes qui se balancent près du rivage.

J'épargnerai au lecteur la fastidieuse nomenclature des montagnes, des vallées, des caps, des golfes, des embouchures qui défilent devant nous comme des tableaux mouvants. Je me bornerai à dire que le sol, tourmenté, échancré et découpé de la façon la plus bizarre, offre au spectateur captivé une succession de paysages les plus variés et les plus imprévus.

Cette petite ville, étendue paresseusement au fond d'une anse demi-circulaire, et qui étale sur la plage une partie de ses maisons tandis que les autres sont à demi enfouies sous des massifs de verdure, c'est Dellis, un des centres les plus importants de la Kabylie occidentale.

Le jour commençait à baisser quand le bateau s'arrêta dans le port, et ce ne fut qu'à la lueur incertaine du crépuscule que j'assistai à l'embarquement et au débarquement des passagers.

Cependant l'obscurité n'est pas telle que je ne puisse distinguer deux jeunes Mauresques qui descendent avec précaution l'échelle de la *Columba* pour gagner un des canots préposés au service du port.

Il m'est encore permis de constater que les voyageuses sont revêtues de costumes fort riches, semés de paillettes et de sequins d'or que dissimulent imparfaitement leurs haïks transparents. Cette apparition me cause d'autant plus de surprise, que je ne soupçonnais nullement avoir voyagé en si galante compagnie. Un de mes voisins, très bien renseigné, me confie que ces dames sont des odalisques algériennes embarquées pour Bône. Mais les pauvres Mauresques, qui naviguaient pour la première fois, avaient compté sans un de ces incidents physiologiques auxquels nous sommes tous exposés en quittant le solide plancher des vaches. A peine sorties du port, les symptômes précurseurs du mal n'avaient pas tardé à se révéler, et nos compagnes durent payer immédiatement un large tribut au perfide élément. En vain elles invoquèrent la clémence de la déesse Amphitrite. Consternées de ce désastreux début, les filles de Mahomet, renfermées dans leur cabine, résolurent de quitter le bateau à la première station, jurant, mais un peu tard... Ainsi se termina l'expédition maritime de ces jolies aventurières, qui avaient rêvé un tout autre dénouement.

L'arrêt prolongé que nous faisons en vue de la cité kabyle a pour principal avantage de laisser dîner les voyageurs, préservés pour quelques instants des secousses qui influencent si désagréablement les fonctions digestives. La compagnie Valery a organisé son service de façon à faire coïncider les arrêts avec les heures de repas, et s'est ainsi acquis un titre légitime à la reconnaissance des estomacs susceptibles.

La table d'hôte est émaillée d'officiers, de fonctionnaires, de négociants, de commis-voyageurs et de touristes anglais. Quant aux touristes français, ici comme ailleurs, ils brillent par leur rareté : observation que je n'ai eu que trop souvent l'occasion d'enregistrer dans mes nombreuses excursions. De toutes parts les conversations sont animées ; je me trouve placé à côté de commis-voyageurs qui se racontent leurs pérégrinations et leurs bonnes fortunes. Un instant le ton des interlocuteurs s'élève, on agite la grave question de savoir si les effets de l'absinthe sont aussi pernicieux qu'on le prétend généralement. Un de mes orateurs s'efforce de soutenir que la verte liqueur est calomniée ; son principal argument est d'offrir sa personne comme une protestation vivante contre un préjugé absurde.

— J'en bois, dit-il, depuis longtemps un demi litre par jour, et je dois à ce régime quotidien l'avantage de jouir d'une santé florissante.

Malheureusement, l'exemple choisi par l'avocat de cette thèse paradoxale n'est que trop concluant. La pâleur maladive de sa physionomie, l'altération de ses traits, l'absence d'expression de ses yeux à demi éteints, la difficulté qu'il a de rassembler ses idées et ses mots, compromettraient singulièrement cette cause, si elle n'était déjà perdue dans l'esprit de la plupart des auditeurs.

Quant aux Anglais des deux sexes, ils se font remarquer par leur attitude réservée, et non exempte de raideur. Les pudiques filles d'Albion baissent modestement les yeux sur leurs assiettes; elles répondent, tout en rougissant, quelques monosyllabes à leurs galants voisins. De temps à autre, elles portent timidement leurs fourchettes à leurs bouches qu'elles entr'ouvrent à peine, juste assez pour y introduire la nourriture.

Lorsque le bateau se remit en marche, la nuit étendait sur tous les objets son crêpe funèbre; au ciel scintillaient des myriades de diamants. L'air était tiède et saturé d'émanations salines et fortifiantes dont s'enivrèrent jusqu'à une heure avancée la plupart des passagers restés sur le pont.

De distance en distance, les feux rouges des phares, comme des yeux flamboyants braqués sur nous, indiquaient seuls que nous longions toujours la côte. . . . . . . . . . .

# XI

Bougie. — Physionomie de la ville. — Marchés kabyle et européen. — Bijouterie et céramique kabyles. — Portrait d'un touriste anglais. — Ce qui nous distingue de nos voisins d'Outre-Manche. — *Shocking!* — Ascension de sir John au mont Gouraya. — Sauvé, mon Dieu!

. . . . . . . . . . . . . . . . .

Il était environ cinq heures du matin, lorsqu'un bruit formidable de piétinements et de roulements de colis, se produisant au-dessus de ma tête, — le sort m'avait encore favorisé de l'étage supérieur des couchettes sur la *Columba*, — m'arracha brusquement à mes rêves plus ou moins dorés.

Le bateau demeurait immobile dans la rade de Bougie. Une fois sur le pont, je vis se dérouler devant moi un des plus splendides décors que la nature puisse offrir à un amateur enthousiaste de ses magnificences. Je restai quelque temps en extase en face de ce tableau merveilleux.

Au fond du golfe bleu dont nous occupons le centre, se dresse en amphithéâtre la ville de Bougie; les montagnes qui l'encadrent décrivent une courbe élégante. A cette heure matinale, les premiers plans s'estompent avec douceur, perdus dans une vapeur argentée ; chaque sommet se dégage tour à tour. On voir croirait une armée de géants de pierre empressés de saluer le lever de l'aurore.

Bientôt l'œil peut embrasser les différents étages de cette immense chaîne de montagnes de la Kabylie, aux cimes altières, et dont quelques-unes portent au front une blanche aigrette de neige.

Enfin, le soleil radieux illumine toutes ces hauteurs qu'il colore à la fois des nuances les plus vives et les plus tendres.

Reportons maintenant nos regards sur la ville dont les maisons escaladent les pentes abruptes d'une montagne gigantesque qui s'élève à une hauteur de 3,000 pieds et dont le point culminant est couronné d'un fort. Les habitations, entourées de jardins disposés en terrasses, ont d'ici un aspect pimpant et joyeux ; on dirait un paysage italien transporté en Afrique. Bougie est emprisonné dans une ceinture de fortifications plus ou moins bien conservées, mais qui indiquent nettement les différentes dominations que la ville a eues à subir, depuis celle des Romains jusqu'à la nôtre.

Au premier plan sur la plage, se dresse isolé un pan de muraille percé d'une arcade ogivale appelée Porte-Sarrasine et qui se trouvait autrefois encastrée dans les constructions aujourd'hui détruites. L'effet décoratif de cette porte, qui s'ouvre sur la ville, est des plus saisissants.

La *Columba* devant stationner quelques heures, nous imitons un grand nombre de nos compagnons de traversée qui se font conduire à terre.

Dans notre canot se trouve un jeune sous-officier en garnison à Bougie qui s'offre de nous servir de cicerone, ce que nous acceptons avec empressement.

Je commence par constater qu'une grande partie des constructions sont européennes, les rues larges et bien alignées, quelques-unes en échelle; plusieurs maisons sont agrémentées de jardins où la flore méridionale étale toutes les richesses de son coloris.

La partie haute de la ville est habitée par les indigènes; ici, contraste violent: les rues ne sont plus que des sentiers étroits et pierreux, bordés inégalement de masures basses et irrégulièrement percées. Quelques femmes, vêtues de haillons sordides, s'enfuient vers leurs bouges perdus au milieu d'un quartier solitaire. A peu de distance du faubourg donnant du côté de la campagne, les Kabyles ont installé un marché aux bestiaux sur un terrain déclive longeant la route qui aboutit au fort Gouraya. Des pentes escarpées de la montagne descendent en foule des indigènes poussant devant eux des troupeaux de chevaux, de mulets, de chèvres, de moutons et surtout d'ânons.

Rien de plus curieux que le tableau offert par ce rustique forum.

Figurez-vous quelques arbres rabougris, au feuillage grêle et poudreux, disséminés de loin en loin : çà et là, d'épais massifs de cactus et d'aloès ; sur le sol rocailleux et accidenté, divers marchands et industriels, accroupis ou assis, attendent la clientèle avec une parfaite insouciance. Les maréchaux-ferrants et les cordonniers en plein vent me paraissent ici en forte majorité. Les animaux et les hommes grouillent confondus dans un pittoresque pêle-mêle. Marchands et acheteurs sont pour la plupart couverts de burnous sales et déguenillés, ils ont généralement un type bien caractérisé ; le teint olivâtre de leurs visages au profil sec et anguleux, l'expression d'énergie presque farouche de leurs physionomies ascétiques, s'harmonisent avec l'âpreté du paysage qui les environne.

On reconnaît là les descendants de cette race indépendante et intrépide des Berbères qui, en 1833, défendirent pendant trois jours, avec un acharnement incroyable, la ville de Bougie contre nos troupes, lesquelles furent obligées de faire le siège de chaque maison pour se rendre maîtresses de ce point important de la côte.

Notre cicerone nous fait remarquer dans la campagne une escouade de soldats français travaillant à la construction d'un chemin taillé sur le flanc de la montagne rocheuse ; les malheureux préposés à cette pénible besogne sont des condamnés militaires détenus au fort Gouraya.

Le marché aux légumes et aux fruits, où nous arrivons après avoir traversé une rue spacieuse dont les maisons ont leur rez-de-chaussée occupé par des magasins de marchandises indigènes, se tient sur une place centrale régulièrement bâtie; c'est là que les Européens et les indigènes viennent s'approvisionner.

Ici nous sommes dans un endroit plus civilisé; nos compatriotes s'y trouvent en grand nombre, mêlés aux indigènes des deux sexes. Ce sont incontestablement des femmes robustes aux puissantes mamelles que les spécimens féminins d'origine berbère qui nous entourent. On peut aisément contempler leurs traits virils et fortement accentués, car, à la différence de leurs sœurs d'Alger, elles ont le visage complètement découvert. Pourquoi cette distinction? Plusieurs explications m'ont été données à ce sujet, mais je déclare n'en avoir trouvé aucune absolument satisfaisante. La plus plausible paraît être que les femmes kabyles, d'ailleurs fort laborieuses, se livrant aux travaux agricoles les plus pénibles et passant une partie de leurs temps dans les champs, ne peuvent s'assujettir aux mêmes exigences extérieures que leurs coreligionnaires oisives de la capitale algérienne.

Leur costume est très simple, au moins quant à la qualité de l'étoffe; elles mettent toute leur coquetterie et leur luxe à se parer de bijoux en or, en argent, en corail ou en verre de couleur; épingles, bracelets, colliers, pendants d'oreille et anneaux de jambe, qu'elles portent au-dessus de la cheville.

Ces bijoux sont plus remarquables par leurs proportions énormes et leur singularité que par l'élégance et le fini du travail. C'est une quincaillerie fantaisiste d'une tournure un peu barbare, mais puissamment originale. La même originalité distingue les poteries grossières de terre cuite vernissée que je vois étalées sur le sol et qui servent de vases à boire, de lampes et de porte-bouquets.

La variété et la bizarrerie des formes sont infinies. Quelques lampes aux galbes hétéroclites ont jusqu'à une douzaine d'orifices. Presque tous ces vases, dont on rencontre rarement des échantillons d'un parfait achèvement, sont colorés en jaune ou en rouge-brun et agrémentés de lignes noires disposées géométriquement.

A ces industries il serait juste de joindre celle qui a peut-être le plus contribué à l'illustration de Bougie.

Suivant une tradition accréditée, la France s'approvisionnait autrefois en grande partie dans cette ville de la cire employée à la fabrication des chandelles de luxe.

Ainsi ce serait de Bougie et non du Nord, comme le prétend le poète, que [nous vient la lumière; d'où je conclus que les gens éclairés doivent un beau cierge aux habitants de ce pays barbare. Seulement, j'ajoute que l'exportation de la cire africaine a dû singulièrement diminuer depuis que la stéarine a remplacé économiquement le produit malléable des abeilles.

Le soleil, en montant à l'horizon, commence à nous décocher de son ardent foyer des flèches enflammées auxquelles il est difficile de se soustraire ; l'ombre doit être d'autant plus appréciée ici qu'il faut longtemps la chercher.

Nous espérons la trouver à bord de la *Columba*, dont la cloche tinte pour rappeler les excursionnistes, et nous nous hâtons de regagner notre hôtellerie flottante, après avoir pris congé de l'aimable officier qui nous avait escorté dans notre trop rapide exploration.

Au moment où chacun prend sa place à table, on constate l'absence d'un des convives descendu comme nous à Bougie.

Le retardataire est un Anglais avec lequel j'avais eu plusieurs fois occasion d'échanger la veille quelques paroles courtoises : soixante ans environ, taille élancée et bien prise, traits réguliers assez fins, physionomie intelligente empreinte de distinction et de bienveillance, tenue correcte presque recherchée : tel est le signalement au physique de sir John.

Le gentleman britannique parle le français presque sans accent ; malgré sa politesse un peu froide, il est cependant très communicatif.

Touriste infatigable, doué de jarrets souples et nerveux, sir John a beaucoup vu et beaucoup retenu, de sorte que sa conversation est aussi attrayante qu'instructive. Il interroge fréquemment l'ingénieur algérien, pour obtenir de lui les renseignements topographiques qui ne sont pas consignés dans le guide *Murray* dont il est muni, ainsi que d'une excellente lunette d'approche. Excentrique comme la plupart de ses compatriotes, sir John était depuis quatre mois en Algérie, constamment en marche à l'instar du Juif errant, disposant toutefois d'un capital plus important que celui attribué au personnage légendaire. Il n'avait exploré que la province d'Oran et une partie de celle d'Alger; mais pas un coin, si humble et si obscur qu'il fût, n'avait échappé à ses investigations. Je dois ajouter que notre nomade compagnon était profondément observateur. Parmi les remarques dont il me fit part, une d'elles me frappa par son originalité.

« Savez-vous, » me dit à brûle-pourpoint l'enfant d'Albion, au milieu d'un entretien plus ou moins familier, « ce qui distingue un gentilhomme français d'un gentleman anglais? »

Comme j'hésitais à répondre à cette question inopinée :

« Eh bien, Monsieur, c'est que les Français crachent partout, et que les Anglais bien élevés ne crachent jamais.

— Même quand ils fument?

— Même quand ils fument. »

J'avoue que je ne m'attendais nullement à cette solution, et que, parmi les nombreuses différences qui séparent les deux peuples, je n'eusse pas songé à celle-là; c'était pour moi toute une révélation que ce signe de reconnaissance internationale découvert par cet Anglais.

Sir John me développa à ce propos toute une théorie sociale, insistant sur l'inconvenance monstrueuse de certains de nos concitoyens qui se permettent quelquefois d'expectorer même en présence des dames; *shocking!*

A cette idée le rouge de l'indignation empourpra le visage du galant insulaire, je crus même un instant qu'il allait avoir une attaque d'apoplexie et je me hâtai de changer le sujet de la conversation.

C'était aussi un homme prudent que notre gentleman; sa longue expérience des pérégrinations maritimes lui avait appris à se garer comme de la peste de la société des voyageurs non aguerris comme lui contre les inconvénients dont les bonbons de Malte n'ont pu encore préserver l'humanité. Aussi, avant de s'installer définitivement dans sa cabine, s'était-il adressé à presque tous les passagers pour s'enquérir de leurs dispositions stomacales. Il s'agissait pour lui d'arriver à se créer un entourage complètement inaccessible à l'envahissement du fléau contagieux qui se résume ordinairement par une purgation involontaire, et il avait fini par atteindre son but.

Aussitôt débarqué sur la plage de Bougie, sir John s'était informé du temps nécessaire pour faire l'ascension du mont Gouraya, qui, je l'ai déjà dit, se dresse à plus de 800 mètres au-dessus de la mer.

« Environ trois heures de marche aller et retour et sans perdre une minute, lui avait-on répondu.

— Il suffit, s'écria-t-il résolûment, je monterai. »

En vain un batelier lui fit observer que la route était difficile et fatigante, qu'il s'exposait à manquer le départ du paquebot, ce qui l'obligerait à attendre huit jours le passage suivant du vapeur de la côte.

Sir John, déjà loin, n'écoutait plus rien.

Le moment de lever l'ancre était arrivé, on allait sonner le troisième et dernier coup de cloche, le commandant se refusait d'accorder le quart d'heure de grâce sollicité par quelques voyageurs compatissants; pas le moindre canot à l'horizon.

Enfin, à la dernière minute, nos regards anxieux discernèrent une barque qui se détachait du rivage et se dirigeait à force de rames vers la *Columba*. C'était notre Anglais.

Il y eut comme un soupir de soulagement qui s'échappa de toutes les poitrines et qui pouvait se traduire par le pathétique : *Sauvés, mon Dieu!*

Quant à sir John, il monta sans se presser l'échelle de la *Columba* et se montra sur le pont aussi calme et aussi dispos que s'il sortait de sa chambre, s'étonnant de l'inquiétude et des émotions qu'il venait de causer.

L'intrépide insulaire avait gravi ses 800 mètres en moins de trois heures et avait encore trouvé le temps de déjeuner en chemin.

## XII

Djidjelli vu de la *Columba*. — Collo. — Philippeville et son musée. — Un aigle en liège. — Le chemin de fer de Constantine. — Aspect de la campagne. — Les gourbis. — Le col des Oliviers. — Arrivée à Constantine.

Jusqu'à Djidjelli, où le bateau s'arrête et où descendent la plupart des jeunes filles dont les chants ont contribué à charmer la traversée, peu ou point d'incidents. L'attention est constamment distraite par la vue des décors qui se succèdent et se renouvellent à chaque instant du côté du rivage. Le soleil couchant couvre d'un manteau de pourpre les montagnes qui dominent le golfe échancré au fond duquel, sur une langue de terre basse, se montre Djidjelli.

Une vaste baie semée de rochers, sortes d'îlots de pierre aux formes les plus bizarres, émergeant du sein des flots, un phare monumental dressé sur l'un de ces récifs, un palmier isolé qui se détache en avant des maisons comme une verdoyante sentinelle : voilà Djidjelli, tel qu'il m'apparaît du pont de la *Columba*.

Les passagers que la curiosité a décidés à descendre à terre ne m'en apprennent pas beaucoup plus à leur retour. Rien d'intéressant à noter sur cette petite ville peuplée en partie d'Européens et dont l'histoire n'a enregistré que ce fait peu recommandable : *Ancien nid de pirates.*

Au milieu de la nuit, la *Columba* fait encore escale à Collo. Favorisé par un merveilleux clair de lune, je puis, sans bouger de mon lit et grâce à l'étroite ouverture circulaire pratiquée dans le flanc du navire juste à la hauteur de mon oreiller, embrasser du regard l'ensemble de la petite cité algérienne dont les maisons sont groupées à la base d'une montagne à pic.

En observant ce paysage nocturne, je songeais à ces panoramas forains où, à travers un verre grossissant enchâssé dans une toile, le spectateur peut en quelques minutes contempler les sites les plus fameux des quatre parties du globe.

Aussitôt que le vacarme étourdissant provoqué par le transbordement des colis et des voyageurs s'est apaisé, je perds absolument conscience des évènements qui ont pu s'accomplir autour de moi, jusqu'au port de Philippeville, où je rentre en pleine possession de mon individualité.

Le jour est terne et blafard, l'atmosphère humide, le ciel chargé de nuages qui se balancent lourdement dans l'espace. L'horizon, enveloppé d'une brume épaisse, ne laisse entrevoir que les premiers plans.

On aperçoit en face Philippeville, dont une partie des maisons occupe le penchant d'une colline élevée.

A droite s'éparpillent, disséminées dans les anfractuosités des rochers qui surplombent la mer, les maisons du bourg de Stora, dont le port à été abandonné pour celui de Philippeville récemment achevé et qui offre aux navires un abri plus sûr et plus commode.

En passant l'inspection du pont, je constate un changement notable survenu dans le nombre et la composition des passagers.

Une multitude de bédouins se sont embarqués à Collo, et l'arrière de la *Columba* présente l'aspect d'une masse de burnous et de capuchons d'un gris sale, entassés les uns sur les autres. On dirait un troupeau de moutons parqués sur le bâtiment; seulement les Arabes ont l'air moins débonnaire que les paisibles ruminants dont la laine a servi à confectionner leurs vêtements. Presque tous sont armés de faucilles et portent suspendues à leur cou des gourdes rustiques.

Ce sont des moissonneurs kabyles qui se rendent dans le sud de la province de Constantine, où les blés se trouvent déjà assez mûrs pour être coupés.

Afin d'éviter l'encombrement et les accidents, on fait descendre les enfants de Mahomet les premiers; mais, en dépit de toutes les précautions, un tumulte et une confusion effroyables règnent pendant l'opération.

Ces messieurs prétendent se caser tous à la fois sur la même barque qu'ils envahissent au risque de la faire chavirer et de prendre un bain froid, qui d'ailleurs, pour la plupart d'entre eux, ne serait certainement pas une surperfluité.

Quand notre tour vint de quitter la *Columba*, qui devait stationner jusqu'au soir pour continuer sa route vers Tunis, le ciel avait repris sa parure d'un bleu limpide et le soleil versait des flots d'or sur les montagnes qui environnent Philippeville.

La visite de ce chef-lieu d'arrondissement ne nous retiendra pas longtemps : rues larges se coupant à angles droits comme les compartiments d'un damier, la principale bordée d'arcades surbaissées, quelques-unes en échelle, places vastes et symétriques, constructions modernes uniformes, église unique dénuée de style, voilà Philippeville vu à vol d'oiseau. Sauf l'élégant minaret qui se dresse dans la partie haute du pays et les types différents que l'on coudoie à chaque pas, rien n'empêcherait de se croire en France.

Cette description sommaire serait presque complète si Philippeville, qui a été reconstruit par les Français sur l'emplacement de l'antique *Rusicada* des Romains, ne possédait un musée d'archéologie où sont réunis de nombreux vestiges attestant son origine et son importance.

On a eu l'intelligente idée de placer ces précieux débris dans l'enceinte d'un théâtre romain assez bien conservé. Les spectateurs qui occupaient jadis les gradins de l'hémicycle sont remplacés par des personnages de pierre ou de marbre, statues, bustes d'empereurs et illustrations diverses de l'époque; on remarque encore des autels votifs, des cippes funéraires, des colonnes, des chapiteaux et autres fragments de sculpture plus ou moins mutilés, muets témoins de la vie passée.

Des arbustes verdoyants, des herbes parasites constellées de fleurs sauvages aux mille couleurs, croissent librement entre les interstices des gradins, et revêtent ces ruines d'une parure poétique qui les rajeunit et ajoute à leur effet pittoresque.

A côté de l'hémicycle, s'élève un bâtiment vulgaire et délabré, à l'intérieur duquel on pénètre en montant quelques marches qui donnent accès dans une salle basse et mal éclairée. C'est le musée archéologique où sont rangés, avec autant d'ordre et d'intelligence que le permet l'exiguïté du local, quantité d'objets d'art et de curiosité, la plupart recueillis sur le territoire de *Rusicada*.

J'en épargnerai la nomenclature au lecteur. L'érudit conservateur nous fait les honneurs de ses collections avec une extrême complaisance.

Nous nous associons sincèrement à son chagrin d'être aussi misérablement logé. Depuis longtemps il ne cesse d'implorer l'administration pour obtenir la reconstruction ou au moins l'amélioration d'un bâtiment indigne d'abriter les richesses de *Rusicada*. Mais la municipalité reste sourde à ses sollicitations ; l'intérêt archéologique, invoqué avec les plus vives instances par le gardien du précieux trésor, la laisse absolument insensible.

A ses prières, les sages édiles de la commune opposent l'argument sans réplique de la pénurie financière, argument commode et élastique que les municipalités de la métropole, la plupart dans une situation semblable, ont toujours à leur disposition et dont elles usent avec plus ou moins d'opportunité pour repousser certaines demandes, ce qui ne les empêche pas d'en admettre beaucoup d'autres.

C'est une sorte de spectre économique que l'on fait surgir à propos, suivant les besoins de la cause.

Je n'aurais que des éloges à décerner à l'aimable et savant conservateur, s'il n'eût exhibé à mes yeux avec un peu trop d'ostentation un aigle de grandeur naturelle, en liège, supendu au plafond. Je ne pus me décider à partager l'enthousiasme de mon honorable collègue à l'endroit de cet oiseau découpé dans la substance avec laquelle on confectionne généralement les bouchons ; j'avoue même que l'importance qu'il semblait attacher à la possession de cet objet sans mérite artistique ou archéologique me parut puérile et diminua quelque peu la bonne impression que j'avais d'abord conçue de lui.

Après avoir inscrit mon nom obscur sur le registre des visiteurs, je me dirigeai du côté de la plage où se concentrent la vie et le mouvement local.

On trouve là un confortable établissement qui s'intitule café de Foy, de la terrasse duquel le spectateur jouit d'une perspective ravissante sur la mer et les montagnes. J'ajoute, à titre de renseignement et non de réclame, qu'on déjeune fort bien au café de Foy et ce souvenir n'est pas le moins agréable que j'emportai de Philippeville.

En prenant à la gare du chemin de fer mon billet pour Constantine, je rencontrai au guichet notre compagnon sir John. Il me raconta qu'il avait eu le temps de voir toutes les curiosités de la ville et, en outre, d'aller pédestrement jusqu'à Stora, dont il avait visité les grottes qui ont une certaine célébrité.

Sir John gagnait de plus en plus dans mon estime et mon admiration. Il réalisait pour moi le type accompli du touriste qui connaît le prix du temps. Nul mieux que lui ne savait mettre en pratique l'aphorisme ainsi formulé par les Américains : *Time is money*.

L'embarcadère regorge d'Arabes, de Maures, de Kabyles, de Juifs et d'Européens. Avant de monter en wagon, un de nos compagnons de bateau, Vénitien incorporé autrefois dans l'armée autrichienne et qui depuis qu'il était libéré du service avait comme Joconde beaucoup parcouru le monde en qualité de voyageur de commerce, me conseilla d'envoyer un télégramme au maître de l'hôtel d'Orient, à Constantine. En négligeant cette précaution, m'avait-il assuré, je m'exposais à éprouver un sérieux embarras, les passagers de la *Columba* allant faire irruption à Constantine et envahir les deux ou trois seuls hôtels convenables de la ville.

Il était temps, le train s'ébranlait déjà ; une fois installé, je pris mes dispositions pour me ménager une place sur la plate-forme qui sépare les wagons des différentes classes de voyageurs. C'est de cette terrasse roulante que je me préparai à jouir des beautés fort vantées de la route.

Nous traversons d'abord une plaine riche et parfaitement cultivée, puis le rail-way se rapproche des montagnes qui forment l'horizon. La campagne prend alors un caractère plus solitaire et plus sauvage. A droite et à gauche de la voie ferrée se hérissent, comme dans les landes de Bretagne, d'épais buissons de genêts épineux ; le sol est tapissé de mauves aux corolles violettes, de frêles et délicates fougères, de trèfles aux fleurs d'un incarnat éblouissant. La végétation exubérante de cette région appartient plutôt à la flore septentrionale qu'à celle du midi. Quelques kilomètres nous séparent à peine de Philippeville, et déjà la température s'est sensiblement modifiée ; à une chaleur étouffante a succédé sans transition un air vif et âpre.

De temps en temps j'aperçois, entre les plis du terrain mamelonné, de petites huttes noirâtres, qui, d'ici, ne présentent pas de formes bien déterminées. Ce sont des gourbis, habitations rustiques des Arabes pasteurs. J'apprécie ce détail de couleur locale, mais je ne me dissimule pas que quelques lions agitant à distance respectueuse leur fauve crinière seraient d'un bon effet dans ce paysage africain. Le fait n'aurait d'ailleurs rien d'invraisemblable.

Tout le monde a pu lire dans les journeaux du mois de février dernier le récit palpitant d'une chasse au lion, chasse qui eut pour théâtre les environs de la gare de Saint-Charles où nous stationnons en ce moment. Quatre de ces terribles animaux s'étaient montrés dans ces parages où ils avaient laissé des traces sanglantes de leur férocité. Un des redoutables carnassiers fut tué par un indigène ; il mesurait plus de trois mètres de la tête à la queue, ce qui est une assez jolie taille même pour le roi du désert.

Çà et là, je distingue dispersés dans les champs des bergers arabes suivis de leurs troupeaux ; de tous côtés s'exhale comme un parfum de poésie pastorale qui vous pénètre délicieusement en vous reportant par l'imagination aux scènes primitives de l'âge biblique. De temps à autre, vous êtes tiré de vos rêves rétrospectifs par l'apparition subite de quelques indigènes qui, drapés dans leur burnous aux plis ondoyants, se tiennent immobiles comme des statues, à proximité de la voie. De distance en distance, apparaissent des fils de Mahomet assis ou accroupis sur l'herbe ; leur attitude méditative et contemplative indique surtout que ces braves gens ne sont pas surchargés de travail. A en juger par le penchant à l'oisiveté dans laquelle se complaisent généralement les Arabes, on doit penser que la paresse, chez eux, est un péché très-véniel sur lequel le Prophète se montre fort indulgent.

Le chemin de fer marche avec une prudente lenteur contre laquelle je protesterais en toute autre circonstance ; mais aujourd'hui elle favorise admirablement ma curiosité. Grâce à la complaisance d'un jeune sergent de zouaves qui voyage avec nous et a déjà fait maintes fois le trajet, je recueille les renseignements les plus précis sur la contrée que nous traversons.

C'est un prodigieux tour de force que la construction du chemin de fer de Constantine. Il gravit constamment les pentes qui s'élèvent graduellement à partir de Philippeville. Quand les montagnes se présentent comme des obstacles infranchissables pour lui barrer le passage, il sait les éviter en contournant leur base. On dirait un immense serpent de métal se tordant en mille replis sur ce terrain singulièrement mouvementé.

A un moment, mon attention est attirée à droite de la route par la vue d'un long ruban de vapeurs argentées qui se déroule au-dessus du sol. C'est la fumée de la locomotive du train qui, parti de Constantine, doit nous rejoindre à la station du *Col des Oliviers*.

Le rail-way fait un brusque détour, et le convoi disparaît un instant derrière la montagne qui s'opposait à sa marche, puis il reparaît et vient aboutir, après une descente rapide, à la station du *Col des Oliviers* où nous l'attendions depuis quelques minutes. Les voyageurs des deux trains peuvent alors fraterniser au buffet de la gare.

La locomotive s'engouffre dans la bouche béante d'un noir tunnel au sortir duquel on se trouve pour ainsi dire perdu au milieu d'un chaos de montagnes entrecoupées de gorges et de vallées profondes. Elles affectent les formes les plus variées et les plus bizarres. Tandis que les unes, décharnées comme des squelettes de pierre, montrent leurs cimes anguleuses et dentelées, d'autres, coniques, étalent sur leurs flancs moelleusement arrondis de riches et frais tapis de verdure. Ces hauteurs sont dominées par deux pitons rocheux qui détachent sur le ciel leurs pointes aiguës. Le sergent m'apprend qu'on les nomme *les Deux Mamelles*, métaphore qui me paraît singulièrement hyperbolique. Pas le moindre village, pas le plus petit chalet, ne vient, comme dans les sites les plus sauvages des Pyrénées ou de la Suisse, égayer et reposer les yeux fatigués par l'aspect de cette nature tourmentée. La bise glaciale qui souffle avec violence m'oblige à me réfugier dans le wagon, où règne un morne silence.

Le soleil va bientôt disparaître de l'horizon; ses dernières lueurs colorent de tons roses et lilas les sommets les plus élevés, puis le crépuscule étend son voile sombre sur ce lugubre paysage.

Les pensées les plus mélancoliques commençaient à m'envahir, lorsque mes voisins me signalent un rocher gigantesque dont la silhouette informe s'estompe vaguement dans la brume du soir. C'est sur ce bloc de granit qu'est posée, comme une aire d'aigle, la ville de Constantine. Cette vision ne dure qu'un instant, la locomotive s'enfonce dans la roche qu'elle semble éventrer. Quand nous sortons de ce couloir souterrain, nous nous trouvons dans une gare récemment construite qui n'a de remarquable que sa vulgarité. C'est ainsi que s'annonce pour moi la patrie de Jugurtha!

## XIII

L'hôtel d'Orient. — Un gandin arabe. — Les boulangers de la place de Nemours. — La rue Nationale. — Le Rummel. — La casbah. — Le rocher de la femme adultère. — Une statistique délicate.

L'omnibus de l'hôtel d'Orient est littéralement pris d'assaut ; les voyageurs sont entassés pêle-mêle avec les colis, de telle sorte que tout mouvement de leur part est rendu impossible. Longs pourparlers à la porte de l'hôtel ; heureux ceux de nos compagnons qui, à notre exemple, ont fait jouer le télégraphe, car les autres sont menacés de coucher à la belle étoile, perspective assez peu enviable aujourd'hui.

Une fois assuré d'un abri, il s'agit de donner une satisfaction légitime à des estomacs dont l'air vif de la route et l'heure avancée ont surexcité les besoins.

Presque toutes les tables de la salle à manger sont garnies de convives auxquels le même menu est servi. Les domestiques, chargés de pyramides de plats et d'assiettes, font des prodiges d'équilibre et déploient dans leur service une activité et une intelligence remarquables; on croirait voir la succursale d'un restaurant du Palais-Royal.

L'œil est d'abord ébloui par la quantité d'uniformes multicolores dont la pièce est émaillée. J'aperçois, attablé dans un coin, sir John qui, fidèle à ses habitudes expéditives, n'a pas perdu un coup de dent; déjà il attaque le dessert. Une table voisine de la nôtre est occupée par un dignitaire arabe encore jeune, décoré de la Légion d'honneur. Son burnous, d'un tissu fin et léger, tranche par sa blancheur immaculée sur les costumes militaires chamarrés d'or et de broderies. Sous son turban serré par une corde de chameau, se dessinent des traits mâles et empreints de distinction. Il porte ses vêtements avec une suprême élégance.

C'est évidemment un gandin indigène; lui aussi s'affranchit volontiers de certaines prescriptions du Coran, il vide fréquemment son verre rempli d'un généreux Bourgogne. Ce beau fils de Mahomet est un habitué du restaurant; je le vis à chaque repas, pendant plusieurs jours, occuper la même place, au milieu des infidèles qu'il se souciait peu de scandaliser par son impiété.

La violence du mistral qui souffle ce soir, et la crainte de nous égarer dans ce pays inconnu, paralyse complètement nos velléités de promenade nocturne.

Le lendemain, à la pointe du jour, je suis réveillé par un bourdonnement de voix confuses; j'ouvre ma fenêtre qui a vue à la fois sur une rue large et symétrique et sur une petite place irrégulière. Une animation considérable règne sur ces deux points ; elle est produite par la circulation incessante des voitures et des piétons, la plupart indigènes.

Sur la petite place, rangés en file le long d'un bâtiment en construction, une trentaine d'Arabes sont accroupis. Chacun d'eux a devant lui une montagne de petits pains ronds et plats comme des galettes. Ces marchands en plein air poussent simultanément un cri guttural qui doit correspondre au mot pain. Un grand nombre de passants répondent à l'appel ; ils commencent par prendre sur la pile un pain qu'ils soupèsent, puis le remettent en place pour en saisir un autre, et, après avoir renouvelé plusieurs fois cette opération, ils se décident à acheter le comestible et à l'emporter. On doit savoir gré au client de n'avoir pas dégusté préalablement la marchandise.

Néanmoins, sans montrer une délicatesse exagérée, j'aimerais, avant de me risquer à la suite de ces honnêtes musulmans, être assuré qu'ils ont accompli consciencieusement ce matin leur devoir, au moins en ce qui concerne les ablutions ordonnées par le Prophète. J'aurai d'ailleurs le temps de me blaser sur ce genre de spectacle, car les boulangers en plein vent ne quittent la place qu'à la nuit.

L'hôtel d'Orient a pour vis-à-vis celui de Paris,

dont l'un des appartements est occupé actuellement par le général Chanzy et sa famille. Le gouverneur de l'Algérie, en tournée d'inspection, réside depuis quelques jours à Constantine. A l'un des balcons de la façade de l'hôtel, flotte un drapeau tricolore. Sous la voûte du péristyle d'entrée, on remarque un va-et-vient continu d'officiers et de soldats en grande tenue.

Si Constantine était entièrement construit sur le modèle de la rue que j'habite, je regretterais presque de m'être déplacé de si loin pour lui rendre visite. Les maisons à quatre ou cinq étages y sont parfaitement alignées, sauf une lacune de quelques pas où il reste une rangée de pauvres échoppes qui surplombent en contre-haut la voie, avec laquelle elles communiquent par un escalier de pierres effritées. Ces échoppes sont du reste destinées à disparaître prochainement.

Nous sommes dans la rue Nationale, récemment percée au milieu du quartier arabe. Elle divise la ville en deux parties à peu près égales et aboutit d'un côté à la petite place de Nemours que j'ai déjà signalée, et de l'autre au pont fameux d'Elkantara dont je parlerai tout à l'heure.

L'état actuel de la température n'est pas fait pour diminuer le sentiment de déception que j'éprouve. Au lieu de l'atmosphère pure et lumineuse que j'avais rêvée enveloppant un paysage oriental, je trouve un temps maussade, un ciel chargé de nuages qui laissent filtrer sans discontinuer une pluie fine et serrée que complique la violence du vent.

Vingt lieues seulement nous séparent de Philippeville, où le thermomètre marquait hier près de 30 degrés à l'ombre. Il est vrai que Constantine s'élève à environ deux mille pieds au-dessus du niveau de la mer, mais il me semble que cette ville abuse aujourd'hui de sa position.

Toutefois, malgré l'inclémence de l'air, il m'était impossible de me résigner à rester calfeutré dans une chambre d'hôtel. La place de Nemours et la rue Nationale offraient un horizon par trop borné à ma curiosité. Je n'ignorais pas qu'il me suffirait de faire quelques pas pour aller contempler une des merveilles les plus célèbres de la nature. Aussi ne résistai-je pas longtemps à la tentation de me procurer cette satisfaction.

Je veux parler du Rummel, ce fleuve torrentiel et sinueux dont un des brusques replis enlace une partie du rocher sur lequel est assis Constantine et oppose une digue presque infranchissable aux envahisseurs de l'ancienne capitale numide. Nos soldats en firent la triste expérience dans la campagne de 1836.

Nous profitons d'une éclaircie momentanée du ciel, qui montre un coin d'azur, pour nous diriger du côté du pont d'Elkantara. Le chemin est d'autant plus facile à suivre que nous l'avons déjà parcouru la veille en sens inverse avec l'omnibus.

A l'exception d'une élégante mosquée récemment restaurée et de quelques boutiques tenues par des Maures et des Mozabites, rien ne doit nous retarder en route. Une fois la porte d'Elkantara franchie, on atteint le pont dont l'arche unique enjambe un précipice de 300 pieds au fond duquel coulent les eaux du Rummel.

Nul ne résiste à l'impression d'horreur et d'épouvante que soulève le spectacle de cet abîme vertigineux, resserré entre deux murailles de rochers perpendiculaires.

Si vous cherchez à suivre le cours du fleuve, vous observerez, non sans surprise, que plusieurs fois il se dérobe à votre regard, et semble arrêté dans sa marche par des obstacles invincibles. Ce sont d'énormes massifs recouverts d'une maigre végétation et qui constituent autant de ponts naturels rejoignant à mi-hauteur les parois verticales des rochers. Ces voûtes de dimensions inégales, sous lesquelles l'eau s'engouffre pour disparaître et reparaître encore, sont inaccessibles du haut comme du bas, excepté celle qui supporte les piles du pont mauresque en partie détruit aujourd'hui, et duquel les troupes françaises dirigèrent leur première attaque contre la ville.

A quelques mètres du dernier pont de verdure, s'ouvre, sur le défilé souterrain, une sorte d'arcade formée de blocs amoncelés et superposés presque symétriquement dont on serait tenté d'attribuer la construction à quelque architecte diabolique. C'est par cette issue, véritable bouche de l'enfer, que le Rummel, impatient d'échapper à l'étroite prison qui l'étreint, s'élance pour rejaillir de l'autre côté en cascades furibondes sur les aspérités rocailleuses qui l'attendent au passage.

En se retournant, on aperçoit le bloc de granit, espèce de torse titanesque qui supporte les maisons de l'ancienne cité numide, dont le nom primitif de *Cirta* (rocher) fut transformé plus tard en celui de Constantine, à la suite du séjour qu'y fit l'empereur Constantin.

A droite s'élève, sur le sommet du Mansourah qui domine la ville, un imposant édifice occupé par le collège franco-arabe.

Je n'insisterai pas davantage sur la description de ce tableau prodigieusement pittoresque ; ce n'est pas avec des mots plus ou moins sonores qu'on peut donner idée d'un pareil spectacle. La plume et le pinceau doivent ici se déclarer impuissants ; plus l'impression ressentie par l'observateur est grande, plus il lui est difficile de la communiquer.

J'aurai d'ailleurs plusieurs fois l'occasion de parler du Rummel ; c'est une simple reconnaissance que j'entreprends aujourd'hui sur les sombres rives de l'Achéron africain.

Dans l'après-midi, un jeune commandant d'état-major, M. M..., auquel nous avions été adressés, vînt se mettre obligeamment à notre disposition pour nous faire les honneurs de la ville. C'était un guide précieux à tous égards, le prestige de son uniforme lui donnait accès partout; il suffisait à M. M... de prononcer les mots mystiques : *Sésame, ouvre-toi.*

C'est ainsi qu'il nous fut permis de pénétrer dans la citadelle ou kasbah qui occupe le point culminant de la cité. Avant d'y arriver, nous traversons des rues à angles droits, bordées des deux côtés par des constructions européennes dépourvues de tout caractère original. J'ajoute que ce trajet s'effectua sous la protection de prosaïques parapluies qui nous abritaient imparfaitement contre les ondées réfrigérantes que nous prodiguait un ciel de moins en moins oriental. Derrière le dôme de soie que les rafales faisaient voltiger à droite et à gauche, m'apparaissait, comme par l'effet d'un ironique mirage, la ville d'Alger resplendissante de lumière sous sa coupole d'azur. La belle sultane de la Méditerranée semblait me reprocher de l'avoir délaissée au moment où elle déployait pour moi toutes les séductions de son hospitalité.

Encore un peu, et je m'abandonnais à un découragement complet.

Enfin, nous franchissons les portes de la kasbah; rien là de nature à intéresser l'archéologue qui, au lieu d'un monument mauresque ou turc qu'il s'était plu à imaginer, n'a devant lui que la perspective de bâtiments modernes occupés par un arsenal et une partie de la garnison. Le commandant ne nous avait pas amené pour nous faire admirer ces utiles mais plates constructions. Après avoir traversé plusieurs cours, nous pénétrons dans un jardin dont le sol légèrement incliné suit les contours d'une gigantesque falaise verticale et que ferme un petit mur d'appui.

En me penchant pour regarder dans le vide, un insurmontable frémissement de vertige s'empare de moi. J'ose à peine mesurer de l'œil les profondeurs effroyables du ravin qui sert de lit au Rummel. Une multitude d'oiseaux de proie s'ébattent en tournoyant au milieu de la crevasse ténébreuse, ouverte sous nos pieds, ils poursuivent impitoyablement, en poussant des cris sinistres et féroces, les innocents volatiles qui se sont fourvoyés dans ce gouffre maudit.

La teinte fauve et cuivrée du ciel, qui se rembrunit de plus en plus, s'harmonise avec le caractère lugubre de ce fantastique décor.

Nous voyant vivement impressionnés par la sublime horreur de la mise en scène, M. M..., en dramaturge habile, jugea le moment propice pour frapper encore notre imagination déjà fort surexcitée, et nous raconta divers épisodes tragiques dont cet endroit avait été le théâtre. Le prestige de la couleur locale ajoutait un puissant intérêt à ses récits.

Le rocher dont nous occupons le point culminant, et auprès duquel la fameuse roche tarpéienne n'est qu'un simple caillou, s'appelle le *Précipice de la Femme adultère*. C'est de là que l'on jetait dans le Rummel les épouses convaincues d'avoir manqué à la foi conjugale. On l'appelait encore le *Rocher du Sac* ou des *Trois-Pierres*. Ce dernier surnom lui venait des pierres plates, aujourd'hui disparues, qui, disposées bout à bout, effleuraient exactement le bord de l'abîme.

Avant la prise de Constantine, il arrivait de temps en temps deux hommes qui s'acheminaient lentement vers ce lieu à la pointe du jour. L'un portait un sac d'où s'échappaient des sons plaintifs et inarticulés, l'autre une caisse longue formée de trois planches et ouverte aux deux bouts.

Arrivés devant les trois pierres, l'homme à la caisse assurait l'extrémité de son coffre sur celle du milieu tandis que l'autre y déposait son sac, puis tous deux soulevaient lentement l'autre extrémité. Bientôt l'inclinaison de la planche faisait glisser le sac qui tournoyait dans le vide et allait se briser sur les roches aiguës du ravin...

Quelques heures après, on voyait un groupe de personnes, parents ou amis de la victime, se dirigeant du côté de la rivière, ramasser le sac devenu muet, l'ouvrir et en extraire le corps mutilé d'une femme qu'ils emportaient pour lui donner la sépulture (1).

Rien de plus sommaire et de plus expéditif, comme on le voit, que ces exécutions mystérieuses et sans phrases. La crainte d'un châtiment aussi épouvantable devait faire réfléchir les épouses musulmanes tentées de s'émanciper. Cependant la chronique scandaleuse assure que la petite scène que je viens de mettre sous les yeux du lecteur était encore assez fréquemment répétée. La chair est si faible !

Notre code pénal se montre, on le sait, moins rigoureux pour punir l'adultère ; les femmes qui se rendent coupables de ce genre de délit ne sont pas condamnées à une culbute de 600 pieds. Cependant, il ne faudrait pas induire de l'indulgence de la loi française que le nombre des maris trompés soit chez nous plus grand que parmi les sectateurs de Mahomet.

J'ajoute que les éléments me manquent absolument pour établir une statistique aussi délicate.

(1) La plupart de ces détails sont consignés dans les mémoires de la Société archéologique de la province de Constantine.

## XIV

Un tragique épisode. — Physionomie du quartier arabe. — La rue Combes. — Le sérail de Salah-bey. — Le jardin des orangers. — Détails de mœurs orientales. — La cathédrale. — Le journal *l'Indépendant*. — La philosophie au bal.

C'est sur ce même rocher que se passa en 1837 une des scènes les plus navrantes du siège de Constantine. A l'entrée de nos troupes, une partie des indigènes des deux sexes, saisis d'une terreur panique causée par la crainte mal fondée que les vainqueurs ne se portassent à de violentes représailles, se réfugièrent affolés dans la Kasbah. Des cordes furent attachées au roc, chacun s'efforça de s'y cramponner pour se laisser glisser jusqu'en bas, espérant ensuite gagner la campagne. Mais quelques-unes des cordes, trop faibles pour supporter le poids de ces grappes humaines, se rompirent et d'innombrables victimes furent précipitées dans le lit du torrent. Pendant plusieurs jours les eaux ensanglantées du Rummel charrièrent des monceaux de cadavres.

A la suite de ce récit, le commandant, pensant qu'il ne fallait pas appuyer davantage sur la note tragique, nous proposa comme diversion une promenade à travers le quartier indigène.

Bientôt nous nous engageons dans les mailles serrées d'un réseau inextricable de rues et de ruelles fangeuses, de passages voûtés, d'impasses obscures sur lesquels s'entassent sans ordre des constructions hétéroclites. A cette vue, on se rend compte des difficultés qu'éprouvèrent les premiers soldats français qui se hasardèrent sans guide dans ce quartier dont toutes les issues paraissaient fermées.

Rien de moins attrayant pour l'œil que l'aspect de ces bâtiments en briques mal cuites ou séchées simplement au soleil, et recouverts de tuiles creuses; la neige et les pluies torrentielles, qui font ici de fréquentes apparitions, imposent aux habitants ce mode de toiture. Sur la façade de quelques maisons d'apparence plus monumentale, on distingue souvent, à la partie supérieure, un mélange d'arcatures ogivales et à plein cintre.

Cette première visite m'impressionna défavorablement; je me reportais par la pensée à Alger, je songeais au pittoresque désordre de ses rues qui offrent des effets de perspective si variés, à ses blanches maisons, à ses palais et à ses mosquées d'une architecture si originale. Ici tout me semble aujourd'hui triste, maussade et empreint d'un réalisme grossier. Cependant, me disais-je en cherchant des circonstances atténuantes, je me hâte peut-être trop d'étabir un parallèle entre les deux cités algériennes, je subis sans doute l'influence mélancolique d'un ciel pluvieux qui enlaidit tous les objets.

Que le soleil se décide à faire luire un de ses joyeux rayons sur ce fouillis d'habitations, et l'aspect sera complètement transformé. Et, à ce propos, il faut bien convenir que ce qui prête un charme si poétique aux villes d'Orient, ce n'est ni la beauté ni la symétrie de leurs constructions, le plus souvent misérables et sordides ; mais elles séduisent et attirent par la magie de la lumière que leur prodigue si libéralement l'astre roi, qui peut passer pour le premier coloriste du monde.

Je distingue cependant plusieurs rues qui ne manquent pas d'originalité ; quelques-unes sont affectées à un genre spécial de commerce ou d'industrie. La rue Combes (1), par exemple, offre dans son long parcours le spécimen le plus complet de la physionomie primitive de l'ancien Constantine. C'est une suite de maisonnettes, ou plutôt de hangars couverts en tuiles et protégés des ardeurs du soleil par des toiles tendues d'une extrémité à l'autre au-dessus de la chaussée.

---

(1) Nom de l'un des nombreux généraux tués au siége de Constantine, dont presque toutes les rues rappellent par leurs inscriptions l'héroïsme des guerriers français. C'est en quelque sorte le livre d'or des régiments qui ont pris part à la mémorable campagne de 1837.

En quelques minutes on peut passer en revue toute une population de cordonniers, de selliers, de maroquiniers, de maréchaux-ferrants, de forgerons, etc., entremêlés de cafetiers et de marchands de friture. Sous la voûte mobile de toile, les émanations les plus nauséabondes se trouvent concentrées et affectent désagréablement l'odorat du promeneur. Une foule bigarrée circule sans cesse dans cette rue commerçante qui ressemble à un vaste bazar. Beaucoup de burnous, de vestes brodées et d'uniformes militaires, mais absence à peu près complète de l'élément féminin; plus de ces piquantes Mauresques en pantalon bouffant comme à Alger, ici elles sont consignées absolument dans leurs demeures; seules, quelques juives indigènes et quelques Françaises représentent dehors le beau sexe.

La rue Combes aboutit d'un côté à la place dite des Galettes; j'ignore pourquoi cette dénomination, elle est sans doute justifiée, mais aujourd'hui je déclare que je n'aperçois pas la moindre pâtisserie sur le marché couvert qui occupe le centre de la place.

Après nous avoir fait explorer quelques rues plus sales qu'intéressantes, le commandant ouvre une petite porte pratiquée dans le mur d'une construction d'aspect banal, et nous nous trouvons tout à coup transportés comme par enchantement dans un palais des Mille et une Nuits. C'était une charmante surprise, un vrai coup de théâtre que nous avait ménagé notre aimable cicerone.

Le palais, ou plutôt le sérail construit et habité par le dernier bey de Constantine, Ahmed-Salah-bey, sert depuis l'occupation française de résidence aux généraux commandant la subdivision. C'est là que sont installés les différents bureaux de la place.

La description sommaire de ce monument, qui passe pour le plus curieux de l'Algérie, remplirait un certain nombre de pages. Mais que le lecteur se rassure : je serai sobre de détails, convaincu qu'il ne faut pas abuser des meilleures choses, même de l'archéologie. Du reste, ce n'est pas en quelques heures que l'on peut étudier sérieusement un édifice de cette importance. J'adresserai les curieux qui voudraient être plus amplement renseignés sur ce sujet, au capitaine Féraud (1), interprète de l'armée d'Afrique, qui, sans avoir été élevé dans le sérail, en connaît parfaitement les détours et les mystères. C'est le guide le plus sûr et le plus compétent qu'on puisse souhaiter pour visiter le palais de Salah-bey.

J'essayerai de résumer en quelques lignes l'impression générale qui m'est restée de cette rapide exploration.

Et d'abord, rien dans cet édifice qui ressemble à l'intérieur ni à l'extérieur des palais-musées ita-

---

(1) *Le Palais de Constantine*, par L. Féraud. Constantine, L. Arnolet, éditeur, 1867.

liens ou des châteaux artistiques français. Pas de tableaux ni de statues qui parlent en même temps aux yeux ou à l'esprit. Ici, tout est emprunté à l'art décoratif dont les différents détails sont combinés et agencés de façon à frapper et à charmer le regard par une variété infinie d'ornements rehaussés de couleurs éclatantes. C'est un éblouissement continuel qu'éprouve le visiteur en traversant ces salles splendides appropriées à la vie orientale. Il ne sait quoi le plus admirer quand il contemple ces somptueuses galeries, ces élégants portiques soutenus par des colonnes de l'architecture fantaisiste la plus séduisante. Son attention est captivée tour à tour par les faïences historiées et les arabesques stuquées dont les murailles sont recouvertes, par les panneaux de chêne coloriés, les portes sculptées, les bois découpés à jour, les enluminures, les fresques d'une exécution un peu naïve, enfin par toutes les merveilles de l'art oriental accumulées dans un espace relativement circonscrit.

Maintenant, qu'on imagine le palais éclairé par des milliers de lanternes aux feux multicolores; qu'on évoque l'apparition, sous ses galeries pittoresques, des 385 odalisques de toutes les nations revêtues de leurs plus brillants costumes, que Salah-bey tenait renfermées dans le harem au moment de l'entrée des Français à Constantine, et l'on aura réalisé un des rêves les plus délicieux que l'imagination puisse concevoir.

Aujourd'hui, ce séjour féerique a perdu quelque peu de sa poésie ; le mobilier des bureaux et des appartements privés manque essentiellement de couleur locale. Quant au personnel, il est juste de convenir que les spahis et les turcos, aux allures nobles et martiales, qui circulent vêtus de leurs éclatants costumes, ne font nullement disparate au milieu de ce décor harmonieux.

Les jardins intérieurs, encadrés par les arceaux mauresques, ne sont remarquables ni par leurs dimensions ni par leur distribution ; ils n'empruntent rien à l'art savant des le Nôtre ou des la Quintinie, mais ils sont pleins d'ombre et de fraîcheur ; les aromes les plus suaves et les plus voluptueux se dégagent des bosquets de myrtes, d'orangers, de jasmins et de rosiers chargés de fleurs odoriférantes.

Le soleil ne laisse glisser à travers le feuillage touffu de ces arbustes que de discrets rayons.

C'est dans celui qu'on appelle le jardin des orangers que le bey, au dire du capitaine Féraud, allait s'asseoir et fumer sa pipe pendant les soirées d'été.

« A ce moment, les femmes du harem, parées de leurs plus beaux atours, venaient l'une après l'autre passer devant le maître et devaient baisser les yeux en tenant les mains croisées dans l'attitude la plus modeste. Dès que le bey avait choisi la favorite du jour, il l'appelait, lui remettait non pas son mouchoir comme dans les contes orientaux, mais sa pipe qu'elle devait rapporter elle-même quelques instants après dans la chambre du bey.

« Une de ces femmes se trouvant un soir indisposée ne put répondre à la faveur que lui faisait son maître. Impatienté d'attendre, Ahmed-Salah-bey se rendit alors chez elle, et, malgré ses excuses et ses larmes, il la poignarda dans un accès de fureur.

« En une autre circonstance, pendant le défilé des femmes, l'une d'elles commit l'imprudence bien légère de cueillir une orange. Ahmed eut la barbarie de lui faire clouer la main au tronc d'un arbre. »

Le livre de M. Féraud fourmille d'une quantité de faits aussi révoltants, j'en citerai encore quelques-uns que je prends au hasard et qui achèveront d'édifier le lecteur sur le caractère fantasque et féroce de ce Tibère oriental.

« Plusieurs femmes réunies un jour dans une chambre étaient à la recherche d'un amusement qui égayât leur solitude. L'une d'elles, découvrant par hasard une pipe, s'affubla d'un turban pyramidal, et immédiatement commença la mascarade la plus bouffonne et en même temps la plus inoffensive.

« Elles jouaient au bey. La gaieté devint un instant si bruyante qu'elle éveilla le bey endormi. Ahmed vit à travers les fenêtres ce qui se passait, et comprit que l'on s'amusait à ses dépens. Tout autre aurait ri de la plaisanterie, lui au contraire entra comme la foudre au milieu de ses esclaves, et, arrachant de son trône la malheureuse qui présidait à la mascarade, la livra aux mains de l'eunuque. Par un raffinement de cruauté, il lui fit d'abord coudre les lèvres pour avoir osé y porter le bout de sa pipe, puis il ordonna de la conduire la nuit même au-delà de Koudiat-Ati, où on l'enterra après l'avoir égorgée. »

Un dernier trait pour en finir avec ce sinistre personnage, en comparaison duquel Barbe-Bleue n'était qu'un agneau.

« Deux jeunes filles du harem furent dénoncées un jour par un gardien nègre comme ayant regardé par une fenêtre et fait des signaux à un habitant de la ville. Sur cette simple déclaration, Ahmed-Salah monta dans la chambre des deux esclaves qui protestaient de leur innocence et commença par les rouer de coups ; mais, ivre de fureur et de plus en plus excité par la colère, Ahmed renversa l'une d'elles et avec un petit couteau dont il se servait pour se tailler les ongles, il lui fendit la bouche jusqu'aux oreilles. Puis, se précipitant sur la seconde déjà glacée d'effroi, il la tînt droite contre un mur et, toujours avec le petit instrument, il lui perça les seins. Les deux malheureuses furent conduites ensuite à la Kasbah et précipitées dans le Rummel. »

On voit, par ces derniers détails, que, malgré le luxe somptueux de la cage, les jolis oiseaux qui s'y trouvaient emprisonnés n'y menaient pas une existence folâtre.

Le monstrueux Sardanaple est mort à Alger en 1850; si les spectres sanglants de toutes ses victimes se sont dressés devant lui au moment suprême, il a dû avoir une fin singulièrement agitée.

Nous sortons du sérail par l'issue qui donne du côté de la place. La façade du palais est d'une insignifiance absolue. Rien ne peut faire soupçonner que, derrière ces froides et insipides murailles blanchies à la chaux et percées de fenêtres modernes, sont rassemblées tant de merveilles.

Après tout, les plus belles pierreries, les plus riches joyaux, ne sont-ils pas souvent renfermés dans des écrins mesquins et vulgaires? La place du Palais est symétrique et sans aucun caractère architectural; à peu près toutes les constructions qui l'encadrent sont modernes.

Cette coupole octogone, basse et lourde, couverte de tuiles, contiguë au palais du bey, ne mériterait pas de fixer un instant l'attention, si l'on n'était averti qu'elle couronne une ancienne mosquée affectée aujourd'hui au culte catholique sous le vocable de *Notre-Dame des Douleurs*.

Je constate avec plaisir, en pénétrant sous les galeries à arcades festonnées qui divisent les trois nefs, que l'on a respecté à peu près la décoration primitive du temple musulman. Il se distingue des mosquées algériennes par l'élévation de ses voûtes et par la richesse de ses ornements de faïences historiées agencées avec art. La chaire, ancien *nimbar*, est un ouvrage remarquable de sculpture à jour, et la chapelle de la Vierge, du plus ravissant effet, mérite un long examen.

Le crépuscule nous surprit au milieu de nos intéressantes pérégrinations, et nous regagnâmes l'hôtel d'Orient, saturés de couleur locale, mais passablement fatigués à la suite d'une excursion aussi prolongée.

Dans ces dispositions, je regrettai moins de n'avoir pas reçu d'invitation pour le bal qui se donnait le soir même à la mairie en l'honneur du général Chanzy.

Le lendemain, j'eus le plaisir de lire les détails de la soirée municipale dans les journaux de la localité, parmi lesquels *l'Indépendant de Constantine* me sembla se distinguer par le lyrisme de son style. Après avoir déclaré en termes pompeux que le bal était charmant, que les dames de Constantine s'étaient retirées enchantées de l'amabilité de M$^{me}$ Chanzy, *l'Indépendant* termine son compte-rendu par cette phrase caractéristique que je cite textuellement : « Cette fête étant terminée, les robes blanches, la soie bleue ont disparu, les fleurs sont tombées ; les estomacs de vingt ans, — nous parlons des estomacs masculins, — ont cherché dans un déjeuner solide l'oubli de l'évaporation (*sic*) si prompte du plaisir de danser avec des femmes aimables. C'était de la philosophie pratique. »

Personne, je suppose, ne me contredira si j'affirme que beaucoup d'étudiants s'accommoderaient volontiers de ce genre de philosophie que l'éclectique M. Cousin a négligé d'introduire dans son cours d'ailleurs si remarquable.

« Bref, de l'entrain, de la gaieté, du vrai plaisir, voilà le bal de la mairie.

A part ce morceau de littérature du cru, le journal n'est plus rempli que d'allocutions et de discours adressés au gouverneur de la colonie, prose officielle dont la reproduction serait d'un médiocre intérêt pour le lecteur.

## XV

Paysage. — *Le Cassard.* — Couscoussou mozabite. — Les deux amis. — Le marché de la porte Djebbia. — Une leçon d'histoire naturelle. — Les brochettes de mouton. — Quelques industries du quartier musulman. — École arabe. — *La Casquette du père Bugeaud.* — Les Turcos.

Aujourd'hui dimanche, maussade répétition du temps de la veille; à peine si quelques moments de répit nous permettent d'entreprendre une promenade au dehors de la ville. Après avoir dépassé le pont *El-Kantara,* nous suivons un étroit sentier qui, à partir de la gare du chemin de fer, grimpe sur le flanc de la montagne dont le sommet est couronné par le collège franco-arabe (1). A peu de distance de l'établissement universitaire, la campagne prend un caractère d'une rudesse sauvage; le sol rougeâtre, calciné par les feux d'un soleil dévorant, n'est revêtu que d'une maigre et rare végétation; quelques arbustes rabougris poussent çà et là entre les pierres.

A droite, sur le terrain déclive, on aperçoit une

(1) Les bâtiments ont été affectés depuis à un hôpital.

réunion de tombes simples et uniformes; c'est le cimetière juif, dont l'air de profond abandon frappe péniblement le promeneur. Le chemin, de plus en plus tortueux, aboutit à un plateau rocheux d'où l'on découvre un paysage morne et désolé.

D'immenses et profonds abîmes s'ouvrent d'un côté au pied des rochers déchiquetés dans les anfractuosités desquelles se cachent les bains de Sidi-Mécid.

Les bourasques impétueuses qui balaient à chaque instant le plateau que nous occupons, les nuages noirs qui semblent recéler des flots d'encre prêts à crever sur nos têtes, la poussière dont les tourbillons menacent de nous aveugler, rendent pour le moment ce poste d'observation intenable.

Au fracas du tonnerre qui gronde sourdement, se joint celui des détonations répercutées en échos sonores de rochers en rochers; un groupe de chasseurs passe rapidement devant nous. Les nemrods sont suivis de sir John, escorté du jeune zouave qui avait effectué avec nous le trajet de Philippeville.

L'Anglais s'approche de nous, en annonçant qu'il se dispose à opérer une descente dans la vallée, au moyen de l'escalier presque vertical dont les marches sont formées par des saillies des rochers. Nous ne sommes aucunement surpris de la témérité de l'insulaire qui se plaît à braver les difficultés partout où il les rencontre. Nous lui souhaitons bonne chance, sans éprouver la moindre tentation d'imiter son exemple. Il existe un chemin infiniment plus commode et plus agréable pour se rendre aux bains de Sidi-Mécid, c'est à ce dernier que je réserve la préférence.

En attendant, nous regagnons au plus vite la rue Nationale; une foule considérable stationne aux abords de l'hôtel de Paris que se préparent à quitter les dames Chanzy, pour prendre le train de Philippeville d'où elles s'embarqueront sur le bateau légendaire *le Cassard* (1), qui doit les conduire à Tunis. Quant au gouverneur, son départ est fixé au lendemain matin; il se dirige du côté de Biskra pour continuer son inspection.

Je n'ai rien de saillant à enregistrer sur cette

---

(1) Le *Cassard* est un petit bateau à vapeur qui stationne dans le port d'Alger et demeure constamment à la disposition du gouverneur de l'Algérie; il est commandé par des officiers de la marine de l'État. Ce navire a acquis une malheureuse célébrité par suite des aventures qui lui sont arrivées presque invariablement quand il est sorti des eaux d'Alger. Les avaries dont il a été victime proviennent-elles d'un défaut de construction ou d'ordres mal exécutés? Je l'ignore. Quoi qu'il en soit, les capitaines des bâtiments marchands, animés d'une bienveillance médiocre à l'égard de leurs collègues de la marine nationale, se réjouissent et se livrent aux épigrammes les plus sanglantes toutes les fois qu'ils apprennent qu'une nouvelle avarie s'est produite sur l'*aviso* du gouvernement colonial. J'entendis beaucoup disserter à ce sujet pendant mes traversées maritimes; je n'en parle ici que pour mémoire et pour expliquer l'épithète de légendaire appliquée plus haut à l'infortuné *Cassard*.

journée absolument dépourvue d'agrément. Est-il bien intéressant pour le lecteur de savoir qu'à dîner, on me sert un plantureux couscoussou confectionné par un restaurateur mozabite installé dans le voisinage de l'hôtel? Aucune ressemblance avec celui que j'avais goûté à Alger. Autant le couscoussou du lieutenant de spahis était fade et doucereux, autant celui du mozabite est pimenté. Les épices les plus corrosives se trouvent réunies dans cette macédoine hétéroclite. Il faut avoir le palais blindé pour ingurgiter sans contorsions le mets national ainsi combiné.

Employé comme caustique, ce doit être un médicament des plus énergiques; aussi est-ce seulement à ce titre que je recommanderai cet amalgame culinaire dont les Arabes raffolent et qui remplace sans doute pour eux les boissons alcooliques dont l'usage leur est interdit par le Coran.

Sir John et le zouave dînent ce soir en tête à tête; ils ont l'air enchantés d'avoir fait connaissance l'un de l'autre; le champagne que je vois pétiller dans leur verre ne peut qu'augmenter cette symphatie réciproque et compléter l'entente cordiale entre les deux convives dont le hasard a fait des amis. L'enfant d'Albion se propose d'emmener son commensal au théâtre où l'on donne ce soir une représentation *corsée*, — style de coulisses, — composée de la *Fille de Madame Angot* et de *Lazare le Pâtre*, dix actes!

Et à cette occasion je n'hésite pas à déclarer que le théâtre de Constantine est un plat et triste bâtiment dont l'extérieur misérable n'invite nullement l'étranger à y pénétrer. Aussi les habitants, ayant compris qu'il était indigne de leur cité, s'occupent-ils en ce moment d'en édifier un autre plus convenable sur l'emplacement de l'ancienne caserne des janissaires, à proximité de l'hôtel d'Orient.

. . . . . . . . . . . . . . . . . . . . . . .

Enfin, le lendemain, le soleil mieux inspiré daigne se montrer et nous sourire pour la première fois. Nous sommes bientôt dehors ; en un instant nous avions franchi la porte Valée qui s'ouvre d'un côté sur la place de Nemours, et de l'autre sur une esplanade dont la plus grande partie est occupée par un square et par la halle au blé. De cette plateforme qui domine la campagne et la route de Philippeville, l'œil embrasse un admirable panorama formé par l'amphithéâtre de montagnes qui bornent en face l'horizon. Elles découpent leurs lignes d'une sévérité grandiose sur un fond bleuâtre et vaporeux qui en adoucit un peu la rigidité. Le caractère de ces montagnes est parfaitement tranché ; elles ont à la fois des tons plus chauds et plus austères que celle des régions alpestres et pyrénéennes. Les oppositions de lumière qui s'y produisent à cette heure ajoutent encore à leur effet pittoresque.

La halle au blé, vaste bâtiment moderne, ne

présente aucun intérêt architectural; une blanche fourmilière d'Arabes s'agite constamment sous ces voûtes élevées; les transactions commerciales me paraissent fort actives et tout s'y passe dans un ordre parfait.

En sortant de la halle, nous suivons une route à gauche de laquelle s'étend un terrain vague qui longe les murs de fortification et descend par une pente escarpée dans la vallée où est construite la gare du chemin de fer. La partie supérieure du talus, formé de décombres, est occupée par un marché permanent, exclusivement arabe, dont la physionomie originale se révèle de la façon la plus saisissante au spectateur non prévenu.

Il s'étonne surtout qu'à deux pas de la ville, transformée en grande partie par la civilisation européenne, on puisse rencontrer un tableau d'une couleur locale aussi tranchée.

Sur un espace médiocrement étendu, se trouve amassée une foule pittoresque qui grouille au soleil; les animaux y sont presque aussi nombreux que les humains. Parmi les premiers, je distingue avec plaisir une certaine quantité de chameaux installés dans une enceinte réservée. Depuis mon arrivée à Constantine, je n'avais pas entrevu la moindre silhouette de ces locomotives vivantes du Sahara. C'était pour moi un désappointement d'autant plus vif, qu'on m'avait affirmé que des troupes de ces quadrupèdes gibbeux sillonnaient et encombraient sans cesse les rues de la ville. Je commençais à soupçonner une mystification, mais je dus reconnaître bientôt que l'on n'avait nullement songé à abuser de ma crédulité. En effet, pour jouir de ce spectacle, il m'eût suffi d'attendre l'époque de la moisson ; c'est alors que les chameaux viennent en bandes serrées déposer à la halle les sacs ou *tellis* dont ils sont chargés. Il y avait là seulement une vingtaine de ces bêtes dociles et patientes que j'étais heureux d'observer sans être obligé de subir en même temps l'exhibition des burlesques et repoussants cavaliers avec lesquels on les fait voyager à l'étranger, et qui se livrent sur les bosses des malheureux animaux à des exercices grotesques chers à nos badauds de la ville et de la campagne. Ici au moins je les voyais dans leur pays natal, leurs regards doux et intelligents semblaient me dire : Nous sommes chez nous. Plusieurs d'entre eux étaient accroupis nonchalamment. Voulant leur donner une preuve d'intérêt, j'achetai à leur intention des petits pains-galettes aux boulangers forains, que je leur distribuai généreusement. Mais les pacifiques coursiers ne daignèrent pas y toucher. J'attribuai d'abord cette abstention à leur sobriété bien connue, lorsqu'un chamelier, s'apercevant de ma surprise, me fit comprendre au moyen d'une mimique expressive que mes protégés ne se nourrissaient que d'herbe, d'orge et de dattes. C'était une leçon d'histoire naturelle qu'infligeait à mon ignorance l'enfant du désert.

A deux pas de l'enceinte où sont parqués les dromadaires s'élèvent plusieurs rangées de petites tentes de toile grossière, retenues par des pieux fichés en terre. Un côté entr'ouvert permet aux curieux d'assister aux scènes diverses qui se déroulent à l'intérieur de ces maisons portatives. Dans quelques-unes, on aperçoit des Arabes ou des Kabyles paresseusement couchés ou accroupis; dans d'autres, on fume et l'on joue aux cartes. Plusieurs gourbis sont occupés par des industriels de différentes sortes.

Les rôtisseurs ne sont ni les moins nombreux, ni les moins achalandés. Sur un fourneau de terre cuite placé à l'entrée de leur habitation, grillent, enfilés dans des broches de bois, de minuscules morceaux de mouton; les nuages opaques de fumée que dégage la graisse en fusion infectent l'air de façon à obliger le passant le moins susceptible à se boucher hermétiquement les fosses nasales. Ce comestible d'aspect écœurant est fort recherché par les gourmets du lieu; les amateurs font queue à la porte des débitants.

Pour moi, je préfère assister à la confection des flûtes et des flageolets champêtres fabriqués avec des roseaux, industrie dont j'ai parlé plus haut et qui est l'enfance de l'art. J'en achète plusieurs échantillons après les avoir fait essayer par quelques virtuoses indigènes. Il y a de quoi approvisionner tous les mélomanes d'Algérie avec l'immense quantité des instruments primitifs confectionnés dans ces ateliers en plein air.

Je note encore que les femmes arabes, kabyles ou négresses, qui figurent au milieu de cette cohue, sont d'un physique repoussant; ces espèces de bohémiennes n'ont pas d'âge appréciable, la plupart ne portent que des haillons sordides et malheureusement elles ne sont pas voilées.

L'absence à peu près complète de flâneurs sur cet étrange forum s'explique parfaitement. Il résulte des renseignements que je recueillis plus tard, qu'il n'est pas prudent de se risquer sans escorte dans ces parages malsains où les étrangers paient souvent fort cher leur curiosité, les *pick-pockets* africains étant dignes de rivaliser avec leurs confrères d'Europe. De temps en temps, des querelles et des rixes violentes surgissent entre les naturels du pays et les soldats de la garnison.

Aussi la porte Djebbia, située à proximité du marché, est-elle pourvue d'un poste de militaires toujours prêts à intervenir en cas de besoin.

C'est par cette porte, la seule à peu près conservée de l'enceinte romaine, que nous rentrons en ville; nous sommes instantanément transportés en plein quartier musulman.

Le soleil, qui illumine de ses plus joyeux rayons les rues, leur donne un air de fête qui les transfigure. Rien de curieux et d'amusant comme de passer en revue les boutiques et les échoppes de tout genre qui bordent la chaussée tortueuse.

Les outres gigantesques, qui étalent leur ventre rebondi devant certaines portes, sont pleines de lait aigre dont les indigènes se montrent très friands. A côté, vous pouvez faire votre provision de feuilles de henné qui remplissent des corbeilles d'osier. Plus loin, ce sont les corroyeurs, passez vite; puis les bouchers mozabites, passez plus vite encore. Ne vous arrêtez pas davantage devant les *fondouks,* sortes d'hôtelleries où les voyageurs indigènes peu fortunés se logent avec leurs bestiaux, en compagnie d'une quantité innombrable de petits animaux parasites qui se familiarisent bien vite avec les hôtes passagers de la maison.

J'aime mieux observer ce négociant qui dans son magasin fait sa correspondance; je l'examine traçant sur le papier, de droite à gauche, avec une plume de roseau, — l'antique *calamus,* — ces jolies arabesques, dessins bizarres dont est composée l'écriture nationale.

Je suis distrait de mon attention par un bruit de voix enfantines qui arrive à mes oreilles. Je m'approche de l'endroit d'où part ce bruit, et je pénètre par une porte entre-bâillée dans une maison mauresque distribuée comme la plupart de celles d'Alger.

Sur les nattes de sparterie qui recouvrent le sol

humide du rez-de-chaussée, sont assis, les jambes croisées, une cinquantaine d'écoliers groupés autour de leur maître également assis, coiffé d'un turban multicolore. Les élèves marmottent d'un ton monotone et nasillard, en dodelinant la tête, des paroles inintelligibles pour moi et qui, m'a-t-on dit, sont les versets du Coran. On m'a également assuré que c'est à peu près à cette connaissance que se réduit l'instruction arabe. J'ignore si cette instruction est gratuite et obligatoire; en tous cas, elle me paraît peu propre à développer les facultés intellectuelles des fils de Mahomet. Quoi qu'il en soit, je constate que, dans cette école, comme dans les nôtres, aussitôt que les bambins se croient à l'abri de l'œil du professeur, ils s'abandonnent à une foule d'espiègleries plus ou moins drôlatiques.

M'apercevant que ma présence causait aux jeunes disciples des distractions qui pouvaient attirer sur moi l'attention de l'instituteur et m'exposer à une expulsion brutale, je m'éclipsai furtivement. J'avais encore les oreilles remplies par le bourdonnement qui s'échappait de cette ruche de petits musulmans, quand retentit tout à coup dans le lointain le son éclatant des clairons qui jouaient l'air si populaire en Algérie de la *Casquette du Père Bugeaud*.

Je presse le pas, et me voilà bientôt rentré en France. J'assiste avec une émotion patriotique au défilé de nos braves soldats de différentes armes qui regagnent leurs casernes respectives. J'admire leur brillante tenue, leur attitude martiale. Les vieux turcos, au teint basané comme du vieux cuir de Cordoue, se distinguent par la rudesse et l'énergie de leur physionomie presque sauvage. Les fanions qu'ils portent fièrement sont ornés de croissants qui se détachent sur le fond bleu ou jaune de l'étoffe.

Les mouvements des troupes de la garnison de Constantine sont incessants ; à chaque instant résonnent dans les rues les fanfares guerrières. J'avoue, au risque de passer pour un chauvin, que rien ne m'émotionnait comme d'entendre les échos sonores de la vieille cité numide redire nos symphonies nationales.

Quant aux indigènes, ils paraissent peu impressionnés ; leur curiosité ne semble nullement éveillée ; ils regardent passer nos régiments avec une indifférence peut-être affectée qui pourrait bien ressembler à du dédain. Après tout, nous ne devons pas nous attendre à des manifestations sympathiques de la part des habitants d'un pays dont nous occupons le sol en conquérants et en maîtres.

## XVI

Excursion à Sidi-Mécid. — L'établissement thermal. — Les naïades. — La salle de bal. — Le café de la Grotte. — Le musée du square Valée et les israélites.

C'est dans l'après-midi, sous les ardeurs tropicales d'un soleil flamboyant, que nous entreprenons l'excursion des bains de Sidi-Mécid, la *great attraction* de Constantine après le pont *El-Kantara*. Il s'agit pour y arriver, sans s'exposer à dégringoler du haut des rochers, ce qui simplifierait singulièrement le voyage, de suivre quelque temps un chemin pierreux qui, après avoir longé la base des fortifications de la ville, s'infléchit brusquement à droite. On contourne l'immense falaise que couronne la Kasbah, et on découvre presque vis-à-vis l'orifice de l'arcade naturelle dont nous avons vu, du pont El-Kantara, le côté opposé.

Nous franchissons le Rummel sur un ponceau qui communique à une espèce de promontoire formé de pierres usées et aplaties comme des dalles par les eaux qui les recouvrent entièrement à certaines époques de l'année. A l'une des extrémités de cette plate-forme, le Rummel se précipite pour rebondir en cascades sur la pointe des rochers qui lui disputent le passage dans sa descente effrénée.

Après avoir contemplé quelques moments ce site à l'aspect grandiose et sauvage, nous nous engageons dans un étroit sentier taillé en corniche sur le flanc de roches abruptes, couleur de rouille et dont quelques-unes, phénomène singulier, sont tapissées d'énormes cactus d'un vert glauque. A nos pieds, coule le Rummel qui, dégagé de ses entraves, serpente aussi paisiblement que notre gracieuse Voulzie, à travers une prairie couverte d'une végétation éblouissante de fraîcheur et que dominent d'un côté de riants coteaux boisés. C'est un paysage virgilien dont le caractère pastoral contraste agréablement avec la nature bouleversée que nous venons de quitter.

Le sentier aboutit par une pente douce à une maisonnette rustique entourée de jardins et habitée par un gardien fermier des bains.

Rien de plus bizarre et de plus romantique que l'établissement thermal de Sidi-Mécid ; il n'a aucune analogie avec ceux de Cauterets, de Luchon, de Bagnères, de Bade et autres stations balnéaires.

Qu'on se figure une agglomération de roches superposées, la plupart tapissées de plantes pariétaires, de mousses, de fougères et de capillaires dont le feuillage fin et délicat s'abrite sous les rameaux d'arbres et d'arbustes de diverses essences.

Quelques-unes de ces roches forment, en se creusant, des cuvettes grossières, bassins naturels alimentés par des sources d'eau sulfureuse et alcaline, d'une température de 28 à 30 degrés.

Plusieurs sentiers, qui grimpent en serpentant dans le bois, font communiquer entre eux les différents étages occupés par ces baignoires primitives, de dimensions et de profondeurs inégales. Les unes ne peuvent recevoir que trois personnes à la fois; la plus grande en contient une quarantaine, une des piscines est spécialement réservée aux dames. La clôture de ces salles de bain à ciel ouvert est des plus élémentaires; elles sont fermées d'un côté par les parois plus ou moins saillantes des rochers, et de l'autre par des planches brutes à peine jointes.

Le baigneur a la faculté de s'asseoir sur les bords rocailleux du bassin, ou de se tenir debout les pieds enfoncés dans un gravier plus ou moins fin. Il peut même se donner le plaisir de la natation, ombragé par le feuillage léger qui bruit sous les molles caresses du souffle printanier. Il entend, ravi, le doux ramage des artistes ailés qui jettent au vent leurs notes joyeuses, concerts aériens que le poète préfère aux plus brillantes symphonies exécutées dans les casinos somptueux.

Par exemple, je n'oserais affirmer que les jolies naïades qui viennent confier leur beauté sans voile à l'onde perfide soient suffisamment protégées par le rideau tremblant du feuillage contre les regards indiscrets des promeneurs qui, sans se soucier du sort infligé au chasseur mythologique, sont tentés de contempler des charmes si imprudemment exposés.

Près de la maison du gardien, située au pied des sources minérales, s'étend un magnifique jardin planté en grande partie d'orangers, de citronniers et de grenadiers, dans les allées duquel nous voyons en ce moment circuler des groupes d'Israélites des deux sexes revêtus de leurs habits de fête. Le gardien nous dit que ce sont les invités d'une noce qui vient d'être célébrée à Constantine. Il paraît que, selon un usage traditionnel, les nouveaux mariés, accompagnés de leur famille et de leurs amis, vont après la cérémonie nuptiale se promener à Sidi-Mécid, le bois de Boulogne ou de Vincennes des Constantinois. A quelques pas, on nous montre un large emplacement encadré par des bordures d'arbres exotiques. C'est une vaste salle de bal d'été qui a pour horizon une muraille de roches sinistres et pour plafond la voûte céleste. Je me figure que la polka et la mazurka dansées par les Européens doivent se trouver là quelque peu dépaysées.

Nous reprenons au retour le même chemin. A peu près à moitié route, une explosion formidable retentit, et immédiatement des quartiers énormes de roche viennent tomber tout près de nous. Est-ce une avalanche qui va se détacher de la montagne et nous engloutir? Franchement le moment serait mal choisi. Nous pressons le pas, et nous ne tardons pas à découvrir les ouvriers qui font jouer la mine pour faire sauter une partie du roc. Il s'agit d'élargir l'étroite chaussée que l'on se propose de rendre carrossable.

Un bruit plus doux et plus mélodieux attire notre attention au moment où nous nous préparons à repasser le Rummel.

A la base de l'un des gigantesques et imposants rochers à travers lesquels le fleuve s'est frayé une violente issue, nous apercevons un jeune Arabe qui joue de la flûte, assis devant l'ouverture d'une grotte dont l'entrée est en partie masquée par un frêle rideau de branches de lauriers. L'artiste, qui paraît âgé d'une vingtaine d'années, quitte vivement son chalumeau pour nous faire signe d'entrer chez lui. La grotte est un café composé de deux pièces. Dans la première, sont installés les ustensiles indispensables à la profession et dont le principal est représenté par un fourneau de terre cuite sur lequel chauffent en permanence et à feu doux plusieurs cafetières minuscules. Le consommateur a la liberté de s'asseoir sur les nattes étendues à terre ou sur la pierre nue.

La seconde pièce sert de chambre à coucher au troglodyte imberbe. Inutile d'ajouter que l'ameublement est des plus rudimentaires.

Nous prenons, en compagnie de touristes qui viennent se joindre à nous, un moka dont le palais d'un gourmet eût été médiocrement satisfait. Mais l'établissement n'est pas destiné à recevoir une clientèle de sybarites, nous sommes loin ici de Tortoni.

Après nous avoir fait entendre sur son instrument champêtre des mélodies arabes et françaises, ces dernières quelque peu estropiées — il fallait tenir compte de l'intention, — le propriétaire m'invite gracieusement à fumer avec lui une pipe bourrée de *kief*, chanvre pulvérisé auquel il mêlait un peu de tabac; ce mélange devait me procurer les sensations les plus délicieuses. Je résistai à la tentation. L'habitant de la grotte cultive et récolte, dans le jardinet de terre rapportée attenant à son antre, les plantes qui composent la drogue enivrante dont les effets sont encore plus pernicieux qu'agréables.

L'idée d'avoir converti cette caverne en café est assez originale. L'établissement manque évidemment de luxe et de confortable, mais quel sublime décor l'encadre! A quelques pas, rugissent les chutes écumantes du Rummel; en face, se détache avec un puissant relief, sur le bleu cru du ciel, le rocher de *la Femme adultère* dont la vue impressionne péniblement le spectateur qui ne peut s'empêcher de songer aux exécutions sinistres dont ces lieux ont été tant de fois témoins. Sous l'impression d'une vision rétrospective, vous vous reculez involontairement, de crainte que le sac funèbre dont j'ai parlé ailleurs, chargé d'une nouvelle victime, ne vienne rouler à vos pieds.

Nous regagnons la ville en suivant les lacets que forme la route de Philippeville, et, après une ascension assez fatigante, nous faisons une station aussi agréable qu'intéressante au square Valée. Ce jardin public est en même temps une promenade charmante, admirablement exposée, et un curieux musée lapidaire. On a réuni là un grand nombre d'antiquités carthaginoises et romaines, découvertes sur l'emplacement de l'ancienne cité numide. Parmi les sculptures plus ou moins mutilées, on remarque des lions gigantesques en pierre et une tête énorme de Cérès, personnification allégorique de Cirta. Mon tribut de respect et d'admiration payé à ces vénérables débris archéologiques, je reporte mon attention sur les groupes vivants qui peuplent les allées sinueuses ombragées par des massifs verdoyants où la fraîche végétation du nord se mêle à celle des tropiques.

La variété des costumes dont sont revêtus les promeneurs qui circulent en ce moment est infinie. On dirait une mosaïque humaine dont l'éclat rivalise avec celui des fleurs qui l'entourent. Les Israélites des deux sexes, qui sont encore en fête (1), se

(1) Les fêtes de la Pâque juive durent dix jours.

distinguent par la magnificence et l'originalité de leurs vêtements. C'est une mise en scène d'opéra : l'illusion est presque complète ; à chaque instant, il me semble que toutes ces bouches vont s'ouvrir pour chanter un chœur final de Rossini ou de Verdi.

On ne s'imagine pas le luxe de toilettes étalé là par les juives drapées majestueusement dans leurs robes traînantes, lamées d'or et d'argent ; leurs bras nus sont ornés des bijoux les plus riches. Je ne prétends pas dire cependant que les parures soient toujours de bon goût, les couleurs des étoffes sont la plupart du temps violentes et heurtées.

Quant aux hommes, ils portent avec grâce et aisance leurs costumes fantaisistes ; quelques adolescents au teint d'une blancheur mate, aux yeux rêveurs, se font remarquer par une délicatesse de traits tout à fait féminine. Ces fils de Jacob ont des attitudes vraiment sculpturales. Leur réputation de beauté est ici parfaitement justifiée. Un artiste n'aurait que l'embarras du choix pour se faire une collection de modèles parmi les types académiques exposés en ce moment au square Valée. Aussitôt qu'un Israélite se dispose à s'asseoir sur un banc en partie occupé par des Arabes, j'observe que ces derniers quittent immédiatement la place pour éviter le contact ; j'en conclus que la fusion n'est pas encore près de s'opérer entre ces deux races antipathiques.

## XVII

L'aqueduc de Justinien. — Un enterrement arabe. — La lessive au Ghetto. — La place Négrier et les encanteurs. — Départ pour Guelma.

Malgré les espérances qu'un merveilleux coucher de soleil nous avaient fait concevoir pour le lendemain, la journée fut aussi triste que celle de la veille avait été radieuse. L'astre boudeur refusa encore de favoriser notre excursion à l'aqueduc romain, une des plus intéressantes que le touriste puisse accomplir aux environs de Constantine.

La route qui y conduit est ravissante ; le rustique établissement de bains sulfureux que l'on rencontre avant de s'éloigner de la ville, n'est remarquable que par sa situation pittoresque au pied d'un rocher à pic connu sous le nom de pointe de *Sidi-Rached*. C'est sous la voûte d'une excavation naturelle ouverte dans le roc, que coule la source minérale dont les indigènes font un grand usage. A quelques pas de là, le Rummel fait son entrée en s'engouffrant dans le ravin qui contourne le bloc calcaire sur lequel se dresse la cité aérienne. Un peu plus loin, la route traverse une campagne d'une fertilité extraordinaire. A droite et à gauche, s'élèvent d'élégantes villas entourées de jardins dont quelques-uns sont ornés de kiosques, de grottes en rocailles, de petits labyrinthes, dont l'aspect vous reporte à mille lieues de Constantine. Enfin se dressent entre deux collines, encadrées par un paysage d'un caractère italien, les arcades de l'aqueduc, — dont la construction est attribuée à l'empereur Justinien. Ce sont, avec les citernes de la Kasbah, les vestiges les plus importants de la domination romaine à Constantine. La pluie, toujours implacable, nous arrache bientôt à notre admiration.

En arrivant près du pont El-Kantara, je m'arrête pour contempler un des effets de lumière les plus singuliers qui se puissent imaginer. A travers l'échancrure ouverte sur le ravin, s'épanouissent les rayons du soleil couchant, noyés dans un nuage vaporeux teint de toutes les nuances de l'arc-en-ciel. Il me semble assister à l'une de ces apothéoses de théâtre éclairées par des feux de Bengale multicolores ; il ne manque, pour compléter la mise en scène, que l'apparition subite d'une divinité fantastique.

Dans la rue Nationale, un autre genre de spectacle m'attire. J'aperçois, sortant de la mosquée, un groupe compact d'indigènes qui marchent d'un pas précipité comme s'ils étaient poursuivis. Les blancs fantômes psalmodient des chants étranges. C'est un enterrement musulman. Je me range sur le trottoir pour voir défiler le lugubre cortège. A peu près au centre du groupe, le mort, placé sur un brancard porté par ses coreligionnaires parents et amis qui se relaient de distance en distance, est recouvert d'un drap mortuaire aux couleurs du prophète et orné de croissants et d'arabesques. Tous les assistants chantent à l'unisson une mélopée bizarre qu'ils répètent sans cesse en baissant ou en élevant plus ou moins la voix jusqu'à ce qu'ils soient arrivés au lieu de la sépulture. En considérant la précipitation extraordinaire de leur marche, on croirait que les porteurs ont hâte de mettre en terre leur frère, pour le faire arriver plus tôt au paradis de Mahomet. C'est une cérémonie d'un caractère saisissant dont je n'avais pas été témoin à Alger; j'en vis trois dans la même journée à Constantine, ce qui s'explique par la supériorité numérique des indigènes qui résident dans cette ville.

Je consacrai le dernier jour que je passai dans la patrie de Jugurtha, à revoir les choses qui m'avaient particulièrement frappé. Une visite au quartier juif faisait partie du programme que je m'étais tracé. Rien de bien saillant dans le *Ghetto* constantinois, d'ailleurs aussi sale que désert. Plusieurs portes de maisons, ouvertes sur la rue, me permirent d'observer que les cours, ruisselantes d'eau, étaient remplies de femmes qui, vêtues d'accoutrements les plus fantaisistes, quelques-uns extrêmement sommaires, s'occupaient avec une activité fiévreuse à lessiver des montagnes de linge. Ce spectacle édifiant aurait ravi plus d'une de nos ménagères. Si je n'eusse vu à l'œuvre ces filles de Rébecca, je n'aurais jamais imaginé, avec mes préjugés sur la propreté de la race d'Israël, qu'elles fussent susceptibles de déployer tant de zèle et d'efforts dans la pratique d'une pareille opération.

En remontant le quartier du Ghetto, on arrive bientôt sur la place Négrier, incontestablement la plus originale et la plus animée de celles de Constantine. Elle est bordée d'un côté par le palais de justice et la mosquée de Salah-bey. Du premier de ces monuments, rien absolument à dire, sinon que c'est une construction récente taillée sur le patron à peu près uniforme des tribunaux de la métropole. La mosquée qui lui est contiguë a beaucoup de cachet; son élégant minaret est revêtu de faïences émaillées aux reflets chatoyants; elle présente en outre un certain intérêt à l'intérieur.

Sous les arcades d'une salle voûtée, sont rangés les tombeaux en marbre de plusieurs générations de membres de l'illustre famille de Salah-bey. Les tombes des hommes se distinguent par les turbans sculptés qui les couronnent, tandis que celles des femmes ne portent aucun ornement.

La place Négrier est encombrée des marchandises les plus hétérogènes; à côté des vieilles ferrailles rouillées et des hardes déguenillées étalées sur le sol, on voit des bijoux précieux, de luxueuses étoffes, de riches tapis. La présence des encanteurs donne à cette place un caractère particulier d'originalité. Rien de curieux comme de voir ces commissaires-priseurs indigènes fendre la foule en promenant à la main des objets de toute espèce qu'ils adjugent au plus offrant et dernier enchérisseur. J'aurais pu peut-être faire là quelques emplettes avantageuses, mais il me manquait une condition eessentielle pour enchérir : c'était la connaissance de la langue arabe.

Je n'achèterai donc rien aujourd'hui aux encanteurs ; j'ai d'ailleurs à m'occuper de mes préparatifs de départ, nos places étant retenues à la voiture de Guelma ; de là nous comptons gagner Bône. Diverses circonstances, dont l'énumération serait fort indifférente au lecteur, nous avaient contraints de renoncer à l'excursion de Biskra, *la ville des Palmiers,* que le touriste qui se respecte ne manque jamais d'aller visiter. C'est partie remise, si Dieu me prête vie et santé ; il faut bien d'ailleurs réserver une poire pour sa soif, surtout quand il s'agit d'aller au désert, et la passion des voyages n'est pas encore éteinte chez moi. Au surplus, l'itinéraire que j'allais suivre avait aussi son intérêt, comme j'espère que le lecteur voudra bien le reconnaître.

A six heures du soir, nous nous installions dans

le coupé de la diligence de Guelma, qui part chaque jour de la place de Nemours. En ce moment, la place est encombrée de véhicules de grandeur et de formes diverses qui vont se diriger sur différents points. Les marchands de petits pains occupent leur poste habituel; leurs voix glapissantes dominent le tohu-bohu de la foule amassée autour des voitures publiques.

La nôtre stationne plus d'une heure devant l'hôtel des Postes pour attendre le ballot des correspondances, au grand déplaisir des voyageurs prisonniers dans leurs cellules roulantes. Enfin, il est nuit quand nous franchissons pour la dernière fois le pont *El-Kantara;* inutile de chercher à découvrir le Rummel, enseveli sous une couche d'épaisses ténèbres.

Encore quelques pas, et Constantine ne sera plus pour nous qu'un souvenir.

Que le touriste amateur de couleur locale se hâte de visiter ce qui reste de l'ancienne capitale numide, avant que l'édilité française, au nom du progrès et de la civilisation, ait achevé son œuvre de destruction pour percer des voies larges et symétriques condamnées aux envahissements d'un soleil implacable.

Alors auront disparu les curieuses maisons arabes, remplacées par de banales constructions européennes, nullement appropriées aux goûts, aux habitudes et aux besoins des indigènes.

N'est-il pas à craindre encore que les costumes nationaux si pittoresques ne disparaissent à leur tour, comme en Turquie, où les redingotes, les pantalons collants et les fez deviennent de plus en plus à la mode?

## XVIII

La route de Guelma. — L'hôtel Auriel. — Préparatifs de fête. — Physionomie de la ville. — La rue d'Announa. — Les thermes et le théâtre antique. — Campement arabe. — Excursion à Hammam-Meskoutine (bains des maudits). — Les sources. — Les cônes.

C'est à la pâle et sereine clarté de la lune que j'entrevois la première partie de la route de Constantine à Guelma. La seule observation que je trouve consignée sur mes notes, c'est que le chemin est très accidenté et surtout fort mal entretenu, si j'en juge par les nombreux et violents cahots qui font rebondir la diligence ainsi qu'un navire ballotté par les flots. Décidément nous sommes loin du département de Seine-et-Marne où les voies de communication, grâce à l'intelligente sollicitude de nos ingénieurs, sont unies comme des parquets. La température est froide, la bise souffle avec une âpreté mordante, on se croirait dans le voisinage d'un glacier; il est vrai que nous montons toujours.

La voiture marche avec une prudente lenteur, les relais sont fort distancés et on s'y arrête longuement, sans que ces stationnements démesurément prolongés me paraissent autrement justifiés.

L'explication que me donne mon voisin de coupé, habitant du pays, ne me satisfait qu'incomplètement : La diligence, dit-il, doit arriver à Guelma à l'heure réglementaire, ni avant ni après, absolument comme un convoi de chemin de fer.

J'apprécie l'avantage des habitudes régulières surtout quand il s'agit de locomotion; il me semble toutefois qu'en retardant de deux heures le départ de Constantine, on parviendrait au même résultat, sans faire perdre un temps précieux au voyageur. Mais je ne suis pas dans le secret de l'administration des postes qui a probablement quelque bonne raison pour agir ainsi.

A peine le soleil, semblable à un globe de feu suspendu dans l'espace, s'est-il levé au-dessus de la cime de l'une des hautes montagnes qui nous environnent, que ses rayons obliques envahissent notre compartiment et nous sommes comme enveloppés de flammes dévorantes dont nous avons peine à nous garantir.

La végétation méridionale s'épanouit dans toute sa vigueur. Le long des pentes escarpées qui encaissent le chemin, se hérissent, comme des lames de sabre, les feuilles pointues d'agaves d'une taille colossale; on dirait de verdoyantes panoplies éparpillées sur le roc. D'immenses champs d'oliviers au feuillage poudreux se montrent aux approches de Guelma ; puis les montagnes imposantes qui ferment d'un côté l'horizon dessinent de plus en plus nettement sur le ciel leur relief vigoureux.

La route traverse plusieurs ponts jetés sur une rivière au cours rapide qu'on appelle la *Seybouse;* enfin, apparaissent les premières maisons de Guelma, située d'une façon aussi pittoresque que riante au milieu d'une vallée fertile que dominent les contre-forts du *Djebel-Mahouna,* dont le sommet atteint une altitude de 3,000 pieds.

On nous indique, au bureau des diligences, l'hôtel Auriel comme le plus convenable de Guelma, et nous nous présentons avec la confiance que nous y serons les bienvenus. Les voyageurs ne doivent pas pulluler dans ce modeste chef-lieu d'arrondissement. Mais aujourd'hui, contrairement à ses habitudes solitaires, l'hôtel Auriel est presque au complet.

L'hôtelier, que je trouve en costume de cuisinier, occupé à faire griller des côtelettes, m'apprend, tout en surveillant son rôti, qu'on attend le lendemain le général Chanzy qui a fait retenir pour lui et sa suite plusieurs appartements à l'hôtel Auriel.

Le brave homme me communique cette heureuse nouvelle avec une émotion réelle, son visage rayonne de joie et de fierté. Quelle bonne fortune, quel honneur pour moi, s'écrie-t-il, de recevoir un hôte de cette distinction !

La maison est en révolution ; l'hôtesse, les garçons, les aides de cuisine, sont sens dessus dessous. Tout le personnel s'absorbe dans les apprêts qu'occasionne l'approche d'un évènement considérable.

Malgré cela, nous parvenons à nous caser d'une façon très satisfaisante.

Nous serons bien gardés aujourd'hui : à l'une des extrémités de la galerie intérieure sur laquelle donne notre chambre, un spahis, revêtu de son manteau couleur de pourpre, se tient en faction devant l'appartement occupé par l'officier d'ordonnance du général.

Après avoir pris possession de notre logis, nous tentons une première expédition dans la ville. Inutile de se faire escorter d'un guide.

Les rues de Guelma, parfaitement régulières, sont bordées de maisons neuves à deux ou trois étages. Les places sont alignées avec la même symétrie. Celle qu'occupe l'hôtel Auriel est agrémentée d'un square au milieu duquel surgit une fontaine dont l'eau jaillissante entretient constamment la fraîcheur des orangers, des acacias et des citronniers qui forment autour d'elle une corbeille odorante. Cette place communique avec une ligne étendue de boulevards, charmante promenade dont l'avenue principale est entourée de pelouses et de jardins où la flore africaine s'étale avec autant de variété que d'éclat.

Un vieillard cacochyme, qui vient s'asseoir à côté de nous, vante la beauté et la salubrité du climat de Guelma, où, selon lui, les médecins devraient envoyer tous les poitrinaires; nulle station médicale, assure-t-il, n'est plus favorable à la guérison de la phthisie. Malheureusement les violentes quintes de toux qui interrompent l'orateur à chaque mot me paraissent des arguments peu concluants pour la thèse qu'il soutient.

J'hésite moins à affirmer que la chaleur se fait sentir aujourd'hui avec une intensité qui ne serait pas déplacée au Sahara.

La population indigène demeure cantonnée presque exclusivement dans la rue d'Announa qui traverse la cité d'une extrémité à l'autre; les marchands mozabites y ont de nombreux comptoirs; dans la partie haute de la ville s'élève la mosquée, construction de style mauresque d'une grande élégance.

Toutes les rues, y compris celle d'Announa, sont pavoisées, des drapeaux flottent à tous les étages; de place en place, se dressent des mâts surmontés d'oriflammes et reliés entre eux par des guirlandes de lierre; parmi les nombreux arcs-de-triomphe, celui qui se dresse en avant de la porte par laquelle doit entrer le gouverneur est de beaucoup le plus remarquable. Au milieu des pilastres de verdure parsemée de bouquets, de fleurs, se détachent des écussons ornés de peintures allégoriques et chargés d'inscriptions en l'honneur du vaillant chef de l'armée de la Loire.

Heureusement pour l'archéologue, Guelma n'a pas seulement à lui offrir l'aspect monotone de ses rues tirées au cordeau et de ses maisons européennes ; il contemplera avec intérêt d'importants vestiges des thermes antiques dont l'œil distingue encore les distributions primitives, et il s'arrêtera longtemps à examiner les restes imposants du théâtre romain situé à une extrémité de la ville, sur une éminence qui domine la campagne.

Après celui d'Orange, c'est un des théâtres antiques les mieux conservés. Malheureusement, la municipalité le laisse dans un état d'abandon et de saleté déplorables. L'intérieur sert de dépôt à toutes sortes d'ordures et d'immondices qui en défendent l'accès aux plus intrépides. Aujourd'hui on peut s'en approcher, grâce aux travaux de déblaiement qui s'exécutent en prévision des visites du lendemain.

En rentrant de mon excursion, je trouve le personnel de l'hôtel au paroxysme de l'agitation ; on achève la décoration intérieure avec une activité fébrile. De la cave au grenier,

Ce ne sont que festons, ce ne sont qu'astragales.

Un soin tout particulier a présidé à l'ornementation de la salle à manger ; le garçon m'invite à en contempler le brillant aspect; son admiration se traduit par les exclamations les plus enthousiastes; je me garde bien de lui marchander les compliments qu'il provoque naïvement.

Après un repas dont la qualité se ressentait quelque peu des émotions et des occupations des décorateurs improvisés, je gravis la rue montueuse d'Announa et je franchis la porte fortifiée qui s'ouvre du côté de la montagne. Là, je m'arrête saisi par la nouveauté du spectacle pittoresque et original qui s'offre soudain à mes yeux : sur un terrain rocailleux et accidenté, recouvert par places d'une herbe chétive, de nombreux Arabes sont campés. C'est une sorte de ville improvisée qui se compose de tentes de dimensions diverses dont les plus grandes sont occupées par de hauts dignitaires.

Autour des maisonnettes de toile, stationnent ou circulent de superbes chevaux richement caparaçonnés, des mulets et des chameaux.

Un grand mouvement règne parmi les Arabes de différentes tribus dont les chefs se font remarquer par leur air de noblesse et de distinction et par la beauté de leur costume; ils sont l'objet des marques de déférence les plus respectueuses. Tandis que les uns se promènent gravement, d'autres font leur repas du soir, d'autres encore s'occupent à astiquer leurs armes ciselées et damasquinées et à polir les broderies d'or et d'argent dont les selles de cuir sont enrichies. Tous ces indigènes sont accourus pour saluer le vice-roi d'Algérie; ils se disposent à accueillir son arrivée par de brillantes fantasias.

A chaque instant, descendant des hauteurs environnantes, des cavaliers vont se réunir à leurs frères, après une courte station dans le misérable village de gourbis qui occupe le sommet d'une colline voisine.

Le soleil, qui va disparaître derrière la crête échancrée du Djebel-Mahouna, éclaire ce tableau mouvant, à la fois guerrier et pastoral, de lueurs sanglantes, et lui imprime un caractère étrange; puis la nuit étend son voile sombre sur la campagne, peu à peu le silence se fait profond; on n'entend plus que le hennissement des chevaux et le son argentin que produit le cliquetis des armes.

Malgré l'intérêt artistique que peuvent offrir les thermes et le théâtre, curieuses épaves de la civilisation de l'antique *Calama*, aujourd'hui Guelma, peu de touristes s'arrêteraient dans cette ville s'ils n'y étaient retenus par le désir de visiter les bains maudits (Hammam-Meskoutine) situés à proximité. Cette excursion de quelques heures permet de voir une des curiosités naturelles les plus étonnantes de l'Algérie. La voiture que nous avions louée devait nous ramener à Guelma, de manière à nous permettre d'assister à l'entrée du gouverneur, annoncée pour deux heures de l'après-midi.

Le soleil sera de la partie, il verse déjà des

torrents de lumière sur la campagne; l'air pur et frais du matin en tempère agréablement l'ardeur. On suit d'abord pendant quelques kilomètres la grande route de Constantine, puis on s'engage dans un sentier montueux qui surplombe une gorge profonde. De toutes parts la végétation s'étale avec une exubérance sauvage; à droite et à gauche, s'élèvent des haies touffues de genêts aux fleurs d'or, des bois épais de lentisques entremêlés d'oliviers dont le feuillage argenté se détache sur le vert d'émeraude des plantes qui tapissent le sol.

Après avoir longé quelque temps le vallon étroit enserré par une ceinture de montagnes dont les plus éloignées montrent leurs fronts dénudés, nous apercevons comme un nuage isolé qui semble s'échapper des entrailles de la terre.

Est-ce de la fumée, de la poussière, ou de la vapeur? Le cocher fixe notre incertitude en nous disant que ce nuage est produit par l'évaporation de l'eau des sources thermales toujours en ébullition.

A travers la vapeur diaphane, je distingue une multitude de tertres coniques; on croirait voir d'ici un village de huttes noirâtres, disséminées sur un plateau de médiocre étendue. La voiture s'arrête devant une espèce d'hôtellerie entourée de vastes hangars aux toitures rouges, et nous descendons, impatients de satisfaire notre curiosité vivement éveillée.

Les sources sont à deux pas; un sentier bordé d'oliviers aux troncs robustes et noueux y conduit en quelques minutes. Singulier aspect que celui que je vais essayer de décrire! Figurez-vous un terrain boursouflé, d'un blanc jaunâtre, moucheté çà et là de taches ferrugineuses. Ce terrain est sillonné d'une quantité de rigoles peu profondes qui s'entre-croisent en tous sens et dans lesquelles court follement une eau bouillante et limpide.

Le plateau forme une sorte de promontoire élevé, à la base duquel coule un ruisseau où vient se déverser l'eau minérale. L'écoulement s'opère avec plus ou moins de facilité, en raison de l'inclinaison inégale de la pente.

Tandis que par places le liquide sulfureux descend doucement d'étage en étage, un peu plus loin il s'amasse sur un sommet plan; puis à tout instant il déborde et se précipite d'une hauteur presque perpendiculaire pour retomber en cascades fumantes.

L'eau, en ruisselant le long de la paroi ondulée du rocher, sur le haut duquel elle s'était accumulée, y dépose une partie des sels qu'elle contient. La croûte calcaire, qui s'épaissit chaque jour, donne naissance à de blanches et brillantes cristallisations aux formes les plus variées et les plus bizarres; on dirait des broderies et des dentelles de marbre enrichies de perles et de diamants.

Nous hasardons quelques pas sur le plateau incandescent. Des gerçures ouvertes de tous côtés s'échappent des effluves sulfureux qui nous suffoquent; en même temps que les pieds foulent cette espèce de lave brûlante, la tête est exposée à l'action d'un soleil implacable; encore deux ou trois secondes de cette promenade extra-calorifique, et nous serons rôtis ou bouillis à point (1).

Si extraordinaire que soit ce spectacle, il frappe beaucoup moins l'imagination que celui des tumuli noirâtres dont la vue nous avait intrigués en arrivant. On en compte environ deux cents, réunis sur une surface de quelques mètres carrés, ils ne se ressemblent ni en hauteur ni en volume, et affectent généralement la forme de pyramides ou de cônes tronqués. Leur présence est due à l'accumulation sur certains points des sels calcaires que contiennent en excès les sources qui émergent de toutes parts pour s'épancher dans un labyrinthe d'étroits canaux ramifiés à l'infini.

C'est d'abord un petit cône creux qui se forme par couches successives. L'eau sort en jaillissant comme d'un puits artésien, par l'orifice supérieur;

---

(1) La température des eaux d'Hammam-Meskoutine atteint 95 degrés, c'est la plus chaude des eaux minérales connues; on peut y faire cuire en quelques minutes des œufs, des volailles, des légumes, etc.; mais le goût sulfureux que contractent les comestibles immergés rend ce mode de cuisson peu usuel. Les eaux d'Hammam-Meskoutine, employées avec efficacité dans le traitement de différentes affections, se rapprochent de celles de Bagnères, des Eaux-Bonnes, de Louèche, etc.

puis, à un moment, quand la force ascensionnelle n'est plus assez énergique, le conduit qui donnait issue au liquide s'oblitère en se remplissant de matières terreuses, et il ne reste plus qu'un petit bloc cylindrique pétrifié. L'eau minérale, arrêtée dans son cours, prend alors une autre direction.

Il est plus aisé d'expliquer scientifiquement ce phénomène géologique que de rendre l'effet que sa vue produit sur le spectateur. Si quelques traces de végétation ne se montraient sur les sommets de ces minuscules geysers, où les plantes et les arbustes ont pris la place du liquide bouillant, on se croirait transporté dans le champ de Carnac au milieu des menhirs celtiques.

L'Arabe, doué d'une imagination poétique, se préoccupe peu de la science, et il préfère expliquer ces faits curieux par des causes surnaturelles. Aussi a-t-il inventé une légende merveilleuse qui est passée à l'état de tradition. Elle est empreinte d'une couleur locale très caractéristique. Je vais tenter d'en reproduire en quelques lignes les détails les plus saillants.

## XIX

*La légende des maudits. — L'hôpital militaire. — Mariages arabes. — Avant l'arrivée. — Un nègre facétieux. — La prière en plein air. — Le théâtre et les bédouins.*

Il était autrefois, non pas un roi et une reine, comme dans les contes de Perrault, mais simplement un jeune Arabe né de parents plus riches et plus puissants qu'honnêtes, fixés dans ce pays. Le jeune Arabe, nommé Ali, gentilhomme accompli, avait une sœur, un ange de beauté, qui répondait au nom d'Ourida. Elle était si merveilleusement belle que son frère, cédant à un entraînement irrésistible, en devint éperdument amoureux et jura qu'Ourida n'appartiendrait jamais à un autre qu'à lui; détermination aussi scabreuse que téméraire.

Ali étant parvenu à faire partager sa passion insensée à sa sœur, les deux jeunes gens résolurent de s'épouser, au mépris du code musulman qui défend sous les peines les plus sévères les unions incestueuses. Les parents, peu délicats, avaient donné leur consentement, et il ne s'agissait plus que de faire sanctionner ce mariage illicite par le maire de l'endroit, c'est-à-dire le cadi.

L'honnête magistrat, pressenti à cet effet, refusa absolument de prêter le concours de son ministère.

Quelques jours après, l'homme vertueux était lâchement assassiné. Son successeur, tout dévoué à Ali, qui avait acheté sa conscience à prix d'or, consentit à procéder aux fiançailles, malgré les protestations et les menaces des patriarches de la tribu outrés d'un tel scandale.

De nombreuses invitations furent envoyées dans les douars voisins, pour assister à la cérémonie et aux fêtes qui devaient se donner à cette occasion. Comme Ali était aussi puissant que redouté, presque tous les invités se rendirent à l'appel qui leur était adressé.

Dès le matin du jour fixé, commencèrent les divertissements les plus variés, fantasias, luttes acrobatiques, brillants intermèdes de musique et de poésie, danses nationales, enfin jeux de toutes sortes. A la suite des divertissements, les parents, les amis et les invités, réunis dans la salle à manger splendidement décorée, prenaient part à un festin somptueux où toutes les ressources culinaires de l'époque avaient été mises à contribution. On s'imagine les succulents moutons, les innombrables et plantureux plats de couscoussou qui furent servis aux convives. Ali avait fait royalement les choses, et les derniers scrupules de quelques-uns des invités se trouvaient vaincus par la générosité de l'amphitryon.

L'allégresse régnait partout, les échos sonores répétaient à l'envi les *you-you* les plus joyeux, les danses avaient recommencé avec frénésie ; le couple impie allait se retirer dans la chambre nuptiale.

Tout à coup le ciel, jusqu'alors limpide et souriant, se couvrit de nuages épais, le tonnerre gronda avec un retentissement formidable, des éclairs fulgurants sillonnèrent les nues, la terre s'entr'ouvrit avec fracas pour vomir des torrents de flammes, puis une pluie de soufre et de feu s'abattit sur la salle du banquet qui en un instant ne fut plus qu'un monceau de cendres.

Moins heureux que les habitants d'Herculanum et de Pompéi, qui étaient parvenus à se sauver au moment de l'éruption du Vésuve, les gens de la noce arabe cherchèrent vainement à fuir, une force invincible les retint immobiles à leur place.

Quand la tempête infernale fut apaisée, le théâtre de la fête présenta un tableau stupéfiant ; Ali, Ourida, tous les convives, danseurs, musiciens, esclaves, étaient pétrifiés.

Les cônes que l'on voit aujourd'hui sont les acteurs du terrible drame ; les sources empestées d'où s'exhalent des émanations sulfureuses demeurent comme le témoignage éternel de la catastrophe occasionnée par la légèreté excessive d'Ali et d'Ourida.

La tradition locale prétend encore que, la nuit, les fantômes s'animent, les fêtes recommencent de plus belle. Il faut bien alors se garder d'approcher l'endroit maudit, si l'on ne veut être entraîné dans la ronde infernale et enrichir la curieuse collection de pétrifications exposée sur le plateau d'Hammam-Meskoutine !

On conçoit, d'après ce récit romanesque, que les indigènes, qui en admetttent la véracité sans hésitation, fréquentent peu cette station thermale.

Pour le voyageur moins crédule, ce doit être un spectacle bien étrange que celui de ces revenants de pierre, éclairés par les lueurs blafardes de la lune. C'est alors que les fantaisies de l'imagination peuvent se donner libre carrière. Le silence de mort qui plane sur le cimetière des damnés n'est troublé que par les rugissements sauvages des bêtes fauves rassemblées autour du rocher connu sous le nom de *Rocher des panthères* qui se dresse non loin des sources.

Après avoir donné un coup d'œil à l'intérieur modeste des chalets installés provisoirement pour recevoir des pensionnaires, en attendant la construction projetée d'un établissement confortable, nous descendons la pente ravinée sur les flancs de laquelle sont éparpillées quelques chétives cabanes en planches, placées au-dessus des points d'émergence de quelques-unes des sources. C'est dans ces cabanes que se prennent les bains de vapeur.

Nous franchissons ensuite, sur un ponceau rustique, le petit cours d'eau qui sépare les deux collines, dont l'une est occupée par les chalets et l'autre par l'hôpital militaire, magnifique bâtiment, parfaitement aménagé, et appelé à rendre les plus grands services à nos soldats d'Afrique.

Autant la rive que nous venons de quitter présente un aspect de morne désolation, autant le versant opposé se fait remarquer par le luxe de sa végétation orientale. Le contraste est saisissant.

C'est de ce côté qu'il faut se placer pour jouir de la beauté des chutes fumantes du petit Niagara africain. En ce moment les rayons du soleil irisent les torrents de cristal liquide qui glissent sur les parois ondulées du môle calcaire.

L'effet est indescriptible.

Nous reprenons la route de Guelma ; il y règne une grande animation ; de nombreux cavaliers, militaires et bourgeois, passent rapidement au milieu des piétons qui se dirigent du côté de la ville.

Nous nous croisons avec plusieurs groupes d'indigènes des deux sexes qui cheminent paisiblement sur des chevaux ou des mulets. Ce sont, assure le cocher, des nouveaux mariés qui viennent d'être unis par le cadi de Guelma et retournent, accompagnés de leur famille et de leurs amis, dans leurs douars respectifs.

Impossible de dire si les mariées sont jeunes,

belles ou laides; leur voile impénétrable défie le regard inquisiteur du passant.

Ce ne doit pas être une sinécure que la place de cadi ; à chaque instant il a occasion d'exercer ses fonctions.

On sait que le divorce existe en Algérie, et les indigènes en usent avec une facilité singulière; on se marie, on se démarie et on se remarie avec le plus aimable abandon.

Pour se démarier, il suffit à l'époux ou à l'épouse de venir devant le cadi et de demander la séparation sous les prétextes les plus insignifiants. La polygamie, généralement pratiquée par les musulmans, n'est guère qu'une question d'argent; ceux qui ont des moyens pécuniaires suffisants peuvent se donner le luxe de quatre femmes légitimes, c'est la limite permise. Cependant les Kabyles ne profitent guère de la tolérance du Coran ; ils se contentent généralement d'une seule femme, et ne paraissent pas s'en trouver plus mal.

Le code matrimonial des mahométans contient une foule d'articles aussi intéressants que piquants, mais qui ne pourraient trouver place dans ces notes (1). Je termine donc ici cette digression amenée

(1) En voici seulement quelques-uns, que j'emprunte à l'ouvrage du général Daumas :

« La répudiation se fait de gré à gré. Le mari, dès le lendemain du mariage, peut, sans alléguer de motifs, répudier sa femme, il peut la répudier et la reprendre trois fois.

« La femme peut demander le divorce devant le cadi, le mari

par la rencontre des noces arabes, et je rentre sans plus tarder à Guelma.

Le mouvement et l'agitation s'y accentuent de plus en plus ; des cavaliers armés galopent dans toutes les rues ; les ouvriers et les bourgeois qui travaillent aux décorations redoublent d'activité ; les fonctionnaires, qui ont arboré l'habit noir et la cravate blanche, circulent affairés. Bientôt nous voyons sortir de la mairie le corps municipal précédé de la compagnie de pompiers, sapeurs en tête ; les tambours font entendre les ra et les fla les mieux nourris et les plus perlés de leur répertoire.

Vers les trois heures, nous nous dirigeons du côté de la route de Constantine par laquelle doit arriver le gouverneur. Une véritable fourmilière humaine s'y presse, l'élément indigène domine.

Arabes, Kabyles, Maures, nègres, juifs et juives, vêtus de leurs costumes les plus riches et les plus originaux, se confondent avec les Européens.

Des marchands de pâtisserie et de confiserie

---

est maître de le refuser si ce n'est en cas de mauvais traitements.

« Lorsqu'un Kabyle veut se marier, il fait part de son désir à un de ses amis, qui va trouver le père de la jeune fille recherchée et lui transmet la demande. On fixe la dot qui sera payée *par le mari*, car ce dernier achète littéralement sa femme (c'est un peu l'inverse chez nous) et le grand nombre de filles est regardé comme une richesse de la maison.

« En cas de répudiation, la femme reprend tout ce qu'elle a apporté en mariage ainsi que ses enfants. »

arabe promènent leurs denrées à travers la foule.

Un abominable nègre, la tête et le corps ceints de fleurs champêtres, chante en s'accompagnant d'une espèce de violon à deux cordes ; il danse et gambade en faisant les contorsions les plus grotesques. Ses facéties excitent l'hilarité des badauds et distraient un peu l'impatience générale.

Nous nous isolons de la multitude des curieux en franchissant un fossé qui borde la route, et de l'autre côté duquel se trouve un verger dont les arbres chargés de fruits penchent leurs branches sur des touffes épaisses de cactus et d'aloès charnus ; c'est de là que nous observons, assis sur l'herbe, tout ce qui se passe.

A un moment, j'aperçois dans la vaste prairie qui s'étend de l'autre côté du chemin un certain nombre de musulmans encapuchonnés qui, dispersés sur différents points, se prosternent jusqu'à terre et s'agenouillent la figure tournée du côté de l'Orient. A chaque instant, on les voit s'incliner et rester longtemps absorbés dans leurs pieuses oraisons.

C'est un émouvant et pittoresque tableau que celui de ces adorateurs d'Allah, accomplissant en plein air, en face de cette nature grandiose, leurs dévotions avec un recueillement et une ferveur dont rien ne parvient à les détourner.

L'imagination du spectateur n'est pas moins frappée à la vue des centaines de bédouins qui occupent le théâtre, la plupart assis sur les pans de murailles encore debout. On croirait voir autant de spectres couverts de leur blanc linceul, sortis des ruines sous lesquelles ils étaient ensevelis, pour venir assister à la réception triomphale du souverain de l'Algérie.

Jamais décor plus étrange et plus imposant n'apparut sur le théâtre de Guelma.

## XX

Réception du gouverneur. — Fantasia. — Une politesse arabe à mon adresse. — Pendant la revue. — Les visites officielles. — Le concert. — Les illuminations. — Départ du général Chanzy. — Mes adieux à l'hôtel Auriel.

Tout le monde attend le dénouement avec une certaine anxiété. Toutefois l'impatience ne se traduit par aucune manifestation bruyante ou inconvenante. Les groupes se promènent tranquillement de long en large ou d'avant en arrière. On dirait les épis ondoyants d'un champ de blé, ou plutôt le flux et le reflux d'une mer houleuse.

Cependant quelques signes précurseurs commencent à se révéler; nous quittons alors notre observatoire champêtre pour nous mêler au public.

Des éclaireurs à cheval galopent ventre à terre, d'abord détachés, puis en masse; ils passent devant nous, rapides comme des flèches, en soulevant des tourbillons de poussière; leurs armes polies étincellent au soleil. Ils tirent, en poussant de grands cris, des coups de fusil, à droite, à gauche et en face. C'est le commencement de la fantasia, sorte de carrousel chevaleresque qui fait les délices des indigènes. Je savais bien que les Arabes aimaient à faire *parler la poudre*, mais aujourd'hui c'est une véritable orgie. On se croirait sur un champ de bataille.

Un cavalier vêtu d'un manteau écarlate, dont les plis flottent au vent, dirige sur moi le long tube d'acier de son immense carabine.

Le coup part.

Je demeure un instant étourdi par la décharge qui m'est envoyée à bout portant. Puis je me demande si je ne suis pas victime de quelque méprise de la part de ce guerrier qui avait peut-être à exercer une vendetta contre un de nos compatriotes dont il aurait eu à se plaindre. Rien, dans ma conduite, ne me paraissait autoriser un semblable procédé.

Mes voisins s'empressent de me rassurer et me félicitent même d'avoir essuyé le feu du spahis, qui, selon eux, n'a eu d'autre intention que de me faire une gracieuse politesse.

Ainsi, c'est moi qui dois de la reconnaissance à l'aimable fils de Mahomet.

Je reçois les compliments dont on m'accable, avec une modestie non affectée. Tout en admettant que la distinction est très flatteuse, je la trouve un peu trop éclatante pour mes goûts pacifiques.

Je prends donc le parti de me dissimuler au second plan, de crainte d'être l'objet d'une seconde manifestation dont je n'apprécie pas suffisamment l'honneur et l'agrément.

Enfin, on aperçoit, à un coude de la route, une masse compacte qui s'avance lentement; tous les yeux se tournent de ce côté. Bientôt apparaît le gouverneur qui occupe avec ses aides-de-champ une calèche découverte, autour de laquelle caracolent des spahis admirablement équipés.

Le général Chanzy, dont j'observe la figure à la fois douce et énergique, répond gracieusement aux acclamations chaleureuses et aux saluts qui lui sont adressés de toutes parts. La voiture marche au pas.

Arrivé à la porte de verdure d'où se détachent, en lettres d'or, les inscriptions qui rappellent sa glorieuse conduite pendant la campagne de 1870, le général met pied à terre pour recevoir les autorités venues à sa rencontre.

Le maire de Guelma fait alors une allocution, sans doute fort éloquente, mais j'en suis réduit à cette supposition platonique, car aucune phrase n'arrive nettement à mes oreilles.

Le gouverneur, après une courte réponse, poursuit son chemin pédestrement et passe sommairement en revue la compagnie de pompiers qui fait la haie sur son passage.

J'entends un sapeur orné d'une opulente barbe noire s'écrier en s'adressant à son plus proche voisin et collègue : « Je crois que le général m'a remarqué. » C'est avec un sourire d'orgueilleuse satisfaction que l'heureux sapeur fait cette confidence ; sa barbe semble s'être allongée, en un instants, de plusieurs centimètres.

Les flots de la multitude se répandent bientôt dans les rues, qui retentissent de vivats patriotiques, du cliquetis des armes, des salves de mousqueterie, du galop précipité des chevaux ; tout ce bruit est dominé par celui des trompettes qui déchirent l'air de leurs notes perçantes.

A un moment, débouchent sur la place, pour se joindre au cortège, une centaine de cavaliers couverts d'amples manteaux bleu sombre et qu'on me signale comme faisant partie du *goum* (1).

Le général entre à l'hôtel Auriel. A peine installé dans l'appartement qui lui est réservé, il reçoit, depuis cinq heures du soir jusqu'à huit, et sans aucune interruption, les visites officielles. J'assiste, de mon balcon, au défilé du personnel civil et militaire de tous les fonctionnaires français et indigènes de la ville et des environs.

Je remarque que les Arabes ne sont pas les moins empressés à venir présenter leurs hommages au gouverneur, auquel ils témoignent la déférence la plus humble. Malgré cela, je ne puis m'empêcher de plaindre sincèrement le brave général, qui, parti depuis trois heures du matin et après une route

(1) Le *goum* se compose de soldats auxiliaires fournis par les tribus arabes à notre armée d'expédition.

des plus pénibles, par une chaleur torride, n'a pu prendre encore une minute de repos.

Un banquet de vingt couverts est servi dans la salle à manger dont j'ai signalé le luxe décoratif. Les échos de ce qui s'y passe n'arrivent pas jusqu'à la modeste pièce où je me trouve relégué en compagnie de quelques obscurs voyageurs. Le lecteur sera donc privé de la relation des incidents qui ont pu se produire au sein de la réunion officielle.

Le soir, la ville est flamboyante, des lampions multicolores brillent à toutes les fenêtres, les arbres des promenades sont d'une extrémité à l'autre reliés par des guirlandes de petits ballons lumineux que le moindre souffle de vent fait voltiger, l'église de la base au clocher semble enveloppée d'une parure de pierreries étincelantes, la fontaine de la place ruisselle de rubis, d'émeraudes et de topazes qu'on aurait crus disposés par un habile joaillier.

Pendant le punch d'honneur donné au général par les habitants, qui ont tenu à fêter dignement leur illustre visiteur, la fanfare municipale et l'orphéon exécutent alternativement leurs meilleurs morceaux.

La vérité m'oblige à déclarer que l'exécution laisse quelque peu à désirer. Je me plais à reconnaître l'incontestable supériorité de nos sociétés musicales provinoises sur celle de Guelma. Mais il est juste de tenir compte de l'éloignement de cette ville de tout centre artistique. Guelma est une cité de création nouvelle, et tout s'y trouve encore à l'état rudimentaire.

Je me retirai assez tard, ébloui de clartés, enivré d'harmonie. Je finis par m'endormir bercé par les mélodieux accords d'une harpe et d'un violon dont les lointaines vibrations résonnaient encore à mes oreilles.

Il ne fallait pas compter sur un sommeil calme et prolongé cette nuit, avec les allées et venues incessantes des militaires qui partaient de grand matin pour escorter leur chef.

A cinq heures, l'hôtel était presque entièrement évacué. J'entendis encore quelques détonations au loin. C'étaient les derniers crépitements de la fusillade dont les Arabes des tribus, qui s'étaient postés sur la route de Souk-Harras, saluaient le passage du gouverneur. Puis, tout rentra dans le silence.

Un peu plus tard, j'allais revoir l'endroit qui la veille avait servi de campement aux indigènes des environs, et dont la physionomie originale m'avait tant surpris. Mais à cette heure la solitude était complète; guerriers, animaux, abris de toile, tout avait disparu. L'herbe, couchée et piétinée, conservait seule les traces de cette occupation momentanée.

Avant notre départ de Guelma, la maîtresse de l'hôtel éprouva le besoin de nous faire visiter les appartements que venaient de quitter le général et ses officiers; elle s'efforça de provoquer notre enthousiasme sur la splendeur de sa maison qu'elle appelait pompeusemeut un petit palais, auquel le séjour du gouverneur allait donner un nouveau relief. Il fallut passer en revue le mobilier. Nous n'échappâmes pas même à l'exhibition de la vaisselle qui avait servi à l'hôte illustre de la veille.

Auriez-vous jamais soupçonné un tel luxe dans un hôtel à Guelma? dit en concluant l'excellente femme, aussitôt l'inventaire terminé.

Je ne songeai nullement à la contredire. Seulement je fis cette réflexion, *à parte*, que, si l'établisment était recommandable sous beaucoup de rapports, les propriétaires ne constituaient pas précisément un élément d'attraction pour les voyageurs peu séduits par la vue du couple vieux, laid et malpropre qui tenait la maison.

Néanmoins je m'engageai solennellement à descendre à l'hôtel Auriel, lors de mon premier voyage à Guelma, voyage dont la réalisation prochaine, me paraît fort problématique.

## XXI

La diligence et le chemin de fer de Guelma à Bône. — Héliopolis. — Un rafraîchissement qui altère. — Le lac Fezzara. — La genette. — Arrivée à Bône. — La mosquée et les cigognes.

Aujourd'hui encore, c'est la diligence qui va nous transporter de Guelma à Bône. Avant peu, ce monument rétrospectif d'une civilisation arriérée aura disparu de ce pays, pour céder la place à la vapeur, qui n'est sans doute pas le dernier mot du progrès en fait de locomotion.

Tout le monde a pu lire depuis quelque temps, sur la quatrième page des journaux industriels et autres, les annonces alléchantes de la compagnie du chemin de fer de Bône à Guelma, en voie d'exécution (1).

J'aurais l'air à mon tour de faire de la réclame, si j'essayais de vanter les avantages de la ligne qui va dans un mois ou deux être livrée à la circulation. Il ne m'est cependant pas défendu de dire que,

(1) Le chemin de fer reliant Constantine à Guelma et à Bône est livré aujourd'hui à la circulation.

d'après ce que j'ai vu et recueilli sur les lieux, le railway destiné à relier le port de Bône à Constantine offre des chances sérieuses d'avenir et de prospérité. Il existe dans le voisinage de Bône d'importantes mines de fer, qui jusqu'ici n'ont pu être qu'imparfaitement exploitées, à cause de l'insuffisance des moyens de transport.

Il m'est encore permis de constater qu'en attendant le moment prochain de sa retraite, la diligence de Guelma continue à marcher avec des allures nonchalantes qui ne feront pas trop regretter ses services.

Elle suit d'abord une route dépourvue d'arbres, tracée au milieu de montagnes étagées sur plusieurs plans. Les villages qui se succèdent, assez rapprochés, se présentent sous un aspect riant et confortable, la campagne qui les environne paraît cultivée avec beaucoup de soin et d'intelligence.

On relaie à Héliopolis (ville du soleil); c'est un bien beau nom pour cette modeste bourgade exposée, il est vrai, aux brûlantes caresses de l'astre du jour, mais qui, à part cela, ne ressemble en rien à ses sœurs d'Orient portant la même dénomination et dont on admire encore les temples consacrés au dieu Hélios.

De temps en temps, émergent du sol mouvementé quelques pauvres gourbis couverts de branchages entrelacés. Nous nous croisons avec des indigènes, les uns à pied, les autres à cheval ou à mulet.

Souvent ils sont deux qui ont enfourché la même monture, moyen de locomotion plus économique que commode et gracieux.

Presque à chaque débit de boissons, — et ils sont nombreux sur cette route fréquentée, — la diligence s'arrête, le conducteur descend de son siège et invite avec sollicitude les voyageurs à se rafraîchir; en donnant lui-même un exemple contagieux. Les tournées d'absinthe se succèdent rapidement.

Je doute que l'absorption réitérée du nectar corrosif, plus propre à irriter la soif qu'à l'apaiser, procure un soulagement réel à ces gosiers altérés, mais c'est là un détail personnel dont je n'ai pas à me préoccuper.

Le résultat le plus appréciable de ces haltes multipliées, et ce détail m'est moins indifférent, est de retarder infiniment la marche déjà si peu accélérée du véhicule.

Heureusement, le temps est splendide; grâce à la pureté et à la transparence de l'air, rien n'échappe à l'œil de l'observateur. Notre attention est longtemps captivée par le panorama aussi étendu que varié que l'on embrasse du point culminant de la route taillée en partie dans le roc. C'est un travail prodigieux exécuté par nos soldats, ainsi que l'indique l'inscription gravée sur la colonne commémorative érigée à cet endroit.

Encore quelques pas, et nous apercevons une vaste nappe d'eau encadrée de verdure; c'est le lac Fezzara. On sait que les lacs sont assez rares en Algérie. Celui-ci, malgré son nom italien, ne ressemble ni aux lacs gracieux de Como, de Garda ou de Lugano, ni à ceux si pittoresques de la Suisse. Les montagnes qui se profilent à l'horizon sont trop éloignées du lac Fezzara dont les rives plates et tristes, ne sont égayées que par la quantité de fleurs sauvages dont la prairie qui l'entoure est émaillée.

On ne découvre dans le voisinage aucune maison, pas le moindre abri ne s'y montre ; le sol marécageux et l'insalubrité de l'air rendent ce pays inhabitable. Il est sérieusement question de dessécher ces marais pontins de l'Algérie. En attendant, il se fait de nombreuses plantations d'eucalyptus qui ont la propriété d'assainir l'atmosphère pestilentielle.

Deux Arabes aux burnous sales et déguenillés, postés en embuscade sur le bord du chemin, semblent guetter le passage de la diligence ; ils font signe au conducteur de s'arrêter. Celui-ci obéit.

Un instant de panique se produit chez les voyageurs. Que va-t-il se passer ?

Voilà peut-être, pensai-je, un épisode tragique qui se prépare et fera bonne figure dans mes impressions de voyage.

Mais il faut renoncer encore aujourd'hui à procurer au lecteur ce genre d'émotion.

Les deux personnages sont animés des intentions

les plus pacifiques. En guise d'armes homicides, l'un tient à la main dans un sac de toile un petit animal dont il propose au conducteur l'acquisition. C'est une espèce de mammifère rongeur à la queue longue et au poil épais rayé de zébrures jaunes et noires. Mes voisins m'apprennent que cette bête, appelée genette, est rare et fort recherchée à cause de sa fourrure.

L'acquéreur a conclu un bon marché, il vient de payer un franc ce qu'il revendra au moins dix.

Partout l'exploitation de l'homme par l'homme.

La genette, présentée aux voyageurs de l'impériale, passe de main en main, et ne tarde pas à succomber sous les étreintes multipliées des curieux.

Le trajet s'effectue ensuite sans autre incident. Les arcs de verdure sous lesquels nous passons en traversant chaque village à partir du lac Fezzara ne sont pas dressés à notre intention, personne ne se fait illusion à cet égard. Ce sont encore des témoignages sympathiques que les habitants ont voulu donner au général Chanzy qui se rend de Souk-Harras à Bône. Tout est en fête à l'occasion de sa visite annoncée pour aujourd'hui.

Nous nous rapprochons des montagnes dont les derniers contreforts s'abaissent en pente douce jusqu'à la mer. Leurs croupes aux molles ondulations sont tapissées d'une fraîche et riche verdure qui leur donne la physionomie la plus souriante.

La dernière partie de la route est une charmante avenue, ouverte au milieu de vastes jardins divisés par des buissons de cactus, de myrtes, de grenadiers et de roseaux gigantesques.

On revoit bientôt la Seybouse, dont le lit s'élargit de plus en plus jusqu'à son embouchure. Le sentier, qui se bifurque à gauche, conduit à Hippone, ou plus justement aux ruines de cette ville jadis fameuse. C'est un pèlerinage intéressant que je me réserve de faire pendant mon séjour à Bône.

La diligence nous dépose sur le cours national, large boulevard dont les deux côtés parallèles sont ornés de galeries à arcades surhaussées. Ce boulevard se prolonge jusqu'au port, et, à son extrémité opposée, une église moderne, de style néo-byzantin, se dresse en avant de collines boisées.

Nous trouvons à nous caser fort convenablement à l'hôtel d'Orient, situé sur le cours, malgré les appréhensions que nous avait causées l'annonce de l'arrivée du gouverneur qui devait loger au même hôtel. De l'étage supérieur où nous sommes installés, on jouit d'une ravissante perspective sur les montagnes de l'Edough et sur la ville de Bône. L'impression première est très favorable et justifie l'excellente réputation de ce chef-lieu d'arrondissement qui passe pour une des résidences les plus agréables de l'Algérie.

Une partie — la plus ancienne — est assise sur

le versant d'une colline qui domine la mer ; on y respire un air pur et salubre.

La partie basse, à peu près complètement reconstruite, se compose de rues qui se coupent à angles droits ; la plupart sont bordées de galeries sous lesquelles se pressent de nombreux magasins et des cafés non moins nombreux.

La place d'armes, située au centre, se distingue par ses plantations variées qui entourent comme d'une ceinture verdoyante une fontaine vraiment monumentale.

Un côté de la place, principal rendez-vous des oisifs, est occupé par une élégante mosquée dont la galerie extérieure, découpée en arceaux mauresques, abrite un corps-de-garde peu monumental, à côté duquel plusieurs marchands indigènes vendent diverses denrées.

Parmi les différentes espèces de fruits étalés sur le sol, je remarque une quantité de jujubes renfermées dans d'immenses sacs de toile. Les jujubiers croissent en telle abondance dans ce pays, que les Arabes appellent Bône la *Ville des jujubes*. Les indigènes font une énorme consommation de ce petit fruit rouge qui ne s'emploie guère chez nous qu'en tisane et qui a donné son nom à une pâte pectorale, laquelle n'en contient pas le moindre atome.

Le minaret est, comme ceux de Constantinople, une tour ronde, coiffée d'une sorte d'éteignoir, dans le voisinage de laquelle plusieurs familles de cigognes ont fait élection de domicile.

De même qu'à Strasbourg et à Bâle, ces disgracieux et inoffensifs volatiles sont ici l'objet d'une grande vénération. Ils se promènent et flânent comme de véritables badauds sur les toitures des maisons, avec la plus entière sécurité. Personne ne songe à les inquiéter. Quand on voit ces oiseaux regagner leur nid, perchés sur leurs grêles échasses, on dirait de bons bourgeois rentrant tranquillement au logis.

La visite du gouverneur, qui en ce moment parcourt la ville, escorté d'un brillant état-major, ne paraît aucunement préoccuper l'habitant des toits.

J'observe d'ailleurs que l'empressement et la curiosité de la population bônoise sont moins vifs qu'à Guelma. L'accueil est ici plus respectueux qu'enthousiaste. Pas la moindre fantasia ne vient égayer la réception officielle.

Nous avons heureusement aujourd'hui en perspective l'excursion d'Hippone qu'on peut faire aisément entre le déjeuner et le dîner.

## XXII

Excursion à Hippone. — Le monument de saint Augustin et les Thermes. — Banquet officiel. — Le journal de Bône. — Trop de musiques. — Le bal du théâtre. — A bon entendeur salut. — Pauvre Cassard !

Rien de plus délicieusement romantique que le chemin encaissé par une double haie d'oliviers séculaires, entremêlés de grenadiers, de lentisques, de jujubiers, de lauriers et d'aloès. Sur les pentes qui s'étagent à droite et à gauche, apparaissent, à demi englouties dans des oasis de verdure, les blanches villas mauresques. Le calme le plus profond règne dans la campagne presque solitaire.

Un sentier étroit et tortueux se détache de la route et serpente sur le flanc d'un monticule verdoyant que couronne un petit monument élevé en mémoire de saint Augustin. Une grille circulaire, précédée de plusieurs degrés, entoure un autel de marbre surmonté de la statue en bronze de l'illustre évêque d'Hippone. On célèbre une fois par an la messe à cet autel, le jour de la fête du saint.

La statuette n'a aucun caractère artistique, elle est d'une mesquinerie et d'une vulgarité affligeantes; on dirait un jouet d'enfant. Cette ridicule exhibition gâte quelque peu l'impression dont il est impossible de se défendre à la vue de ces lieux si pleins de grands souvenirs. Je me hâte de détourner mes regards pour évoquer l'admirable tableau dans lequel Ary Scheffer a représenté sainte Monique et son fils plongés dans une rêverie extatique.

J'aime à me rappeler, en ce moment, l'expression angélique que le peintre hollandais a su donner à ses personnages, sur le front desquels rayonne une céleste auréole de beauté.

L'idéal de l'art ne peut aller plus loin.

Sauf quelques débris de constructions, dont une partie, enfouie sous le sol, occupe un espace assez restreint, il ne reste plus rien de la cité fameuse qui rivalisait d'importance avec Carthage dont elle partagea un peu plus tard le sort. Sa destruction, commencée par les Vandales, fut entièrement achevée au viie siècle par les Arabes.

Les vestiges antiques se réduisent à une réunion de salles souterraines aux voûtes épaisses et noires qui communiquaient entre elles par des corridors latéraux. Certains archéologues croient reconnaître dans cet amas incohérent des restes de thermes romains. Je suis très disposé à leur donner raison.

De place en place, à travers de larges crevasses qui trouent les murailles délabrées, passent des branches de figuiers et d'autres arbres dont le feuillage agrémente un peu la mélancolie de ces vieilles pierres. Je constate encore que ces vénérables ruines sont outrageusement souillées par certains visiteurs peu scrupuleux qui laissent à l'intérieur des traces non équivoques d'un ignoble réalisme.

Après avoir ramassé, pour enrichir ma collection céramique, quelques tessons de poteries romaines accumulées sur un tertre voisin, sorte de petit mont *testaccio* africain, et avoir jeté un dernier coup d'œil sur le magique spectacle que présente de là Bône et ses environs, je rentre en ville.

Les abords de l'hôtel d'Orient sont garnis de curieux; c'est l'heure des dîners. En passant devant la salle à manger dont la porte est restée ouverte, j'aperçois la brillante composition des convives réunis autour de la table du banquet officiel présidé par le général Chanzy.

Si l'on n'avait pas tant abusé du métaphorique bouquet de fleurs, comme moyen de description, je m'en serais peut-être servi à l'occasion des dames de Bône qui assistaient au repas et dont les fraîches et riches toilettes se détachaient harmonieusement sur l'ensemble des habits bourgeois et des uniformes militaires; mais je laisse là ce vieux cliché de circonstance, pour m'occuper de la partie musicale qui était appelée à jouer un grand rôle pendant le repas. En effet, le *Courrier de Bône*, organe des intérêts de l'Algérie, que j'avais acheté la veille, donnait à ce sujet des détails de nature à piquer vivement ma curiosité de mélomane. On verra, par l'extrait suivant que j'emprunte à la feuille locale, si c'était à tort :

« La prochaine [arrivée du gouverneur a surexcité outre mesure le zèle musical de tous les instrumentistes de notre ville. Spontanément trois ou quatre musiques se sont formées sans compter les orphéons et les fanfares. Il va sans dire que ces différentes sociétés *d'harmonie* sont à couteaux tirés et se chamaillent du matin au soir.

On assure que la municipalité émue, à juste titre de ce débordement de mélodie, se dispose à prendre un arrêté fixant les heures auxquelles il sera permis aux diverses musiques de se faire entendre. Sans cela elles joueraient toutes à la fois et produiraient trop d'effet.

« S'il nous est permis d'émettre un humble avis, nous trouvons que les instrumentistes de notre localié se creusent bien inutilement la tête pour former des corps musicaux. Nous possédons dans nos murs une musique italienne attachée au cirque des allées qui donne chaque après-midi un échantillon de son talent et qui rend superflue l'institution des musiques civiles qui ne pourront jamais égaler sa vigueur et son impétuosité.

« Nous voudrions, pour notre compte, qu'il ne

fût pas permis aux musiques et fanfares de se faire entendre ailleurs qu'à la campagne. »

L'auteur de ce mordant article, dans lequel l'amour-propre des musiciens bônois était peu ménagé, obtint un plein succès. Il en résulta qu'aucune des sociétés rivales ne fut admise à se faire entendre. Une excellente musique militaire remplaça avec avantage, j'ai tout lieu de le présumer, celles qui se disputaient avec tant de zèle l'honneur de charmer l'auditoire.

Le soir, j'ai le plaisir d'assister au défilé des invités français et indigènes qui vont au bal offert par la municipalité au gouverneur, dans le théâtre situé à proximité de notre hôtel. Les Arabes y sont très nombreux; ils traversent la foule avec un air grave et solennel, comme s'ils se rendaient à un enterrement. Je suppose, du reste, que leur rôle se borne à celui de spectateurs.

Les habits noirs mêlés aux burnous me font l'effet de taches d'encre sur l'étoffe blanche des costumes indigènes. Quant aux toilettes féminines, les manteaux qui les recouvrent m'empêchent d'en apprécier la beauté et l'élégance.

De ma fenêtre, qui donne vis-à-vis le théâtre, j'entrevois à travers les vitres des couloirs, splendidement éclairés, les silhouettes des cavaliers et des danseuses qui passent et repassent comme des ombres chinoises.

Pendant toute la nuit, les musiciens d'un nombreux orchestre, — on sait maintenant que les exécutants ne manquent pas à Bône, — jouent les airs de danse les plus variés.

Pour moi, malgré mes goûts de dilettante, je commençais singulièrement à me blaser sur ces auditions répétées d'harmonie nocturne, dont me faisait bénéficier la coïncidence fortuite de mon voyage avec celui du général Chanzy. Le lendemain, la ville avait repris son calme habituel, le gouverneur se dirigeait du côté de la frontière tunisienne, où je n'avais aucune chance de le rencontrer, Bône étant ma dernière étape en Algérie.

C'est encore au journal de la localité que j'ai recours pour donner au lecteur quelques détails intéressants sur le bal officiel où je n'avais aucun titre pour être admis :

« La décoration du vestibule, dit le *Courrier de Bône* du 4 mai, fait honneur au goût artistique de M. Gousselin. Sa cascatelle improvisée, s'échappant d'une grotte de liège mâle, était d'un très bon effet au fond de la chambre mauresque. . . . . . .

. . . . . . . . . . . . . . . . . . .

« Le buffet était abondamment garni ; mais nous ne pouvons que regretter la confusion qui s'est produite à l'heure de la collation. . . . . .

. . . . . . . . . . . . . . . . . . .

« La commission était insuffisante pour tenir tête à un envahissement du sexe masculin qui ressemblait à un assaut et qui nous a paru de fort mauvais goût. Beaucoup de dames et d'*invités* étaient restés dans les loges ou les couloirs, tandis que ces messieurs se livraient sans retenue à la satisfaction d'un appétit qui, pour être légitime, n'en était pas moins prématuré au point de vue de la galanterie française.

« Tout le monde mange, c'est une dure nécessité, mais... Par contre, nous adressons nos modestes éloges aux dames qui se sont montrées de beaucoup supérieures au sexe fort, etc. »

Ces quelques citations me dispensent de tout commentaire personnel ; il y a un point noir dans ce petit aperçu de mœurs locales qui n'aura sans doute pas échappé à la perspicacité du lecteur.

Le compte-rendu du bal était suivi d'une nouvelle maritine qui avait un caractère incontestable d'actualité ; il s'agissait de l'aviso à vapeur le *Cassard* sur les infortunes duquel j'ai déjà appelé l'attention du lecteur : « Le *Cassard*, disait la feuille bônoise, a éprouvé ce matin, à sept heures, un accident fâcheux en franchissant la darse. Par suite d'une fameuse manœuvre, sans doute, il a touché sur un bloc, et le contre-coup l'a fait dévier de la ligne du chenal ; il est allé s'ensabler à quelques mètres au-delà. Le *Cassard* a brisé dans ce choc trois ailes de son hélice. Un quatre-mâts, la *Lorraine*, a prêté son concours pour retirer le *Cassard*. Ce fait semble une preuve évidente que l'on ne peut plus retarder les travaux du port, etc.

« *A quelque chose malheur est bon,* » conclut philosophiquement le journaliste.

Pauvre *Cassard*, quand donc les destins contraires cesseront-ils de te persécuter !

## XXIII

Le quartier arabe de Bône. — Les marchands et les amateurs de musc. — Un enfant précoce. — Le Rocher du Lion. — Les bains de mer. — Photographe et poète. — Portrait de l'artiste. — La légende versifiée d'Hammam-Meskoutine. — Analyse et citations du poème. — Un modèle de réclame.

A part un certain nombre de constructions mauresques blanchies à la chaux, le quartier arabe de Bône ne diffère guère de celui qu'habitent les Européens. Les rez-de-chaussée de quelques-unes des rues avoisinant la mosquée sont presque exclusivement occupés par des boutiques de marchands indigènes. C'est toujours, chez ces derniers, la même indifférence et la même inertie. On les trouve accroupis ou couchés, souvent endormis sur le sol de leur antre obscur. L'acheteur, craignant d'être traité comme un intrus et un importun, hésite à venir troubler ce perpétuel *farniente*.

Parmi ces négociants apathiques, les Mozabites montrent un peu plus d'activité que leurs confrères. Si par hasard vous voulez vous procurer du musc, c'est à eux qu'il faudra vous adresser ; ces industriels du Mzab monopolisent le trafic de cette substance odorante, qui a l'aspect d'une pâte sèche de couleur gris foncé, et qu'ils tiennent soigneusement renfermée dans du coton pour la soustraire au contact de l'air. Le musc débité par menus fragments se vend ici extrêmement cher; les riches Arabes affectionnent singulièrement ce genre de produit animal dont ils font surtout usage pour parfumer leurs vêtements.

En vous approchant du café maure situé sous les galeries de la place d'Armes, café important où se réunit l'aristocratie musulmane du pays, votre odorat sera fortement saisi par les émanations pénétrantes que dégagent les burnous des opulents consommateurs.

On croirait qu'ils fument plutôt du musc que du tabac, tant la première de ces odeurs domine.

A quelques pas de l'établissement maure, existe un café fréquenté par les officiers de la garnison, avec lesquels je vis fraterniser plusieurs indigènes, contrairement à ce que j'avais observé jusqu'alors. Pourquoi cette exception ici? Je ne puis que constater le fait sans en donner l'explication.

Tandis que je faisais cette remarque en humant une tasse de moka au café français, venait s'asseoir, à une table voisine de la mienne, un jeune Arabe à peine âgé d'une douzaine d'années, accompagné de trois de ses correligionnaires d'un âge mûr. En examinant mes voisins, je ne savais de quoi le plus m'étonner, ou de l'air blasé et impérieux de ce petit personnage, sorte de pacha en herbe, ou de l'attitude profondément servile des hommes qui entouraient l'enfant précoce, au moindre signe duquel ils obéissaient comme des esclaves.

L'excursion au *Rocher du Lion* fait partie du programme des distractions réservées au touriste qui s'arrête à Bône. J'étais d'autant moins disposé à négliger ce détail attrayant, que je n'avais pu voir pendant mon séjour en Algérie le moindre carnassier vivant de la race féline, au point que je me demandais si Gérard, le Nemrod africain, ne les avait pas tous exterminés. Heureusement il en reste encore un certain nombre de spécimens au Jardin des Plantes et j'ai de plus la perspective de me récréer de la vue de ces intéressants animaux lors du passage de quelque ménagerie ambulante dans mon pays natal. Quand au lion de Bône, il serait d'un transport aussi difficile que dispendieux, et il n'est pas loisible à tout le monde d'aller lui rendre visite.

La route qui conduit au fameux rocher est d'ailleurs fort pittoresque. Il s'agit d'abord de gagner le point culminant de la ville, puis de sortir par une des portes des fortifications qui a son issue sur la campagne. De là, nous nous engageons dans des sentiers étroits et sinueux dont la trace disparaît souvent sous les touffes épaisses d'herbes et de fleurs sauvages qui couvrent les hauteurs, d'où la vue plane au loin sur la mer et le littoral hérissé de caps et de récifs.

Nous faisons l'ascension du phare qui occcupe le centre d'un mamelon élevé; c'est au pied de ce monticule que se détache isolément, d'un bloc énorme de rochers surplombant la mer, celui qui affecte la forme d'un lion au repos, repos éternel que ne troublent en rien les vagues furieuses qui viennent sans cesse assaillir et ronger les flancs du géant de granit.

Mais la ressemblance avec le roi du désert n'est vraiment frappante que lorsqu'on aperçoit le rocher à quelque distance en mer et qu'on se trouve placé dans certaines conditions de perspective.

Après avoir considéré avec l'attention qu'il mérite ce jeu bizarre de la nature, nous regagnons la ville en longeant les murs crénelés de la Kasbah, construction turque d'un caractère original, et au bas de laquelle des jardins dessinés avec goût séparent la route de la plage dont le sable peut lutter de finesse avec celui de Trouville et de Saint-Malo.

Plusieurs rangs de cabanes destinées aux baigneurs se dressent sur le rivage; le climat constamment doux de la contrée permet aux amateurs de se livrer au plaisir de la natation dès le commencement du mois d'avril.

Je remplacerai aujourd'hui l'hygiénique bain de mer par une agréable promenade au jardin botanique de Bône, qui est une réduction parfaitement réussie du Hamma d'Alger. Là aussi, la végétation africaine, que favorise une température très élevée, est représentée par ses produits les plus remarquables, artistement disposés.

Vous parcourez ravi ces vastes avenues de palmiers dont les régimes de dattes, suspendus en l'air, semblent autant de girandoles naturelles, quand le soleil fait reluire comme des cristaux leurs fruits ambrés. Vous ne vous lassez pas d'admirer les bananiers au large feuillage élégamment découpé, les bambous élancés à la tige écailleuse, les citronniers chargés de fleurs aux blancs pétales veinés de violet. L'odorat n'est pas moins flatté que la vue. Des massifs d'héliotropes encadrent les allées ; de leurs mille corolles couleur d'améthyste, s'échappent les parfums les plus suaves et les plus enivrants.

Çà et là se dressent, au milieu de pelouses verdoyantes, quelques maisonnettes de branchages qui servent d'abri à des familles entières de gazelles au regard doux et intelligent ; au moindre bruit, ces timides animaux s'empressent de se réfugier dans leur rustique demeure. Enfin l'archéologue peut à son tour satisfaire ses goûts en contemplant un certain nombre de sculptures antiques réunies dans le jardin et parmi lesquelles on remarque un magnifique sarcophage de pierre.

La ville de Bône, qui est fière à juste titre de son

Hamma, a aussi l'avantage de posséder en ce moment un photographe distingué avec lequel j'eus occasion de faire connaissance. Si le lecteur consent à me suivre au quatrième étage occupé par l'atelier de l'artiste, j'espère qu'il ne regrettera pas son ascension. Il pourra d'abord juger par lui-même de l'exactitude du portrait dont je vais tenter l'esquisse.

M. X... est ce qu'on appelle généralement un bel homme, haut de stature et bien proportionné; ses lèvres colorées sont ombragées d'une blonde moustache, sa physionomie est plutôt régulière qu'expressive. En somme, son air avenant et plein de bonhomie prévient en sa faveur.

A ses avantages physiques M. X... joint une extrême façonde de langage qui fait d'abord soupçonner que l'artiste expansif est né sur les bords de la Garonne, — supposition à laquelle je n'attache d'ailleurs aucune idée malveillante; — aussi fus-je étonné d'apprendre que la Suisse lui avait donné le jour.

Pendant que je faisais un choix de vues algériennes, le photographe me raconta ses voyages à Paris, où il s'était mis en relation avec plusieurs de ses confrères, lesquels, selon lui, avaient été confondus par la variété et l'étendue de ses connaissances. Il était revenu de la capitale avec la conviction que personne jusqu'alors n'avait porté aussi loin que lui le progrès de l'art photographique.

Il ne redoutait aucune concurrence, et chaque jour il recueillait, disait-il, les témoignages les plus encourageants de la part des vrais connaisseurs.

Les diverses épreuves qui passèrent successsivement devant mes yeux me parurent bien réussies, et ce fut sans aucune restriction que j'adressai des compliments à l'artiste.

Mais M. X... ne se bornait pas seulement à être un photographe d'un mérite apprécié; les circonstances, d'après ce qu'il me révéla, en avaient fait un disciple d'Apollon.

Voici à quelle occasion : Plusieurs de ses clients, en examinant les vues photographiques des sites d'Hammam-Meskoutine, — les meilleures à mon avis de sa collection, — et que lui seul, assurait-il, avait jusqu'alors reproduites, s'étaient plaints de l'absence de renseignements écrits sur la légende locale qu'ils ne connaissaient que vaguement. L'artiste conclut, de ces manifestations chaque jour réitérées, qu'il y avait là une veine excellente à exploiter, et qu'en se chargeant lui-même de combler la lacune signalée, il rendrait un grand service aux étrangers et ferait sans doute, en même temps, une spéculation productive.

M. X... résolut donc d'écrire et de publier l'histoire fantastique qu'il dédierait aux touristes présents et futurs. Le livre ferait vendre les photographies et réciproquement.

Une fois son plan arrêté, M. X... se mit à la

besogne; à peine eut-il commencé qu'il s'aperçut que la simple prose était indigne d'un pareil sujet, et il entreprit de raconter dans le langage des dieux la palpitante chronique. Ce langage n'était peut-être pas très-familier au photographe, qui ne se piquait point d'être un lettré; aussi plaça-t-il toute sa confiance dans la Muse, dont il invoqua le secours pour aider son inexpérience : la Muse répondit favorablement à l'appel, et, au bout de quelques jours d'un travail assidu, M. X... faisait des vers comme M. Jourdain faisait de la prose; les rimes sortaient aussi facilement de son cerveau que les épreuves de son objectif.

Bientôt l'œuvre, complètement achevée, paraissait dans une revue littéraire de la localité.

A la suite de ces explications, mon interlocuteur ouvrit sa bibliothèque et en tira un volume relié contenant son poème qu'il mit sous mes yeux. J'en parcourus rapidement et au hasard quelques strophes en exprimant le regret de n'avoir pas le temps d'en lire davantage. L'auteur me prévint alors qu'il allait publier en brochure ses vers, et il s'offrit de m'en expédier un exemplaire à l'adresse que je lui indiquerais.

J'acquittai d'avance le prix minime de l'ouvrage, que je recevais peu de jours après mon retour à Provins. Je conserve précieusement, à titre de curiosité, ce document littéraire dont je ne puis donner ici qu'une courte analyse, mais que je me ferai un vrai plaisir de communiquer aux lecteurs qui désireraient prendre connaissance du texte original.

*Hammam-Meskoutine et sa légende mise en vers, par J. X,* tel est le titre que porte sur une couverture de papier rose la brochure, d'un format in-12. Le poème, composé de trente et une strophes, est précédé d'une introduction en prose dans laquelle l'auteur, après avoir indiqué l'itinéraire qu'il faut suivre pour se rendre de Guelma aux bains des Damnés, donne une description sommaire des phénomènes qui se produisent sur le plateau sulfureux et résume la légende populaire dans quelques phrases bien senties parmi lesquelles je distingue les suivantes :

« Pour celui, dit au début M. X..., qui n'a jamais vu les beaux vallons de l'Helvétie (réminiscence patriotique empruntée au *Chalet,* et dont tout le monde connaît la musique), il pourra s'en faire une légère idée en faisant le trajet de Guelma à Hammam-Meskoutine. »

Un peu plus loin : « Rien ne peut mieux représenter le champ des cônes qu'un camp dénué de soldats. » On ne saisit pas de suite le sens un peu obscur de l'image.—Poursuivons : « Les deux cents et quelques cônes que l'on voit à droite ont une parfaite analogie avec des tentes de troupiers. »

Ici la comparaison est peut-être moins poétique, mais elle est plus clairement exprimée.

« Un accueil digne d'être cité est réservé aux personnes qui viennent se faire soigner à l'établissement civil. »

Pour moi, je n'abuserai pas des citations ; j'en passe, et des meilleures ; celles qui précèdent indiquent suffisamment la manière de l'auteur quand il daigne s'exprimer en prose. Je préfère m'étendre davantage sur la partie versifiée, dans laquelle le poète donne un libre cours à ses inspirations.

Il entre en matière au moyen du préambule suivant :

« Je vais donc si vous le voulez, cher touriste, vous offrir la main pour vous aider à enjamber ces bouillants ruisseaux, pour vous être agréable (on n'est pas plus aimable) me déclarer votre cicerone en vous disant :

>  Sous un vert olivier de l'une ou l'autre rive,
> Voyageurs, venez donc vous asseoir un instant ;
> Prêtez à mon récit une oreille attentive,
> Remarquant chaque roc toujours en m'écoutant.
> . . . . . . . . . . . . . . . . . . .
> De ces bains on nous conte une émouvante histoire,
>  Et les noms qu'ont gardés ces lieux
> Vous donnent le frisson (si ce n'est illusoire).

En parlant d'Ali, le héros de la légende arabe :

> On enthousiasmait sa grâce juvénile.

Quant à Ourida, sa sœur :

> . . . . . Elle ressentait, chose étrange,
> Un doux enivrement qui lui charmait le cœur.
> Ce couple si modeste,
> Qui s'aimait, folâtrait toujours innocemment,
> Avait laissé germer dans leur âme un inceste
> Sans se douter du mal, hélas! assurément.

Le poète y met comme on voit beaucoup de bienveillance et de candeur.

> Ce n'est pas tout encor, cet acte illégitime
> Qui devait faire horreur à d'honnêtes parents,
> Ibrahim et Fatma, loin d'éteindre le crime
> Poussaient à ce forfait resté sans précédents.

Ce style ne rappelle-t-il pas un peu celui de la complainte célèbre de Fualdès?

> Plus tard, le cadi. . . . . . . . . .
> Unissait sans vergogne et le frère et sœur,
> On approuvait l'hymen et chacun à son aise
> Parlait avec respect de ce jour solennel.

Cette satisfaction respectueuse ne devait pas durer longtemps.

Plusieurs strophes sont consacrées à la description des réjouissances :

> Le thoul, la derbouka, résonnent bruyammemt.

J'ignore absolument les jouissances que peut procurer le premier de ces instruments.

> Silence maintenant, car voici le cortège,
> Remarquez d'Ourida la suave pâleur.
> . . . . . . . . . . . . . . .
> Voyez cet éléphant qui lentement s'avance,
> Surchargé de bijoux. . . . . . .

Cet éléphant fait honneur à l'imagination du poète, mais voici le revers de la médaille :

> Le sol semblait frémir, les tremblements de terre
> Menaçaient d'engloutir cet enfer consumé.

Le participe passé est ici d'un heureux emploi.

> Le ciel dans son courroux ne fit aucune trêve,
> Il voulait un exemple, il dit : Il faut mourir.

Absolument comme les chartreux en s'adressant à leurs frères.

> On ne retrouva plus, dès qu'apparut l'aurore,
> Que les tristes débris que vous voyez épars.

Tels sont les derniers vers de ce poème épique dû à la plume d'un débutant.

Les extraits que je viens d'en donner suffisent, je crois, pour édifier le lecteur sur son mérite.

Après les vers, la prose reparaît sous forme d'épilogue. L'auteur s'adresse directement aux touristes qui contemplent le plateau maudit :

« Maintenant, s'écrie-t-il, chers touristes, que vous avez entendu le récit de cette terrible catastrophe, jetez un regard compatissant sur ces jeunes époux qui, ignorant l'un et l'autre les lois de la nature, s'adoraient d'un si tendre amour (comme les pigeons de la Fontaine), voyez-les s'approchant de l'autel de l'hyménée. Dans ce moment suprême les deux amants n'ont pas oublié leur amour. Ali presse convulsivement sa belle fiancée. Tenez, contemplez-les s'étreignant dans un dernier baiser. »

Le narrateur est sur une pente scabreuse, on hésite à le suivre dans ses expansions lyriques; il voit encore bien d'autres choses; son imagination, bouillante comme les sources sulfureuses, ne s'arrête plus. Il reconnaît parmi les pierres coniques qui jonchent le sol : le cadi prévaricateur qui tient encore un éventail à la main, précaution que justifie la température de l'atmosphère; il reconnaît les grands parents et les amis des époux, les vierges immobiles, les tentes pétrifiées, etc.; il n'oublie pas non plus ce majestueux éléphant chargé de riches présents; enfin, il retrouve encore des grains de couscoussou du festin répandus à terre.

Après quelques épigrammes d'un goût douteux à l'adresse de certains *Gargantuas* qui ont pu garder leur sérieux en trouvant délicieuses les volailles cuites dans l'eau sulfureuse, M. X... termine sa brochure par le dialogue suivant que je reproduis textuellement :

*Un touriste.* — Merci mille fois, cher cicerone, de votre obligeance; nous sommes réellement ravis de tout ce que nous venons de voir et d'entendre; un seul regret nous reste, c'est de ne pouvoir, en quittant ces lieux, en emporter une pétrification ou tout au moins une photographie.

*Le cicerone.* — Une photographie, dites-vous?

Rien n'est plus facile, la maison X... et fils, rue Caraman, 12, à Bône, possède la plus belle collection de vues variées d'Hammam-Meskoutine qu'on puisse voir, ainsi que de l'Algérie, et cela à des prix très modérés. Allez-y.

X......

Allez-y gaiement, serai-je tenté de dire aux lecteurs que ce genre de boniment a dû mettre en joyeuse humeur et qui me dispensera de chercher un mot de la fin pour terminer ce chapitre; je ne saurais en trouver un plus instructif et plus piquant.

## XXIV

Une nouvelle à sensation. — Arrivée du paquebot de Tunis. — Reconnaissance avec sir John. — Ma dernière soirée en Algérie. — Départ de Bône. — Parallèle international.

Notre départ pour la France étant fixé au lendemain, j'allai sur le port retenir nos places au bureau de la compagnie Valéry, dont les paquebots font le service de Tunis à Marseille en touchant à Bône et à Ajaccio. Là, j'appris que le bateau attendu de fort bonne heure n'était pas encore arrivé ni même signalé.

Jusqu'à six heures du soir où le vapeur faisait seulement son entrée dans la rade, une certaine anxiété régnait au sein de la population bônoise, déjà tristement impressionnée par la nouvelle publiée le jour même dans le *Courrier de Bône* sous cette rubrique :

« Dernière heure.

« Une affreuse nouvelle nous arrive. Nous devions annoncer un nouveau service de bateaux à vapeur entre Philippeville et le Havre. La *Ville de Cadix* faisant ce service était attendue à Philippeville, et nous allions indiquer le jour où il repartirait ; mais cette dépêche vient d'être adressée à M. Pasquet :

« Philippeville, 28 avril, 4 h. 23 s.

« Je reçois dépêche annonçant *Ville de Cadix* coulé en mer par abordage avec navire anglais. »

(*Indépendant de Constantine.*)

La coïncidence de cette dépêche avec le retard considérable du paquebot de Tunis expliquait naturellement les inquiétudes des habitants. On sut de suite que ce retard avait été occasionné par des brouillards intenses survenus en route. Le commandant avait alors jugé prudent de ralentir la marche de son navire, et on ne pouvait que lui savoir gré de sa circonspection.

Au moment du dîner, il se manifeste dans la salle à manger de l'hôtel d'Orient une animation bruyante et inaccoutumée. Les tables sont presque prises d'assaut par les passagers descendus à terre.

Parmi les nouveaux débarqués, quelle n'est pas ma surprise, ma satisfaction, de reconaître mon compagnon de voyage, l'insulaire sir John ! Aussitôt que nous nous aperçûmes, chacun s'avança l'un vers l'autre par un mouvement spontané d'attraction mutuelle, nos mains se rapprochèrent et s'étreignirent cordialement.

L'Anglais, que j'avais perdu de vue à partir de

Constantine, n'était pas resté inactif depuis notre séparation.

L'emploi de son temps avait été calculé et réglé avec une remarquable intelligence. Sous ce rapport, il était de force à rendre des points à son compatriote Philéas Fogg, le héros imaginaire de l'un des plus ingénieux romans de Jules Verne.

Nul doute que, si jamais sir John se décide à entreprendre le voyage du tour du monde, il mette moins de quatre-vingt jours à l'accomplir.

En attendant, voici ce que je recueillis de sa rapide odyssée :

En quittant Constantine, notre compagnon s'était, comme nous, rendu à Guelma, et, après une courte visite aux bains d'Hammam-Meskoutine, il était parti pour Bône en combinant l'heure de son arrivée avec celle du départ hebdomadaire du paquebot de Tunis.

Là, il avait exploré les environs de la cité orientale et particulièrement les ruines de Carthage à proximité de Tunis. Sir John, comme beaucoup d'autres visiteurs, avait éprouvé un certain désappointement en présence de ces ruines très frustes, qui seraient probablement restées longtemps des énigmes indéchiffrables, si elles n'eussent trouvé un OEdipe dans la personne du savant archéologue Beulé, qui parvint, à force d'études et de recherches sur les lieux, à éclaircir une foule de points obscurs.

Néanmoins, tout ce que me raconta à ce sujet l'insulaire m'intéressa vivement et augmenta mes regrets de n'avoir pu l'accompagner dans ses excursions en Tunisie. Aujourd'hui, il était trop tard pour entreprendre le voyage : il m'eût fallu attendre huit jours à Bône, ce qui eût changé complètement des dispositions définitivement arrêtées.

J'employai la dernière soirée que je passai en Algérie à me saturer de couleur locale; j'explorai encore le quartier musulman, plongé alors dans une demi-obscurité. Ce fut avec une impression toujours aussi vive que la première fois, que du dehors j'observai l'intérieur des cafés maures éclairés par quelques petites lampes, dont la lueur tremblotante se projetait sur les blanches silhouettes des consommateurs. La plupart, accroupis, suivaient d'un regard béat, sans prononcer une parole, les spirales de la fumée de tabac qui s'élevait dans l'air épaissi.

En passant devant la mosquée, j'entendis avec la même émotion qu'à Alger le chant aérien du muezzin qui jetait aux quatre points cardinaux les notes gutturales de la religieuse mélopée orientale. Les croyants entrent nombreux à la suite les uns des autres dans la cour intérieure; ils gardent tous cette attitude noble et majestueuse qui commande le respect. Chacun va se prosterner sous les voûtes mauresques du temple islamite, entre les arceaux duquel se glisse une lumière douce et

discrète. Notre présence à l'heure de la prière ne paraît aucunement choquer les fils de Mahomet, dont quelques-uns nous souhaitent le bonsoir d'une voix sympathique. . . . . . . . . .
. . . . . . . . . . . . . . . . . . .

Le 6 mai, dans la matinée, je disais adieu à la terre africaine où je n'avais passé que quelques semaines qui à mesure que le temps s'éloigne me font de plus en plus l'effet d'un rêve rapide, traversé par les visions les plus fantastiques. Ce court séjour avait suffi pour m'initier à une foule de particularités singulières dont mes lectures ne m'avaient donné qu'une idée fort incomplète.

Avant mon excursion en Algérie, j'avais déjà exploré plusieurs contrées du continent, intéressantes et remarquables chacune à des titres divers. Les richesses artistiques, les beautés pittoresques de l'Italie, de l'Espagne, de la Hollande et de la Suisse, m'avaient tour à tour enthousiasmé.

Assurément, ces nations se distinguent les unes des autres par leurs usages, leurs mœurs, leurs idiômes, etc. Mais grâce aux chemins de fer, ces puissants véhicules de la civilisation, les différences locales tendent chaque jour à s'effacer.

Quant aux costumes originaux, ils n'existent plus guère maintenant qu'à l'état d'exception dans quelques coins retirés où les communications sont restées difficiles. Partout, même disposition à imiter les modes françaises.

Ici, plus de ces musées, sanctuaires de l'art, qui sont l'honneur et la gloire des peuples civilisés et dans lesquels se manifeste le génie national.

Toutefois, pour apprécier convenablement les chefs-d'œuvre exposés à la curiosité publique, et en jouir pleinement, ne faut-il pas que celui qui les considère, possède quelques connaissances spéciales, ou au moins un certain sentiment de l'idéal?

En Algérie, pas n'est besoin d'études approfondies pour goûter les beautés qui vous attendent dans ce pays du soleil et de la couleur.

A peine le voyageur parti de Marseille a-t-il abordé au rivage africain, qu'une transformation complète et soudaine de mise en scène s'opère devant ses yeux étonnés, un réalisme saisissant s'impose de suite à son attention. Tout est nouveau pour lui, société, race, types, habitudes; il regarde surpris et charmé ces costumes dont la coupe n'a jamais dû changer depuis les temps bibliques et que portent si fièrement une foule de personnages aux poses sculpturales.

A ses oreilles résonne un langage sonore dont la pureté primitive s'est conservée presqu'intacte. Inutile de s'enfermer dans des salles plus ou moins vastes, pour admirer des toiles que le peintre a décorées de sujets imaginaires ou réels empruntés à la nature vivante ou inanimée. Dans l'Orient les scènes les plus variées de tableaux tout faits, se déroulent à chaque instant en plein air et frappent l'imagination du spectateur le moins impressionnable. C'est en résumé le pays par excellence de la couleur. Aussi, une pléiade d'illustrations artistiques contemporaines s'y est-elle formée en allant y puiser ses plus chaudes et ses plus brillantes inspirations.

Quant à moi, je n'hésite pas à déclarer qu'aucun voyage n'a laissé dans mon souvenir des traces aussi vivaces et aussi profondes!. . . . . . .
. . . . . . . . . . . . .

## XXV

Le vapeur l'*Immaculée conception*. — Quelques types de passagers. — Un compatriote de Chopin. — La poule de Carthage. — Opinion de sir John sur Salammbô. — Les côtes de la Sardaigne. — Le Monte rotondo et les îles sanguinaires.

Aujourd'hui, c'est le vapeur *l'Immaculée Conception* qui va nous ramener dans la mère patrie : Sur les glaces dépolies qui ferment chaque ouverture, est gravée l'image de la Vierge ; elle est représentée debout les pieds sur un croissant ; d'élégants rinceaux encadrent l'image transparente.

Peu de passagers à bord ; parmi ceux de première classe, je remarque sir John et quelques-uns de ses compatriotes à l'air plus ou moins gourmé, plusieurs Tunisiens coiffés de fez ou de turbans multicolores et vêtus de gandourras, longues tuniques de tissus rayés et de couleurs voyantes.

Ce jeune homme fluet aux cheveux d'un blond fade, aux yeux d'un bleu éteint, qui enveloppé d'une ample robe de chambre nullement orientale, arpente rêveur le plancher du pont ; c'est un enfant des bords de la Vistule.

Je distingue encore un certain nombre de voyageurs de commerce dont un Allemand aussi lourd qu'épais, qui sert de cible aux quolibets, que lui décochent ses confrères français ; le placide Teuton semble se prêter bénévolement à leurs railleries, mais je ne m'y fierais que médiocrement.

Enfin, figure au nombre des passagers, le receveur des finances de Guelma auquel je réserve une mention toute spéciale. J'avais lié bien vite connaisscane avec M. F..., et il ne me fallut pas longtemps pour m'assurer que c'était un homme aussi aimable qu'intelligent et instruit. M. F... habitait l'Algérie depuis une quinzaine d'années, son séjour lui avait permis de recueillir une foule d'observations curieuses sur les mœurs privées des indigènes avec lesquels ses fonctions le mettaient journellement en relation. Je sus de lui plusieurs détails assez piquants qui ne pourraient trouver place ici.

J'allais oublier dans mon énumération, et cette omission eut été peu regrettable, trois femmes aux allures suspectes qu'on me signala comme des voyageuses interlopes, destinées à l'exportation et qui dès leur rentrée en France devaient repartir pour la Nouvelle-Calédonie, où elles se proposaient d'embellir l'existence de quelque aimable citoyen de cette honnête colonie.

Une fois édifié sur la composition du personnel de *l'Immaculée Conception,* mon attention se concentre entièrement sur le paysage qui se dessine à l'horizon, car biéntôt nous allons perdre de vue la terre. Je salue d'un dernier regard le lion de pierre enchaîné pour toujours au rivage africain, sorte d'emblême parlant, sculpté par la nature dans le roc et qui avertit le voyageur qu'il aborde au pays de l'Atlas.

Les côtes de la Tunisie fuient et s'effacent peu à peu dans le lointain ; encore quelques minutes et nous naviguons en pleine mer ; rien ne vient plus arrêter le regard, partout le ciel bleu se confond avec l'azur des flots. Je rentre au salon, le Polonais toujours drapé dans son ample robe de flanelle, se charge de distraire les passagers pendant les longues heures d'une traversée magnifique mais passablement monotone. Les auditeurs demeurent sous le charme que leur fait éprouver l'artiste amateur qui exécute sur le piano les plus suaves compositions de son compatriote Chopin.

On gagne ainsi l'heure du dîner, présidé comme d'habitude par le commandant ayant à l'un de ses côtés, le docteur du bord. Celui-ci est un Corse natif de Bastia ; franche et joyeuse nature, possédant un répertoire très riche d'anecdotes qu'il raconte avec esprit et bonne humeur. De l'autre côté du commandant, se trouve placé un homme jeune que je n'avais pas encore aperçu depuis le départ de Bône et dont la tenue correcte et les manières distinguées m'eussent certainement frappé.

C'était un futur diplomate attaché au consulat

français à Tunis. Il résulte des renseignements qu'il me donna sur sa résidence qu'à part son intérêt pittoresque, elle offre infiniment peu d'attraits et de ressources pour l'étranger.

L'incident le plus caractéristique du repas fut l'apparition du rôti porté sur la carte du menu sous le nom de *Poule de Carthage.*

L'oiseau exotique embarqué à Tunis, parut sur la table orné de son plumage lustré et de nuances foncées qui me rappelait celui de la petite outarde de nos pays. Le commandant assura que ce genre de gallinacés était fort commun dans les terrains marécageux *ubi fuit Carthago.*

Les poules sont à peu près les seuls êtres vivants qu'on rencontre dans les parages aujourd'hui déserts de la rivale abhorrée de Rome.

Je dégustai avec une sorte de recueillement ce rôti couleur locale qui avait un fumet de terroir assez prononcé et dont la chair quoique savoureuse, me parut inférieure à celle du faisan.

Sir John qui avait lu *Salammbô* dont il appréciait le sérieux mérite, exprima le regret que l'auteur, dans le cours de ses longues et prolixes énumérations des choses de l'époque, eût négligé de parler des ancêtres de l'animal que l'on venait de nous servir.

« Ne pensez-vous pas, Monsieur, que dans les repas officiels donnés jadis par Annibal, le superbe volatile dont nous apprécions aujourd'hui les qualités succulentes, ait fait plus d'une fois l'admiration et les délices des hôtes de l'illustre général Carthaginois? me dit l'Anglais avec une gravité comique.

— J'en suis convaincu, Mylord, et je ne doute pas qu'en signalant le fait à Gustave Flaubert, l'écrivain consciencieux, s'empresse de réparer cette grave omission dans sa plus prochaine édition de *Salammbô*. »

Le repas s'acheva au milieu des dissertations historiques plus ou moins savantes, provoquées par le délicat comestible, qui avait eu un succès complet auprès des gourmets et des érudits du bord.

. . . . . . . . . . . . . . . . . .

Quand le lendemain, dès l'aube, je montai sur le pont où m'avait devancé le comptable de Guelma que n'effarouchaient pas les torrents d'eau, répandus autour de lui par les matelots préposés à la toilette quotidienne du bâtiment, une brise fraîche et pénétrante soufflait du large. Sur les volutes mouvantes de la mer, le soleil levant faisait papilloter l'or de ses rayons. Ce n'était plus l'immensité sans bornes sur laquelle nous voguions la veille.

A notre droite, une masse noire s'estompait vaguement, noyée dans un océan de nuages vaporeux. A mesure que la brume se dissipait, les contours indécis d'un rivage bizarrement échancré s'accentuaient plus vigoureusement.

Une longue chaîne de montagnes se dressait

parallèlement à la côte, se divisant en une infinité de ramifications ; on eût dit les arêtes gigantesques d'un monstrueux poisson pétrifié. De distance en distance, quelques cimes altières se montraient couronnées de ruines féodales. Chaque mouvement du navire en déplaçant le centre de perspective, variait à l'infini la forme des objets qui défilaient sous nos yeux.

C'était la côte orientale de la Sardaigne que nous longions depuis quelques heures.

L'âpreté et la rudesse de ces rives inhospitalières fait en quelque sorte pressentir qu'au-delà, existe une population à demi barbare, dont les mœurs sauvages contrastent avec celles si polies des Italiens de la Péninsule. Peu d'étrangers osent encore aujourd'hui se risquer à l'intérieur de ce pays dont les éloigne la déplorable réputation des habitants.

A peine avons-nous dépassé l'extrémité septentrionale de l'île, que le commandant signale la Corse, cette sœur méditerranéenne de la Sardaigne. Bientôt tous les regards se dirigent sur le Monte Rotondo qui élève majestueusement son panache de neige au-dessus d'un massif colossal de montagnes aux flancs couverts de forêts.

A quatre heures de l'après-midi, *l'Immaculée Conception* faisait son entrée dans le port d'Ajaccio, après avoir laissé à gauche un groupe de petits îlots grisâtres qui ont l'air d'un troupeau de moutons échoués dans la mer.

Seulement, ces moutons ne sont pas tout à fait inoffensifs si j'en crois le nom lugubre que portent les îles qui composent ce petit archipel. Il existe sans doute à ce sujet quelque légende funèbre dont je cherche vainement autour de moi à pénétrer le sombre mystère.

Peut-être en saurais-je davantage, si je pouvais interroger les mouettes qui tourbillonnent au-dessus des rochers stériles et viennent de leurs blanches ailes en effleurer la pointe!

## XXVI

Ajaccio. — Parallèle avec Naples. — Les maison et les avocats. — Mes adieux à sir John. — Physionomie d'Ajaccio. — Les statues de la famille Bonaparte. — La cathédrale. — La maison de Napoléon I<sup>er</sup>.

Quelques écrivains plus fantaisistes qu'exacts dans leurs descriptions, ont comparé le golfe d'Ajaccio à celui de Naples, mais c'est à tort selon moi. Le premier, d'une étendue infiniment moindre, est dominé par un amphithéâtre de hautes montagnes dont les flancs escarpés ne sont égayés que par de rares habitations et par de larges plaques de neige accumulée çà et là dans le creux des ravins. L'éclatante blancheur des glaciers dont les couches épaisses et profondes n'ont pas encore été fondues par le soleil, tranche vigoureusement sur la teinte sombre des rochers. L'ensemble du paysage est austère et ne rappelle en rien les doux et suaves horizons qui constituent une des principales séductions de la baie de Naples, avec son cadre enchanteur de fraîches collines aux pentes mollement ondulées, sur lesquelles s'étagent de riantes maisons de campagne. Merveilleux tableau que complète à l'arrière plan, le Vésuve couronné de son panache de fumée.

Le port d'Ajaccio s'ouvre vis à vis des montagnes sur un côté du golfe et s'arrondit en un demi-cercle dont la courbe est occupée par la ville adossée à la base de verdoyants coteaux.

Les maisons qui ont leur façade sur le rivage sont fort élevées; on croirait qu'elles aspirent à atteindre la hauteur du Monte Rotondo. Quelques-unes, d'un immense développement en surface, et percées d'une multitude d'ouvertures, ressemblent à de vastes casernes. On m'assure que chacune de ces habitations, appartient à un certain nombre de co-propriétaires qui s'en partagent les différents étages.

De cette confusion d'intérêts, résulte inévitablement une foule de procès, source intarrissable de bénéfices pour les avocats indigènes.

Que de flots d'éloquence, ont été déjà répandus ici pour la défense du mur mitoyen!

Nous nous faisons débarquer avec la plupart des passagers dont plusieurs descendent à terre en emportant leurs bagages. Sir John est du nombre de ces derniers. Il se propose de passer en Corse une huitaine de jours qui lui suffiront, j'en suis convaincu, pour escalader les pics inaccessibles, s'enfoncer dans les forêts impénétrables, et explorer les endroits encore vierges de pas humains de cette île si prodigieusement pittoresque dont beaucoup de parties sont privées de chemins praticables (1).

En nous séparant, nous échangeâmes nos cartes et d'affectueux souhaits de voyage. J'engageai l'infatigable touriste à venir à Provins, une des rares villes de France qu'il n'eût pas encore visitées.

D'après de vagues notions puisées dans les clichés surannés de quelques vieux traités géographiques, sir John se représentait volontiers notre pays comme un vaste champ de roses médicales à la culture desquelles les habitants se livraient exclusivement, erreur qui, ainsi que j'ai eu maintes fois occasion de le constater, n'est pas seulement partagée par des étrangers.

Je détrompai sur ce point l'enfant d'Albion, et, comme il est grand amateur d'archéologie, je m'efforçai de l'intéresser et de le séduire en lui décrivant nos belles et précieuses ruines, moins antiques assurément que celles de Carthage, mais plus perceptibles et plus palpables. Je ne serais donc pas très surpris de voir un de ces jours surgir dans nos murs l'intrépide voyageur.

(1) Au moment de publier cet article, je lis dans le journal local, le *Progrès de la Corse*, du 4 octobre, que l'inspecteur général des ponts et chaussées et l'ingénieur en chef du département sont partis de Bastia dans la direction de Corte, pour examiner le tracé du premier chemin de fer qui va être construit dans l'île. C'est avec plaisir que j'enregistre ce fait capital au point de vue de l'avenir d'un pays aussi déshérité sous le rapport des voies de communication.

Peut-être n'est-ce qu'une illusion patriotique de ma part, mais j'aime à me persuader qu'en me remerciant de lui avoir fait connaître nos curieux et pittoresques monuments, l'Anglais n'hésitera pas à déclarer que Provins est une des cités les plus intéressantes qu'il ait rencontrées dans ses nombreuses pérégrinations.

En attendant l'honneur et le plaisir de cette visite, je me joins à l'un des groupes de passagers qui se répandent dans les rues d'Ajaccio où l'on ne peut manquer de se croiser fréquemment, la ville, resserrée entre le pied des montagnes et la mer, n'offrant que très peu de profondeur. Moins de deux heures suffisent pour emporter une idée générale de ce chef-lieu de département.

Sur le quai, s'ouvre une vaste place plantée d'arbres séculaires dont le feuillage touffu forme une épaisse voûte de verdure. Une fontaine élégante ornée de nombreux jets d'eau s'élève au milieu et sert de socle à la statue en marbre de Napoléon I$^{er}$, habilement exécutée et d'un puissant effet.

La place communique à la rue principale (rue Fesch) parallèle au rivage dont elle suit la courbe d'une extrémité à l'autre.

Elle est pavée de larges dalles de granit noir; ses maisons à plusieurs étages sont la plupart décorées de balcons et présentent un caractère italien qui me rappelle certains quartiers de Naples.

Beaucoup n'ont qu'un escalier en échelle qui descend sur la voie publique.

Parallèlement à la rue Fesch, s'étend un boulevard planté d'acacias et d'orangers qui aboutit à une esplanade surplombant la mer. Cette esplanade, pittoresquement située à la pointe de l'île, est ornée d'un groupe monumental de cinq statues en bronze supportées par un soubassement carré de granit gris, que l'on a comparé à un affreux modèle d'encrier.

Au milieu du piédestal, Napoléon I$^{er}$ est représenté à cheval; ses frères sont debout et occupent les quatre angles. A droite et à gauche du monument, s'élèvent deux édicules en marbre, sortes de pilastres sur lesquelles sont sculptés des génies allégoriques, d'une invention et d'un style fort médiocres.

L'effet général du groupe impérial m'a paru plus bizarre qu'harmonieux et imposant. Ces personnages, relégués aux encoignures du quadrilatère de pierre, ressemblent à des factionnaires chargés de faire sentinelle autour de la statue équestre du vainqueur d'Austerlitz.

Il est difficile de s'imaginer qu'on a devant soi les membres de la même famille; l'empereur a l'air de vouloir tenir ses frères à distance respectueuse et leur faire sentir le poids de son écrasante supériorité.

L'attitude triomphale du chef de la famille

contraste avec la contenance plus que modeste des autres membres qui cependant ont joué chacun un rôle plus ou moins important dans l'histoire et la politique contemporaines.

Ici, ce ne sont plus que les humbles satellites d'un astre éblouissant.

Que dire de la cathédrale, édifice qui affecte la forme d'une croix grecque surmontée d'une coupole? Elle appartient au style italien de la décadence; quelques fresques insignifiantes et trois ou quatre tableaux dont la demi-obscurité qui les enveloppe m'empêche d'apprécier la valeur, voilà les seules particularités à noter sur cette église.

La visite à la maison où est né Bonaparte est un pèlerinage classique que je ne manquai pas d'accomplir. Sans la plaque de marbre dont l'inscription indique que là est né le César moderne, rien à l'extérieur ne la distinguerait des autres habitations contiguës. Elle donne sur une petite place carrée (place Lætitia), ornée d'un modeste square.

On est presque désappointé (c'est du moins l'impression que je ressentis) de trouver un cadre aussi simple pour la grande figure du conquérant fameux, qui tint quelque temps entre ses mains les destinées d'une partie du monde. Je n'en dirai pas davantage à ce sujet, de crainte de tomber dans les lieux communs déclamatoires et les banalités emphatiques tant de fois ressassés en prose et en vers.

## XXVII

Poignards et vendetta. — Patriotisme français du Corse. — Un bal sur le pont de l'*Immaculée-Conception*. — Le musée de Marseille et la Judith d'Henri Regnault. — Un admirateur de Corot.

Quand j'eus parcouru le Corso, entrevu les coquettes et fastueuses demeures des familles Sebastiani et Arrighi, la préfecture précédée d'un délicieux jardin d'orangers, et observé quelques jolis types féminins idéalisés par Mérimée dans sa poétique nouvelle de *Colomba,* il ne me restait plus qu'à faire l'acquisition d'un de ces minuscules couteaux poignards que portent, dit-on, sur elles, les femmes Corses. J'en choisis un fort élégant, véritable bijou d'acier damasquiné, au manche incrusté de nacre et d'argent, et sur la lame duquel est gravé d'un côté le mot *Vendetta,* et de l'autre celui de *Corsa.* Il n'est pas nécessaire d'avoir traduit le Dante pour comprendre le sens non équivoque de cette inscription.

J'emportai le petit stylet, emblème tranchant des mœurs de ce pays romanesque, foyer toujours ardent de violentes passions, en me proposant d'en décorer ma panoplie de salon. Il y figure aujourd'hui avantageusement en compagnie d'une bonne lame que je rapportai autrefois de Tolède et dont je puis attester l'entière virginité.

Surtout, avant de quitter l'île, gardez-vous bien de dire, quoi que vous en puissiez penser, en basant votre opinion sur certaines considérations historiques et géographiques, que le Corse est plutôt Italien que Français : ce serait lui faire une sanglante injure, et il ne vous resterait d'autre ressource pour échapper à une vendetta terrible que de chercher un abri dans quelque mâquis bien épais. Heureusement qu'à cet égard vous n'auriez que l'embarras du choix.

Le Corse est donc parfaitement Français et ne souffre pas que l'on se permette de douter de son patriotisme. C'est ce que m'affirma énergiquement au dîner le docteur, originaire de Bastia, tout en dégustant d'excellentes croquettes de homard confectionnées sous la surveillance spéciale du jeune attaché au consulat de Tunis.

Je regrette de ne pouvoir donner au lecteur la recette de ce mets exquis, le disciple de Brillat-Savarin interrogé à ce sujet s'étant renfermé dans un mutisme absolu, comme s'il se fût agi de livrer un secret diplomatique.

Dans la soirée, le pont de l'*Immaculée-Conception* est converti en salle de bal; un orchestre plus bruyant qu'harmonieux, composé d'un accordéon, de cymbales et d'un tambour de basque, exécute des airs de danse qui n'ont pas même le mérite de l'originalité. Une partie des hommes de l'équipage fournit le personnel des danseurs, l'élément féminin est représenté par les futures Calédoniennes dont j'ai signalé plus haut la présence, et auxquelles on n'a évidemment pas songé, quand le navire a été baptisé.

La chorégraphie burlesque à laquelle se livrent pendant quelque temps ces messieurs et ces dames divertit beaucoup un certain nombre de spectateurs. Pour moi, cette vulgaire exhibition manquait absolument d'attrait; c'était comme une note discordante qui venait troubler le plaisir des derniers instants où il m'était encore permis de contempler le paysage pittoresque et poétique que j'avais sous les yeux et auquel les molles clartés de la blonde Phœbé prêtaient en ce moment un charme de plus.

Il est dix heures, les danses cessent, le signal du départ vient d'être donné, tout rentre dans l'ordre et le silence, plusieurs familles Corses s'embarquent, puis l'ancre est levée et le paquebot s'éloigne du port dont l'eau reflète, en faisant miroiter comme une ceinture de feu, les lueurs des becs de gaz rangés symétriquement sur le quai. Bientôt, il n'apparaît plus de la Corse que le phare d'Ajaccio dont l'œil fulgurant perce les ténèbres de la nuit et nous suit encore longtemps au loin.

C'est seulement le lendemain, dans l'après-midi,

que nous commençons à apercevoir les côtes brûlées de la Provence; notre paquebot se croise à tout instant avec une multitude de bâtiments français et étrangers sur l'immense route liquide qui s'appelle la Méditerranée. Il se fait alors un échange incessant de saluts réciproques, chacun hisse le pavillon de sa nation respective. Voici Toulon, Cassis, la Ciotat, puis la pittoresque chapelle de Notre-Dame de la Garde; enfin, nous touchons au port de Marseille après une traversée de soixante heures que le temps avait constamment favorisée.

A peine avions-nous mis le pied sur la belle terre de France, que le fisc, représenté par d'impitoyables douaniers, venait arrêter les premiers élans de notre joie patriotique en nous tenant prisonniers dans une salle remplie des colis les plus hétéroclites. Là, les passagers de l'*Immaculée, Conception* furent soumis, pendant deux heures au moins, aux plus minutieuses perquisitions. La nuit commençait déjà à étendre son voile sombre sur l'antique colonie phocéenne, quand nous recouvrâmes notre liberté.

Le lendemain dimanche, en compagnie du payeur de Guelma, amateur enthousiaste et éclairé de peinture, qu'il cultivait avec passion dans les loisirs que lui laissait l'exercice de ses fonctions, nous visitions la galerie de tableaux qui occupe, comme je l'ai dit au début de ce récit, une des ailes du magnifique palais de Longchamps. Ce musée, un des plus riches de province, contient une curieuse et estimable série de toiles de l'école provençale, un certain nombre d'œuvres des écoles italienne, hollandaise, espagnole, et des peintres contemporains de l'école française dont la perle est assurément la *Judith* d'Henri Regnault. Les Marseillais sont si fiers et si jaloux de posséder cette toile, qu'ils ont refusé de s'en séparer momentanément, pour contribuer à l'éclat de l'exposition posthume organisée en 1872, au palais des Beaux-Arts, par les soins des amis du jeune et héroïque peintre, tué à Buzenval, victime de sa bravoure (1).

M. F..., fanatique admirateur de Corot, concentrait la plus grande partie de son attention sur les quelques toiles de ce maître éminent, exposées au musée de Marseille. Durant le trajet que nous fîmes ensemble de cette ville à la capitale, combien de fois l'entendis-je s'écrier avec une exaltation croissante, en contemplant les divers paysages qui passaient fugitivement devant nos yeux : « Quel

---

(1) Ce fut au mois de mars 1872 qu'eut lieu cette exposition spéciale des œuvres d'Henri Regnault.

On s'étonna de ce travail immense, et cependant plusieurs ouvrages importants, qu'on avait admirés dans cette même salle, faisaient défaut.

L'*Automédon*, vendu en Amérique, ne pouvait être apporté de si loin ; la *Judith*, achetée par le musée de Marseille, fut refusée par le conseil municipal malgré les instances réitérées et malgré le sentiment patriotique qui aurait dû commander l'envoi de cette toile.

délicieux, quel superbe, quel admirable Corot ! »

Ses ravissements artistiques se renouvelaient à chaque pas : tantôt c'était un bouquet d'arbres au feuillage printanier trempé dans le brouillard du matin, tantôt une verte prairie constellée de fleurs champêtres que la rosée perlait encore de gouttelettes transparentes ; plus loin serpentait doucement, au milieu d'un vallon ombreux, un ruisseau à l'onde argentée. Enfin le disciple de Corot ne cesssait de s'émerveiller au spectacle des scènes poétiques de la nature, affectionnées par le peintre quelquefois un peu nébuleux des aurores et des crépuscules.

C'était le moment de l'exposition périodique de peinture et de sculpture aux Champs-Élysées ; on pense bien que le fonctionnaire algérien y était assidu. Quelques jours après mon retour à Provins, j'allai aussi faire mon pèlerinage annuel au Salon. Une des premières personnes que j'y rencontrai fut M. F.... Comme il y passait la plus grande partie de ses journées, il connaissait parfaitement les trois ou quatre mille tableaux exposés au Palais de l'Industrie. Aussi fus-je heureux de pouvoir profiter de son offre amicale de me guider dans l'immense dédale artistique.

M. F..., en me quittant, m'invita avec les plus pressantes instances à accepter son hospitalité à Guelma, où, aussitôt rentré, il allait s'occuper de fixer sur la toile quelques-uns des nombreux motifs de paysages, genre Corot, qui lui étaient apparus pendant son voyage et qu'il serait flatté, disait-il, de soumettre à mon appréciation.

Je ne désespère pas de pouvoir répondre un jour à la gracieuse invitation de l'aimable fonctionnaire. Ce sera pour moi l'occasion de revoir ce merveilleux pays d'Algérie et d'ajouter un appendice à ces notes qu'un premier et trop court voyage m'a déjà permis de recueillir et de publier.

FIN DE LA PREMIÈRE PARTIE

# DEUXIÈME PARTIE

## I

Au lecteur. — En route pour le désert. — Débarquement à Philippeville. — Le dimanche des Rameaux. — Réservistes algériens. — Arrivée à Constantine. — Les nouvelles rues. — Un voyageur en papeterie. — De Constantine à Batna. — Les chots. — Paysage matinal. — Premières caravanes.

En terminant mes premières notes sur l'Algérie, je manifestais l'impatient désir de revoir un jour les rivages africains que je venais de quitter avec regret, presque avec chagrin. Il me restait tant de choses intéressantes à connaître de ce beau et curieux pays, dont je n'avais guère fait qu'effleurer le sol !

Enfin, après un long intervalle de quatre années, l'heureux jour si ardemment souhaité se levait pour moi.

J'allais de nouveau franchir le grand lac méditerranéen, sur les bords duquel s'épanouissent majestueuses ou charmantes, comme des reines fières de leur puissance et de leurs attraits, les cités les plus illustres et les plus florissantes de l'Europe, de l'Afrique et de l'Asie.

Cette fois, le principal objectif de mon voyage devait être une visite au désert, dont le nom prestigieux éveillait dans mon imagination tout un monde idéal, plein de poésie et de mystère.

Le 2 avril 1879, je quittais Paris pour prendre la route du Sahara, dont Marseille peut être considéré comme la première étape et Philippeville la seconde.

Après une traversée assez agitée, dont je crois inutile de relater les incidents physiologiques, lesquels se reproduisent presque invariablement et n'intéressent que ceux qui en sont victimes, nous débarquons dans le port de l'antique *Rusicada*.

Quand je dis nous, je dois tout d'abord faire observer que ce pluriel s'applique à mon humble personne et à mes deux compagnons de route. La petite caravane provinoise se compose de trois touristes unis par les liens d'une proche parenté et animés de la même passion voyageuse.

En même temps que nous, descendent, du paquebot le *Bastia*, le général de division Forgemol et sa nombreuse famille.

Le brave militaire va prendre possession du commandement de la province de Constantine, auquel il vient d'être appelé. Je me disais que, s'il avait pu par la même occasion user de son autorité pour ordonner aux flots révoltés de s'apaiser, il eût épargné aux passagers du *Bastia*, ainsi qu'à lui-même, de bien douloureuses épreuves! Je me plais de suite à constater que notre éminent compatriote fut plus heureux lorsqu'il s'agit de réprimer l'insurrection qui éclata dans les montagnes de l'Aurès, peu de temps après son arrivée, et plus tard quand il eut à combattre les farouches Kroumirs.

Au moment où nous prenons pied sur la terre africaine, une bise violente et glaciale nous accueille, le ciel est sombre et brumeux. Fâcheux début pour les voyageurs qui abordent la première fois dans le pays où mûrissent les dattes! Mais, à la surprise et à la satisfaction générales, un changement soudain s'opère, le soleil apparaît tout à coup à l'horizon. Son disque embrasé fond les vapeurs qui le masquent et teint de pourpre et d'or les collines boisées qui entourent la cité à laquelle le roi Louis-Philippe a donné son nom.

Les formalités de douane remplies, nous voilà errants dans les rues larges et symétriques de la ville presque entièrement française, dont je n'ai plus ici à refaire la description.

C'est le jour des Rameaux, la vaste place de l'église regorge de marchands et de marchandes qui vendent, au lieu du buis consacré chez nous, des branches d'olivier; en Italie et en Espagne, ce sont des palmes que l'on offre à la dévotion des passants.

Quelques Arabes, pittoresquement drapés dans

leurs burnous de laine blanche, circulent indifférents au milieu des groupes. Ils conservent la même attitude impassible, presque dédaigneuse, quand défilent devant eux les régiments qui, musique en tête, se rendent à l'office dominical.

Quelques heures après notre débarquement, nous quittons Philippeville pour prendre le train de Consstantine, dans lequel sont montés quantité de réservistes algériens revêtus de l'uniforme de leurs régiments respectifs. Ce sont tous des enfants de Moïse qui reviennent de France en Algérie pour remplir, à l'occasion des fêtes pascales, les devoirs prescrits par la religion.

Ils témoignent, par des manifestations un peu bruyantes, la satisfaction de se sentir libres et d'être rendus pour quelques jours aux jouissances de la vie de famille. L'expansion de leur gaieté se traduit par des chants bizarres dont les échos parviennent à nos oreilles chaque fois que le convoi ralentit ou suspend sa marche.

Un de mes voisins, qui habite le pays et n'est pas partisan des décrets d'assimilation du ministre Crémieux, m'insinue malicieusement que les juifs indigènes sont certainement fiers d'être francisés, mais que la naturalisation, en leur conférant des droits et des avantages dont ils apprécient l'importance, leur a imposé certaines charges, et qu'entre autres, celle de l'obligation du service militaire n'inspire à la plupart qu'un enthousiasme modéré.

Durant le parcours, ornés des costumes les plus riches et les plus fantaisistes, les parents et les amis des jeunes guerriers se pressent aux gares pour les recevoir et les acclamer.

Que de veaux gras vont être immolés aujourd'hui dans Israël à l'occasion du retour des chers absents! Par suite de ces ovations répétées et de la confusion qui en résulte, le train subit de longs retards, et il fait complètement nuit quand le convoi débouche du noir tunnel qui aboutit à la gare de Constantine, où nous trouvons une foule d'officiers et de chefs indigènes qui attendent le général Forgemol pour le saluer à son arrivée.

A travers l'obscurité brumeuse qui enveloppe la vieille Cirta, scintillent des milliers de points lumineux, disséminés dans toutes les parties de la ville, dont les maisons s'étagent en escaladant les pentes abruptes du rocher qui les supporte. D'ici, on dirait des essaims de lucioles voltigeant dans les airs.

En reprenant possession de la chambre que j'avais occupée quelques années auparavant à l'hôtel d'Orient, il me semblait que je l'avais à peine quittée. J'y retrouvais dans toute leur vivacité les impressions que j'avais ressenties lors de ma première installation. Rien de changé dans la composition et la disposition du mobilier; je constate encore que le personnel du service est resté le même, ce qui constituait à mon avis une bonne note en faveur de l'établissement.

Quelle joie, le lendemain, d'explorer de nouveau cette ville pittoresque, dont la physionomie originale m'avait tant frappé la première fois, et qui reste encore une des plus curieuses de l'Algérie, en dépit des mutilations que lui font subir les édiles locaux, sous prétexte d'embellissement et de salubrité (1) !

Toujours la même animation, la même variété de costumes dans le quartier arabe, inextricable fouillis de rues, de ruelles, d'impasses étranges, d'une physionomie si franchement orientale.

Notre premier soin, en arrivant, avait été d'assurer nos places dans la diligence qui fait le service de Constantine à Biskra, trajet que l'on peut effectuer en deux étapes, en s'arrêtant à Batna, situé à peu près à moitié chemin.

Dans la soirée du 9 avril, après trois jours passés à Constantine, au moment où nous allions nous embarquer pour le désert, la place de Nemours, où sont installés les bureaux des diverses diligences

(1) Je me suis laissé dire que les larges et profondes trouées que la municipalité fait pratiquer systématiquement à travers le quartier arabe n'étaient pas seulement une mesure hygiénique, mais encore un moyen d'arriver graduellement à l'élimination des indigènes qui sont en majorité à Constantine, et que l'on juge sage et politique d'éloigner de la ville, où leur concentration pourrait, à un moment donné, causer des embarras sérieux.

qui partent généralement à la même heure, était loin de présenter l'image de la solitude.

A peine si nous parvenons à nous frayer un passage à travers la foule bruyante agglomérée dans cette partie de la ville, où règne une circulation des plus actives à toute heure de la journée et même de la nuit.

Une des places du coupé a été retenue par un voyageur qui doit prendre la voiture au passage, de sorte que l'un de nous est obligé de se détacher pour se loger à l'intérieur, où plusieurs bédouins sont déjà casés. J'ajoute que c'est une société peu recherchée des Européens, car, malgré les ablutions fréquentes auxquelles les sectateurs de Mahomet sont assujettis, leur propreté est souvent, au moins pour la plupart d'entre eux, fort problématique, et leurs vêtements, qu'ils renouvellent le moins possible, distillent rarement des senteurs balsamiques.

Au signal impératif du conducteur, les chevaux s'élancent dans la direction du pont d'El-Kantara et s'arrêtent devant un café de la rue Nationale. La portière du coupé s'entrouvre pour donner passage au troisième voyageur dont la place a été réservée.

Est-ce un ballot de marchandises ou un être humain qui vient de s'introduire dans notre étroit compartiment?

C'est la question que je me pose en considérant

l'intrus enveloppé de la tête aux pieds dans un immense paletot de fourrure aux poils hérissés, Les saluts polis qu'il nous adresse en relevant son capuchon dénotent un homme civilisé.

A la lueur fumeuse de la lanterne accrochée à la voiture, je parviens à distinguer la figure un peu pâle d'un grand garçon de 20 à 25 ans, aux traits fins et réguliers. Ses yeux d'un bleu transparent regardent avec une fixité pénétrante. Une petite moustache, d'un blond fade comme la couleur de ses cheveux, ombrage sa bouche dont les lèvres amincies ont une expression dédaigneuse et narquoise, qui fait songer au *Méphistophélès* de Faust.

— Ne craignez rien, madame et monsieur, je ne vous gênerai guère, s'écrie en s'installant le plus commodément possible notre nouveau compagnon ; je suis aussi mince que Sarah Bernhardt.

C'était peut-être vrai, mais l'ampleur et l'épaisseur de ses vêtements suppléaient singulièrement à son défaut d'embonpoint naturel.

Contrairement à sa déclaration, mon voisin prend tellement ses aises que, si je ne résistais pas à ses empiétements réitérés, il ne me resterait plus qu'à lui offrir ma place.

En dépit de cette petite lutte dans laquelle je déploie toutes les ressources de ma stratégie, la conversation s'établit entre nous sur le ton d'une parfaite courtoisie, et je ne tarde pas à savoir que le paletot de fourrure est un commis voyageur parisien en papeterie qui se rend à Biskra, un peu pour ses affaires et beaucoup pour son agrément.

L'oasis de Biskra ne se trouvait pas comprise dans l'itinéraire qui lui avait été tracé par son patron ; mais la tentation de pousser une *pointe* jusqu'au désert l'avait emporté sur la consigne, et il s'était décidé à faire l'école buissonnière.

Je l'assurai qu'il pouvait compter sur mon entière discrétion.

Très bavard et très expansif, le voyageur de commerce. Je suis bien vite initié à une foule de particularités qui lui sont personnelles et n'offrent à ma curiosité qu'un intérêt médiocre.

Ainsi, j'apprends, par exemple, qu'il vient de passer trois nuits successives en chemin de fer sans éprouver la moindre fatigue, grâce à la faculté qu'il possède de dormir en wagon et en voiture aussi bien que dans son lit. J'apprends encore que mon voisin est descendu à l'hôtel de Paris, à Constantine, très supérieur, selon lui, à l'hôtel d'Orient pour le confort de la nourriture et le bon marché. — Je dois vous dire que les commerçants y jouissent de certains avantages auxquels n'ont pas droit les autres voyageurs.

Supposant, non sans raison, que j'appartenais à cette dernière catégorie : — Je me charge, ajoute-t-il gracieusement, de vous présenter, si vous le voulez, en qualité de confrère, et de vous faire bénéficier des mêmes privilèges.

Je me contente de décliner l'offre aimable de l'officieux client de l'hôtel de Paris. Puis l'entretien s'engage sur Biskra, qu'il prétend connaître comme s'il y eût fait un long séjour.

— Ayez soin de vous préserver des scorpions qui pullulent dans le pays et dont la blessure est souvent mortelle, et gardez-vous surtout de boire de l'eau, sous peine de vous voir en peu de temps envahi par le *clou* dit de Biskra, sorte d'abcès d'une nature particulière qui atteint les Européens non acclimatés.

Ces recommandations faites d'un ton de sollicitude paternelle, mon voisin, après m'avoir souhaité le bonsoir, se tut tout à coup, se pelotonna dans sa houppelande, ramassa sur ses genoux son épaisse couverture de laine, et, au bout de dix minutes, un ronflement accentué annonçait que le commis papetier entrait dans le monde des rêves, d'où il ne devait sortir que le lendemain matin, conformément à ses excellentes habitudes.

Quant à moi, je continue à veiller en écarquillant les yeux pour saisir quelques détails du paysage baigné dans les douces clartés de la lune dont le disque lumineux a atteint son dernier développement. Une double chaîne de montagnes se profile à droite et à gauche du chemin, puis la route s'allonge au milieu d'une plaine immense absolument dénuée d'arbres. Pendant quelque temps, nous longeons les rives de deux grands lacs salés ou *chots*, qui bordent le chemin de chaque côté. L'astre des nuits, ce phare céleste, fait miroiter ses purs rayons sur l'onde immobile; d'ici, on dirait de larges bassins remplis d'argent en fusion.

C'est de cet endroit que les archéologues vont faire un pèlerinage au *Médrassen*, monument funéraire fort curieux, qui, suivant la tradition, a servi de sépulture aux rois de Numidie.

Je me borne à donner une vague pensée à l'antique mausolée, mes paupières commencent à s'appesantir, et je ne tarde pas à suivre dans le pays des songes mon voisin qui, j'imagine, se soucie peu des beautés du *Médrassen*.

Je me propose, du reste, de visiter plus tard le tombeau de la *Chrétienne*, ou plutôt des rois de Mauritanie, lequel a une grande analogie avec celui des souverains de Numidie.

L'horizon s'empourprait des premiers feux de l'aurore, quand j'ouvris les yeux; le voyageur parisien n'avait pas encore achevé sa nuit.

Singulière nature que celle qui s'offre à mes regards! Sommes-nous en Afrique ou dans quelque coin abrupt de l'Auvergne?

A gauche, une ligne de montagnes pelées et uniformes borne l'horizon; à droite, une plaine aride et rocailleuse s'étend à perte de vue.

Ici, plus de cactus, de figuiers d'Inde, d'aloès,

dont les feuilles épaisses tapissent de leur verdure un peu sombre les rocs amoncelés autour de Constantine. Aucun spécimen de la flore tropicale n'apparaît, le sol est absolument nu, sauf à de rares endroits où se montre une herbe chétive au milieu de laquelle croissent comme à regret quelques arbustes rabougris. Enfin, de place en place, on aperçoit des taches noires : ce sont des gourbis à demi enfouis dans les replis du terrain accidenté.

Ces espèces de tanières abritent des générations d'hommes presque sauvages qui naissent et meurent misérables, sans avoir jamais connu les joies du monde civilisé, et n'en sont peut-être pas plus à plaindre pour cela.

L'impression de mélancolie que j'éprouve en contemplant ce paysage désolé est quelque peu atténuée par la rencontre de caravanes que nous croisons d'instant en instant. Elles sont plus ou moins nombreuses et se composent le plus généralement de chameaux au cou disgracieusement allongé, aux yeux placides, dépourvus de toute expression, d'ânes ou de chevaux qui cheminent lentement sous la conduite de familles indigènes.

Souvent les femmes, dont quelques-unes se voilent précipitamment le visage à notre approche, sont juchées avec leurs petits enfants sur la croupe des dociles animaux.

Rien de plus émouvant et de plus pittoresque que ces apparitions bibliques à cette heure matinale. La plupart de ces troupes nomades viennent du désert pour se rendre au marché de Constantine, où elles apportent les produits du sud pour les échanger contre les objets qui leur sont le plus nécessaires.

En approchant de Batna, les montagnes s'élèvent de plus en plus sans perdre leur caractère de monotonie et de tristesse. Cependant, aux abords de la ville, on commence à découvrir des terres bien cultivées, des vergers, des jardins, attenant à de riantes habitations; l'intelligence et le travail persévérant du colon ont triomphé de la stérilité du sol.

## II

Batna. — Un peu de topographie. — L'hôtel des Étrangers. —Un officier provinois.—Excursion à Lambessa.— Le camp romain et le prætorium. — Vénus et Jupiter. — Manie iconoclaste. — Les pierres qui parlent. — Un pâtre musicien. — Préludes d'orage. — Village nègre. — Fantasia de négrillons. — Détails de mœurs. — Chiens indigènes. — Pluie d'or. — Effets de perspective.

Nous faisons notre entrée par une des portes monumentales de l'enceinte fortifiée, et, quelques minutes après, nous nous installons à *l'Hôtel des Étrangers*, fort bien tenu par un ancien sous-officier de l'armée d'Afrique. Sur toute l'étendue de la façade, règne un élégant balcon qui domine la place rectangulaire dont un côté est occupé par l'église sans style, surmontée d'une massive tour carrée.

Vis-à-vis, se dessinent les allées symétriques d'un modeste square fermé par une grille en fer à hauteur d'appui.

Les platanes et les ormes plantés entre l'église et le square sont aussi dépourvus de feuilles que l'étaient les arbres de nos promenades au moment de notre départ pour l'Algérie. Il est vrai que Batna, situé à 35 degrés de latitude, s'élève à plus de 1,000 mètres au-dessus du niveau de la mer, Provins n'atteint qu'une altitude de 92 mètres.

Je m'explique maintenant pourquoi ce matin je grelotte comme si je me trouvais dans quelque province septentrionale de l'Europe. Par contre, la température normale de l'été dépasse, me dit-on, 40 degrés centigrades. Quel aimable climat! On s'imagine aisément qu'ici il ne faut pas rester les bras croisés pour faire pousser des légumes et des fruits sur un terrain sec et sablonneux, presque aussi rebelle à la végétation que le Sahara lui-même.

Rues larges qui se coupent à angles droits, maisons bâties sur un plan uniforme, composées d'un rez-de-chaussée et exceptionnellement d'un premier étage; voilà tout ce qu'on peut dire de Batna.

J'ajoute encore, pour ne rien omettre, que ce petit chef-lieu d'arrondissement est divisé en trois quartiers distincts dont l'un est occupé par la population européenne, l'autre par les indigènes, et le troisième par la garnison qui atteint un chiffre important, en raison de la position stratégique de la ville.

La plupart des officiers des divers régiments casernés à Batna prennent leur pension à *l'Hôtel des Étrangers;* j'ai le plaisir d'y rencontrer, au moment où il va se mettre à table, un de mes jeunes compatriotes, M. Ernest Moret, lieutenant au 3ᵉ bataillon d'infanterie légère, lequel nous offre de suite ses services avec la plus grande obligeance. Un plan d'excursion à Lambessa, la seule curiosité du pays, est bien vite arrêté, et, après le déjeûner, la colonie provinoise qui, compte un membre de plus, s'installe tant bien que mal dans une espèce de voiture difficile à classer parmi les véhicules connus.

Le trajet, d'environ 10 kilomètres, s'effectue du reste sur une excellente route qui fait honneur au service local des ponts et chaussées; les points de vue que l'on embrasse en la parcourant distraient constamment l'attention. D'un côté s'étend la campagne qu'égaient les toits rouges des bâtiments d'exploitation agricole qui s'enlèvent vigoureusement sur un fond de verdure tendre; de l'autre, on longe les contreforts de l'imposant massif des monts Aurès, dont quelques cimes sont couronnées d'une blanche auréole de neige.

Plusieurs fragments d'antiquités, rangés avec un certain art dans un jardinet qui borde la route, signalent l'approche du village de Lambessa, assis sur la pente doucement inclinée d'une colline. La création de ce minuscule musée lapidaire, sorte de préface qui prépare l'étranger au spectacle dont il va être témoin, est due à l'initiative intelligente du curé de l'endroit.

En face de nous se développe un vaste ensemble

de constructions modernes. Ce sont les bâtiments du pénitencier, maison centrale de détenus indigènes et européens qui a acquis une triste célébrité par suite de l'affectation qu'elle reçut en 1850. On sait que de nombreux condamnés politiques y furent transférés, à cette époque troublée de notre histoire, où l'arbitraire s'était substitué à la justice régulière.

Je m'abstiendrai de toute réflexion philosophique ou sentimentale que peut provoquer la vue de ce Mazas africain, qui ne renferme aujourd'hui que des détenus pour délits de droit commun, et où l'élément arabe, me dit-on, est largement représenté. Quelques pas plus loin, nous pénétrons dans un vaste champ presque entièrement recouvert de ruines.

Innombrables sont les vestiges, autels votifs, stèles funéraires, colonnes, chapiteaux, etc., plus ou moins mutilés qui gisent sur l'emplacement occupé jadis par le quartier général de la 3ᵉ légion romaine.

Une construction imposante, qui attire de suite le regard, domine l'ensemble de ces débris épars de tous côtés; elle est connue sous le nom de *Prætorium*, et présente une certaine analogie avec l'arc de Janus quadrifrons, à Rome. Nous faisons le tour du monument où se rendait la justice militaire des conquérants du monde. A l'intérieur de la vaste salle à laquelle on accède du dehors par quatre portes cintrées, se trouvent réunis quantité d'objets provenant des fouilles pratiquées dans le sol de l'ancienne cité. Parmi les statues exposées, je me plais à contempler une séduisante Vénus taillée dans le carrare, qui apparaît comme la divinité du sanctuaire artistique. A ses côtés se tient respectueusement un superbe Jupiter, qui semble incliner sa majesté olympienne devant la belle déesse.

De là, nous faisons une rapide revue des intéressantes curiosités étalées avec une incroyable profusion sous nos yeux, et auxquelles le soleil, qui les éclaire depuis tant de siècles, a imprimé une patine d'or d'un saisissant effet.

Cette exploration rétrospective est singulièrement facilitée par la présence de notre cicerone militaire, parfaitement initié aux secrets de l'immense musée en plein air. Il donne sur chaque chose des indications et des explications qui feraient honneur à un professeur d'archéologie.

J'ai occasion en passant, de constater une fois de plus la monomanie destructive et rapace des touristes, surtout quand ils sont anglais, qui, sous prétexte de remporter un souvenir palpable de leur excursion, laissent des traces de leurs déprédations dans tous les endroits célèbres où ils passent.

Leur vandalisme ne connaît point de bornes; n'ai-je pas lu dernièrement dans les journaux que leur rage iconoclaste s'attaque même aux pyramides d'Égypte? Après cela il taut tirer l'échelle.

Ici, on a pratiqué ce genre de razzia dans d'effroyables proportions. Combien de poteries, de mosaïques, de sculptures, ont ainsi disparu par suite du défaut de surveillance qui favorise les démolisseurs !

Heureusement, une partie des objets les plus intéressants et les plus curieux ont été soigneusement recueillis et déposés dans nos collections publiques en France et en Algérie.

Je foule sous mes pieds quantité de pierres chargées d'inscriptions plus ou moins frustes, dont je renonce à entreprendre le déchiffrement; elles ont sans doute été abandonnées par le savant épigraphiste Léon Renier, qui s'est contenté de relever les plus importantes. Plus de 1,500 inscriptions ont été ainsi publiées par ses soins.

C'est déjà un joli chiffre.

Si la moisson d'antiquités que l'on peut faire ici en se donnant seulement la peine de se baisser est inépuisable, en revanche, la récolte des rares parties cultivables du champ où sont disséminés les restes précieux d'une civilisation éteinte doit être fort maigre.

J'aperçois des troupeaux de moutons affamés, errants à la recherche d'une place herbue qu'ils puissent tondre de la largeur de leur langue,

Quelques chèvres au poil noir tacheté de blanc, escaladent agilement des pans de muraille en ruine, et se précipitent avec avidité sur les feuilles clairsemées d'arbustes dont les branches se sont frayé une issue à travers les interstices des pierres.

Un pâtre, assis mélancoliquement sur les gradins mutilés du cirque, module sur sa flûte de roseau quelques notes plaintives dont la poésie sauvage s'harmonise parfaitement avec le paysage, qui rappelle celui de la campagne romaine.

Le soleil, qui jusque-là avait brillé par intermittences, disparaît tout à fait derrière un épais rideau de nuages dont l'ombre enveloppe la nécropole d'une teinte lugubre.

Les rafales de vent se succèdent avec une impétuosité inouïe; encore un instant, et la tempête va se déchaîner dans toute sa fureur.

Cependant nous ne voulons pas fuir avant d'avoir poussé une reconnaissance jusqu'au village de Lambessa. Un coup d'œil suffit du reste.

Rues spacieuses, macadamisées, sur lesquelles s'alignent symétriquement des maisonnettes blanchies à la chaux, réduites à un simple rez-de-chaussée, et qui n'ont de remarquable que leur propreté; voilà à quoi peut se borner la description de ce bourg dominé par les monts Aurès.

Nous reprenons à la hâte la route de Batna; pendant une partie du trajet, une pluie fine et serrée, mêlée de poussière que soulève le vent, nous fouette le visage et nous oblige à tenir les yeux fermés, puis, comme par enchantement, la tourmente se calme tout à coup et le soleil resplendissant vient reconquérir sa place dans l'azur céleste.

Au lieu de rentrer directement à Batna, nous nous faisons arrêter devant le village nègre, situé à proximité de la ville. Nous nous engageons dans les rues ou plutôt les ruelles tortueuses et infectes habitées par les noirs fils du Soudan.

Qu'on se figure des huttes en boue séchée, construites sur un sol sablonneux, surmontées de terrasses et où le jour ne pénètre que par une ouverture qui sert de porte d'entrée! Quand cette porte est entrebâillée, on aperçoit à l'intérieur s'agitant dans une demi-obscurité quelques ombres silencieuses.

C'est dehors qu'il faut chercher la population, qui, malgré la dénomination que porte le village, est loin de se composer exclusivement d'habitants appartenant à la race nègre ; les Arabes et les Maures des deux sexes s'y rencontrent à peu près en nombre égal.

Étrange tableau que celui des femmes, négresses ou mauresques, que nous voyons assises, couchées, accroupies, allongées dans des attitudes molles et paresseuses, au milieu de la chaussée brûlante, insensibles aux ardeurs du soleil qui devrait les calciner toutes vives!

Elles portent des vêtements bizarres, qui auraient beaucoup de succès dans un bal costumé ; leurs tuniques ne sont souvent que des lambeaux d'étoffes de couleurs criardes, assemblées comme au hasard, sortes de mosaïques grossières de laine et de coton, mais toujours pittoresques dans leur éclat tapageur et disparate. Pas une de ces créatures, si misérable qu'elle soit, qui n'ait les bras et les jambes ornés d'anneaux de métal plus ou moins précieux et d'un travail toujours original. Quelques-unes de ces filles de bronze ont le visage, les mains et les jambes, illustrés des tatouages les plus fantasques. Les bas et les chaussures sont un luxe à peu près inconnu au beau sexe de l'endroit.

Notre attention est distraite par le spectacle d'affreux négrillons complètement nus qui se livrent aux jeux de leur âge, se poursuivent et se jettent des cailloux et du sable en poussant des cris sauvages; ils exécutent des gambades avec une souplesse acrobatique. On dirait une troupe de diablotins en récréation. La plupart ont la tête rasée, sauf une mèche de cheveux qu'ils conservent sur l'occiput en souvenir de Mahomet.

Maintenant je dois ajouter que le village nègre n'est pas précisément l'asile de la vertu ni le théâtre des mœurs champêtres ; la majorité des femmes qui y résident exercent le commerce le moins avouable, et il en résulte que cette annexe de Batna peut être considérée comme un vaste lupanar indigène. La seule construction qui se distingue par son élégance et sa propreté de l'amas des masures immondes qui l'entourent et lui servent de repoussoir, est une mosquée de forme circulaire, couronnée d'une gracieuse coupole.

En regagnant Batna par le chemin de traverse, nous passons devant les tentes grossières d'une tribu nomade campée au milieu de terrains vagues.

Malheur à l'imprudent qui tenterait de s'approcher pour saisir quelque détail de la vie intime de ces bédouins, espèces de bohémiens du désert : il courrait risque de subir le sort de l'infortunée Jésabel.

D'horribles molosses à l'œil flamboyant, aux poils fauves et hérissés comme des dards, sont placés en sentinelle aux abords du camp. Aussitôt qu'ils nous aperçoivent, ils se mettent à hurler et montrent leurs crocs aigus en faisant mine de se jeter sur nous. Leur attitude agressive ne laisse aucun doute sur les intentions de ces prétendus amis de l'homme.

Heureusement, le lieutenant parvient à dompter la meute féroce, à l'aide d'un procédé fort simple, mais dont la pratique lui a appris l'efficacité. Il se contente de ramasser des pierres et, au seul geste de les leur envoyer, les cerbères, aussi poltrons que méchants, se replient du côté de leurs tanières. Grâce à leur retraite précipitée, nous pouvons rentrer intacts à notre domicile.

La pluie se mit à tomber sérieusement pendant la soirée et la nuit ; elle durait encore le lendemain matin. J'en fus quelque peu attristé, mais je dus dissimuler cette impression en abordant mon hôte, dont le visage était radieux.

« Véritable pluie d'or, me dit-il en se frottant les mains. Voilà trois années que nous sommes privés de cette rosée bienfaisante, grâce à laquelle la récolte des orges, compromise par une sécheresse persistante, va se trouver assurée. »

Tout en regrettant que le phénomène atmosphérique ne se fût pas produit un peu plus tôt ou un peu plus tard, je dus m'associer à une joie aussi légitime. Puis, comme chaque chose en ce bas monde a un bon et un mauvais côté, je me consolai à la pensée que nous serions préservés aujourd'hui des intempérances du soleil et des inconvénients de la poussière ; considérations qui avaient leur valeur dans une pareille contrée.

L'heure du départ s'approche.

Du balcon de l'hôtel, mon œil plane sur l'ensemble des maisons dont les toits, lavés par l'eau du ciel, semblent avoir été trempés dans un bain d'huile. Au premier plan, les montagnes qui commandent la ville, à demi cachées par un noir manteau de brume, présentent un aspect funèbre.

Quelques-unes, en se dégageant, laissent peu à peu apercevoir leurs flancs décharnés dont la teinte sombre contraste avec la blancheur de la neige qui recouvre les sommets.

Avant de nous mettre en route, nous nous munissons de quelques provisions comestibles, avertis par l'hôtelier que, sans cette précaution, nous serions exposés à des privations que les chameaux seuls sont capables de supporter.

## III

Départ de Batna. — Les messageries du Sahara. — Un officier des subsistances. — Trop d'orge. — La Baraque. — A déjeuner. — La campagne. — L'Oued-Kantara. — On demande des ponts. — La porte du désert. — L'oasis d'Elkantara. — Effet de siroco. — Les monts Aurès. — Le Djebel Melah. — Le saut périlleux. — El-Outaya.

Huit heures sonnaient au beffroi municipal comme nous montions dans la diligence du Sahara. Le commis papetier, que nous avons perdu de vue à Batna, grimpe sur l'impériale sous prétexte de jouir plus librement des beautés de la nature.

Un officier des subsistances militaires, parti la veille de Constantine, occupe une des places du coupé dont la banquette est aussi dure qu'étroite. Notre nouveau compagnon a un teint fleuri et une physionomie ouverte qui annoncent la bonne humeur et la santé.

Les voyageurs ont été prévenus qu'ils ne devaient emporter que les objets les plus indispensables pour ne pas charger inutilement l'équipage appelé dans la traversée du désert à faire concurrence au chameau.

Les six petits chevaux qui nous conduisent escaladent au galop la pente raide sur laquelle ils se trouvent engagés, à peu de distance de la ville.

A partir du point culminant, on ne rencontre presque plus de route tracée, la voiture court à travers champs, en suivant le plus possible les ornières creusées par les véhicules qui l'ont précédée ou les pistes laissées par le passage des caravanes.

D'instant en instant, les roues s'enfoncent profondément dans la terre détrempée par la pluie diluvienne de la nuit.

Mais rien n'arrête l'ardeur et l'intrépidité de nos fringants coursiers. Je serais disposé à leur accorder une admiration sans réserve si, de leurs corps ruisselants de sueur, ne se dégageaient des émanations fétides dont les habitants du coupé ont la primeur et qui, selon mon voisin des subsistances, proviennent du régime alimentaire auquel ces nobles bêtes, nourries presque exclusivement d'orge, sont assujetties.

Le premier relai, — 35 kilomètres de Batna, — s'appelle *la Baraque,* désignation qui convient parfaitement à cette misérable construction en planches mal jointes, isolée sur un plateau presque complètement nu.

C'est là que nous devons déjeûner.

En face s'élève un petit quinconce de chétifs arbustes, à l'ombre desquels sont assis en ce moment quelques indigènes. Un peu plus loin, campe une nombreuse caravane où les hommes se confondent avec les troupeaux : chevaux, ânes, mulets, chèvres, que dominent de leur taille imposante les chameaux, dont plusieurs, tout jeunes, se distinguent par la blancheur de leur poil.

C'est un spectacle amusant que de voir ces adolescents, avec l'insouciance de leur âge, exécuter les bonds les plus légers et les plus gracieux, caracolant autour de leurs mères qui les regardent tendrement.

L'auberge de *la Baraque* est tenue par une jeune Française, veuve depuis quelques années, qui, pour élever ses enfants, continue la tâche de leur père.

Il faut vraiment un certain courage pour se résigner à habiter une pareille bicoque, où l'on est à la merci du premier malfaiteur venu, sans espoir d'aucun secours du dehors.

A notre grand étonnement, nous trouvons préparé un déjeuner fort passable dont l'omelette et la morue frite (une rareté gastronomique pour le pays) constituent les principaux éléments. Le tout relevé d'un petit vin rouge auquel on est obligé, malgré soi, de faire honneur sous peine d'étouffer. L'eau est tellement malsaine ici qu'il y aurait imprudence à la boire même mélangée avec le jus de la treille.

Le sel extra-gaulois des plaisanteries du facétieux employé de commerce assaisonne ce repas champêtre. L'absence d'eau potable ne lui cause certainement aucune privation ; mais il profite de ce prétexte pour se verser de copieuses et fréquentes rasades du liquide alcoolique qui surexcite encore sa verve naturellement gouailleuse. Je plains sincèrement ses voisins d'impériale qui déjà ont eu à subir, toute la matinée, la faconde étourdissante du loustic à jeun.

Chacun paye son écot, et nous partons.

La diligence, attelée de chevaux frais et robustes monte et descend alternativement les pentes ardues qui se succèdent dans le trajet d'El-Kantara. Le paysage est d'une aridité et d'une monotonie de plus en plus attristantes. Les montagnes élevées mais sans caractère grandiose entre lesquelles nous passons sont composées de roches grises et dénudées. A l'exception de rares endroits où apparaissent quelques verts champs d'avoine, semblables à des tapis d'émeraude encastrés dans la pierre, rien ne vient distraire le regard jusqu'à ce qu'on atteigne le caravansérail les *Tamarins*, espèce de ferme-auberge perdue dans cette thébaïde.

C'est le second relais.

A une courte distance des *Tamarins*, la vallée se rétrécit graduellement et forme bientôt une gorge étroite au milieu de laquelle coule une rivière torrentielle, l'Oued-Kantara, dont nous côtoyons les bords sinueux, en suivant l'abrupt sentier qui la surplombe.

Tout à coup, la voiture descend presqu'à pic dans le lit profond de l'Oued, qu'elle traverse à gué, et atteint d'un bond la rive opposée. Ce n'est pas, comme on pense, sans occasionner aux voyageurs de rudes secousses que s'opère une aussi violente évolution.

L'absence de ponts amène fréquemment la répétition de cet exercice, qui témoigne autant de la vigueur des quadrupèdes que de la solidité et de la légèreté du véhicule.

Le morne silence qui plane dans cette solitude n'est troublé que par les cris rauques de quelques oiseaux sauvages voletant lourdement dans l'air.

En avançant, nous rencontrons des convoyeurs militaires, puis quelques Arabes à cheval; un peu plus loin, ce sont des cantonniers qui, la pioche à la main, s'occupent à établir une voie carrossable. Plusieurs sections du chemin en construction sont, me dit-on, sur le point d'être livrées à la circulation.

Il y a de quoi être confondu quand on considère l'état précaire de la viabilité dans un pays soumis à la France depuis plus de trente-six ans. Ce ne sont pourtant pas les bras qui manquent; il suffirait à l'autorité militaire de requérir en temps de paix un certain nombre de soldats avec le concours desquels s'achèveraient promptement les voies de communication si utiles et si importantes au point de vue des intérêts et des progrès de la colonie!

Nous sommes encore loin de l'époque où le railway de Constantine à Biskra sera posé et où l'on pourra organiser des trains de plaisir de Paris au désert (1).

Le sombre défilé dans lequel nous sommes enserrés commence enfin à s'élargir, et, à un dernier détour, nous nous trouvons tout à coup en face d'un gigantesque rocher veiné de rouge et de jaune, qu'une brèche verticale déchire inégalement de bas en haut.

Cette crevasse profonde donne issue au cours d'eau que nous venons de longer et met en communication le Tell avec le Sahara, c'est-à-dire la partie montagneuse de l'Algérie orientale la plus rapprochée de la mer avec le pays plat au sud du Tell.

Quelques mètres en avant de cette porte du désert, *Porte entre deux mondes* (2), que les Arabes dans leur langage imagé appellent *Fouhm es*

---

(1) Je lis dans la correspondance algérienne, sous la rubrique *Sahara* : « Dans sa tournée, M. Duponchel a constaté et il se propose d'établir que les chemins de fer peuvent être installés à peu de frais et en toute sécurité dans le désert; la construction et l'entretien d'une bonne route y sont chose impossible, la sécheresse et le vent désagrégeant les matériaux avec une excessive rapidité. En l'état, le transport par voitures de Boghar à Laghouat est aussi cher qu'à dos de chameau, et la situation ne pourrait être améliorée que si l'on pavait la route comme l'étaient autrefois nos grandes voies de communication aux environs de Paris. »

(2) Paul Bourde, *A travers l'Algérie.*

*Sahara* (bouche du Sahara), s'étend un poétique vallon où l'on aperçoit disséminées plusieurs maisons européennes parmi lesquelles se distingue l'*hôtel Bertrand,* entouré de jardins et de vergers dont l'éclatante verdure forme un heureux contraste avec l'aridité et la sauvagerie du site. Aussi, l'œil s'arrête-t-il ravi sur ce petit coin de terre où la flore méridionale se montre dans toute sa vigueur. Les orangers, les citronniers, les grenadiers, les rosiers, étalent ici leurs fleurs avec un luxe éblouissant et embaument l'air de leurs enivrants parfums.

Le temps seulement de relayer, et cette vision disparaît; nous allons franchir l'énorme rempart de pierre qui nous sépare pour ainsi dire de l'Afrique, car jusqu'ici nous n'avons presque pas quitté l'Europe. Le caractère franchement africain de la nature ne s'accuse guère que lorsqu'on a dépassé cette limite au-delà de laquelle il n'y a plus de villes, mais des oasis.

Le moment est solennel. J'avais lu, à propos de la transition qui allait s'opérer tout à l'heure sous nos yeux, tant de descriptions admiratives, entendu tant de récits enthousiastes, qu'il me tardait d'en vérifier l'exactitude.

C'est d'abord une impression pénible que j'éprouve pendant que la voiture traverse le pont (*El-Kantara,* en arabe) qui enjambe les deux rives du torrent; les parois de la double muraille calcaire qui se dresse à droite et à gauche se rapprochent tellement dans certaines parties que le jour y est presque complètement intercepté.

Quel soulagement, quelle délicieuse sensation, quand, au débouché du ténébreux couloir où je suffoquais, mon œil plonge tout à coup sur une forêt de palmiers-dattiers, dont les vertes aigrettes, noyées dans le rayonnement d'une lumière resplendissante, ondulent mollement sous les caresses de la brise! Voilà bien le changement à vue auquel m'avaient préparé les récits des voyageurs!

Çà et là surgissent quelques points blancs ou gris perdus dans cette mer de verdure harmonieuse. Ce sont les habitations des indigènes, groupées ou disséminées sur les déclivités d'un terrain accidenté; ces habitations, construites en pisé et généralement rechampies au lait de chaux, sont toutes recouvertes de terrasses.

A leurs pieds coule, en se dirigeant vers le sud, l'Oued-Kantara dont les eaux transparentes glissent doucement sur un lit de cailloux et de pierres détachées des roches voisines, et vont plus tard s'engloutir dans les sables brûlants du désert. Les rives de l'Oued sont bordées de jardins où croissent presque sans culture les citronniers, les orangers, les oliviers. C'est ainsi que j'aime à me représenter les cours d'eau légendaires qui arrosent le sol poétique de la Grèce. L'apparition fugitive de quelques femmes au visage découvert, vêtues de tuniques flottantes dont les couleurs vives, généralement bleues ou rouges, se détachent sur le vert sombre des aloès et des cactus répandus dans le voisinage de la rivière, ajoute encore au charme de ce paysage idyllique.

Quel regret pour moi qui ne connaissais les oasis qu'en littérature, où elles figurent si fréquemment à l'état de métaphores, d'être emprisonné dans une cellule roulante et de ne pouvoir explorer pédestrement les rues tortueuses d'El-Kantara peuplées d'indigènes au nombre d'environ 5,000, de race berbère, c'est-à-dire descendant des habitants primitifs de ces contrées!

Après avoir traversé la grossière enceinte de terre dont l'oasis est flanquée, nous roulons dans la plaine sablonneuse; la solitude s'offre de toutes parts; cependant, du côté du sud-ouest, une ligne de montagne se profile vaguement à l'horizon, ce sont les ramifications de la chaîne des Aurès que l'on ne perd presque pas de vue jusqu'à Biskra.

C'est ce centre montagneux qui fut le théâtre de la dernière insurrection si promptement étouffée par nos braves soldats que commandait le général Forgemol.

Je m'étais volontiers imaginé, sur la foi des touristes, qu'en quittant El-Kantara nous n'aurions plus à contempler au-dessus de nos têtes qu'un firmament d'une pureté inaltérable. Suivant eux, les nuages ne se permettaient jamais de franchir la barrière cyclopéenne que la nature a placée entre le nord et le midi de l'Algérie. On juge de ma déconvenue quand, quelques kilomètres au-delà de l'oasis, au lieu d'un ciel d'azur, je n'aperçois que d'énormes nuages aux teintes rousses et cuivrées qui courent dans tous les sens et ne laissent percer que de loin en loin le soleil dont les rayons blafards viennent se projeter sur un terrain fauve et sablonneux, parsemé de cailloux.

Le vent soufle avec rage et soulève à une hauteur considérable des vagues de sable pulvérulent qui obscurcissent l'air embrasé. Les siflements aigus qu'on entend sans cesse retentir, le mouvement de tangage qui fait osciller la voiture, pourraient presque donner l'illusion d'une traversée maritime quand gronde la tempête. Les chevaux ahuris, aveuglés par la poussière, ne marchent que d'un pas lent et incertain dans la steppe rocailleuse.

« C'est un peu de siroco, dit tranquillement notre placide compagnon; cela ne durera pas. »

En effet, l'atmosphère se rassérène peu à peu.

Les monts Aurès découpent toujours dans le lointain leurs sihouettes étranges, sphinx éternels dont le voyageur qui passe cherche vainement à deviner les énigmes.

Je suis quelque peu intrigué par l'apparition de taches blanches comme de la neige qui couvrent de place en place la superficie du sol; je me demande si ce ne seraient pas les restes de la fameuse manne qui jadis tomba si à propos du ciel pour rassasier les Hébreux affamés.

Mon excellent voisin vient à mon secours, en m'apprenant que ces taches sont des efflorescences salines, répandues surtout dans le voisinage de l'énorme bloc de sel gemme auprès duquel nous allons passer et qui porte le nom de *Djebel el Melah.*

Depuis des siècles, le rocher, dont les cristallisations multicolores miroitent au soleil, est exploité par les indigènes qui en détachent chaque jour des fragments plus ou moins importants pour les vendre aux marchés des villes de la côte et des oasis.

Je rencontrais souvent à Constantine les marchands qui apportaient les cristaux jaunes et blancs semblables à des morceaux de sucre candi, contenus dans des couffes, paniers tressés avec des feuilles de palmier et d'une grande élasticité.

La montagne de sel, malgré les emprunts successifs qu'on lui fait, n'est pas près d'être épuisée; il en reste encore de quoi suffire à la consommation de nombreuses générations.

Nous passons et repassons à de courts intervalles la rivière à gué et toujours avec les mêmes allures vertigineuses. Chaque fois que nous sommes sur le point de traverser le ravin profond, il faut fermer les portières pour éviter les éclaboussures que font jaillir à une grande hauteur les pieds des chevaux.

Au moment d'exécuter le saut périlleux, on a

peine à se défendre d'une certaine appréhension, les mains se cramponnent instinctivement aux courroies de la voiture. L'officier attentif et vigilant donne alors le signal, et, en une seconde, les vitres du coupé se baissent simultanément.

Il est juste d'ajouter que, par suite de la longue habitude des quadrupèdes et grâce à l'adresse des conducteurs expérimentés qui sont renouvelés le moins possible, rarement il arrive d'accidents. Et à ce propos on ne saurait témoigner trop de reconnaissance aux industriels intelligents qui ont trouvé le moyen d'organiser un service régulier de messageries dans une pareille région. C'est presque un tour de force qu'ils ont accompli.

Le mince et inoffensif filet d'eau qui serpente aujourd'hui si doucement dans son lit raviné,

<blockquote>Un géant altéré le boirait d'une haleine,</blockquote>

comme dit spirituellement Moreau dans sa poétique description de la Voulzie, peut se transformer subitement en un courant terrible. Il suffit pour cela d'une pluie d'orage. Dans ce cas, le voyageur surpris n'a d'autre ressource pour continuer son chemin que d'attendre patiemment le retour de l'état de choses normal.

Le jour baisse sensiblement ; à travers les lueurs douteuses du crépuscule, nous entrevoyons, au milieu d'un bouquet de palmiers, quelques habitations étagées sur les pentes d'un coteau peu élevé qui domine la plaine.

C'est l'oasis d'*El-Outaya*, le dernier relais avant Biskra; chacun se précipite de son compartiment pour se procurer à l'auberge du lieu quelques vivres, il ne reste plus ce soir que du pain à acheter. Nous nous félicitons d'avoir emporté de Batna une petite provision d'œufs durs, à laquelle nous sommes heureux de faire participer notre compagnon militaire.

Ici la bise est âpre et glaciale; nous venons soudain de passer des tropiques au pôle nord, il est nécessaire d'endosser le paletot sous peine de pleurésie.

## IV

Une alerte. — Sauvés! — Le col de Sfa et la mer. — Entrée nocturne à Biskra. — L'hôtel du Sahara. — Garçons indigènes. — Manifestation imprévue. — Échos du soir. — Les chambres de l'hôtel. — Jardin d'acclimatation. — Les druides sahariens. — L'arbre du désert. — Les irrigations. — Renseignements utiles.

Quelques minutes de halte, et nous dévorons l'espace, entraînés par l'impétuosité de nos nouveaux coursiers. La nuit est devenue profonde. Tout à coup la diligence s'arrête, le conducteur descend de son siège, il fait quelques pas en avant, muni d'une lanterne avec laquelle il semble sonder les ténèbres.

Que cherche-t-il? Vainement nous l'interrogeons. Ce mutisme obstiné commence à nous préoccuper.

Le postillon descend à son tour et va rejoindre son camarade qui a l'air de plus en plus perplexe. Chacun, après s'être consulté, prend une direction différente. L'arrêt se prolonge, et les voyageurs, abandonnés à leurs méditations, se demandent anxieusement s'ils ne sont pas menacés d'être engloutis par les sables que le vent fait tournoyer et qui s'accumulent autour de la voiture immobile. Des granules impalpables s'insinuent dans le coupé dont les portières sont cependant closes hermétiquement.

Nous étouffons littéralement. Par suite d'un brusque revirement atmosphérique, l'air, glacial tout à l'heure, est maintenant torride. Ce n'est plus le mistral qui souffle, mais le dévorant *simoûn*. La situation est vraiment critique. Par instants il arrive à nos oreilles des bruits étranges que notre imagination surexcitée transforme en rugissements de fauves. Sans y mettre trop d'amour-propre, nous ne saurions nous dissimuler qu'une bande de lions affamés, conduits là par un heureux hasard, trouverait une magnifique occasion de se régaler de chair humaine.

Allah soit loué! C'est une satisfaction que nous ne donnerons pas aujourd'hui au roi des animaux.

Après une demi-heure d'attente, nous voyons reparaître les deux automédons triomphants. Nous apprenons qu'ils étaient allés à la découverte d'un petit cours d'eau (*Séguia*, en arabe), dans le voisinage duquel nous devions être et qu'il fallait nécessairement traverser pour se trouver dans la direction de Biskra.

La pluie tombée la veille, en effaçant la trace des pas des chevaux et des roues de voitures, avait fait perdre la piste à nos guides qui s'étaient égarés et ne s'avançaient plus qu'à tâtons.

Nous passons la fameuse *Séguia;* les chevaux, après leur repos forcé, ont repris un galop effréné, escaladant, culbutant les obstacles qui menacent de leur barrer le chemin.

L'obscurité disparaît graduellement, les étoiles s'allument une à une, l'astre des nuits dessine son croissant d'argent sur la voûte céleste et enveloppe de sa mystérieuse clarté une partie des objets qui nous environnent. Nous commençons à gravir des pentes escarpées sur une route parfaitement entretenue. D'un côté s'ouvrent des précipices béants; de l'autre, s'enchevêtrent dans un pittoresque désordre des montagnes aux formes fantastiques.

Encore un instant, et nous allons franchir le col de Sfa, du haut duquel les voyageurs qui le traversent de jour embrassent un panorama unique. C'est en effet de ce point élevé que l'on plane sur l'immensité du désert, spectacle merveilleux qui arracha des exclamations enthousiastes à nos soldats quand ils le contemplèrent pour la première fois, en s'écriant : Voilà la mer (1)!

L'incident de la *Séguia* nous a occasionné un retard assez sérieux, nous ne toucherons au port qu'à onze heures.

Nous circulons de nouveau sur un terrain plan

---

(1) Les géologues prétendent que le Sahara est le fond d'une mer desséchée à la suite d'un soulèvement du sol. L'impression éprouvée par nos braves troupiers n'était donc pas due à un simple effet d'optique.

et rugueux; bientôt on commence à entrevoir des lueurs d'abord indécises dont l'éclat s'accentue à mesure que l'on s'en rapproche, Ce sont les lumières de Biskra; les voyageurs, emprisonnés depuis quinze ou seize heures, saluent avec transport la bienheureuse apparition. Après avoir traversé un pont, puis une porte pratiquée dans le mur de fortification, la diligence s'engage sur une chaussée que bordent, à droite, des maisons à arcades, et à gauche, des palmiers et autres arbres.

Le conducteur nous arrête devant le bureau de la poste, où, à peine descendus, nous sommes assaillis par une nuée d'indigènes qui nous obsèdent de leurs offres de service dans un idiome franco-arabe.

L'un d'eux, plus entreprenant et plus adroit que ses concurrents, parvient à s'emparer de nos menus colis et nous escorte jusqu'à l'hôtel du Sahara.

Nous trouvons à la porte une hôtesse fort avenante, aux manières distinguées, qui, supposant, non sans raison, que nous devons être à peu près à jeun, nous introduit de suite dans la salle à manger, où un repas plus substantiel que varié nous attend. Le potage aux fèves bouillies dans du lait obtient surtout un succès mérité.

Ici, plus de garçons en redingote ou en habit noir; les domestiques sont de jeunes indigènes au teint bistré, à la physionomie intelligente, coiffés d'un turban de mousseline dont l'extrémité retombe en flottant sur le cou; pantalon blanc bouffant, veste soutachée de couleur brune, ouverte sur un gilet de même nuance, babouches de cuir jaune, tel est le costume de nos serviteurs ce soir.

Ce sont les deux frères.

Ils nous adressent plusieurs questions dans un français presque irréprochable et sans aucun accent de terroir.

Au cours de la conversation, nous disons qu'il a plu abondamment à Batna et dans les environs. A ces mots dont nous étions loin de prévoir l'effet, les jeunes gens éclatent en transports de joie, ils nous comblent de bénédictions en nous remerciant avec effusion de leur annoncer une si bonne nouvelle. Encore un peu, et ils vont se jeter à nos genoux. Nous avons quelque peine à calmer cette singulière exaltation. La position était vraiment embarrassante, presque grotesque, pour nous qui avions la conscience de ne mériter en rien de pareils témoignages de gratitude.

Toutefois la satisfaction des deux Biskris nous parut moins excessive, en réfléchissant que la pluie ne s'était pas montrée depuis plus de trois ans dans ces parages, et que, grâce à sa récente apparition, toute la contrée allait être appelée à en recueillir les résultats bienfaisants.

Dociles aux recommandations qui nous avaient été faites, et peu désireux de nous inoculer *le clou de Biskra*, nous nous abstenons complètement de boire de l'eau.

En sortant de table, malgré l'heure avancée et la fatigue de la journée, nous risquons une promenade nocturne.

Au dehors l'air est vif et sec, la lune est tellement brillante qu'on peut lire aisément à la lueur de ses lumineux reflets.

Les arbres du square, plantés vis-à-vis l'hôtel, frissonnent agités par le souffle de la brise ; les bruissements sonores qui s'échappent de leurs rameaux entrechoqués ressemblent à des voix plaintives. Nous écoutons rêveurs ces mélodies aériennes, échos mystérieux du désert.

Aussitôt rentrés, nous remettons au capitaine S..., gendre du propriétaire de l'hôtel du Sahara, une lettre de recommandation qui nous avait été donnée pour lui à Constantine, par un de ses collègues et amis. Le jeune officier, après en avoir pris connaissance, nous invite gracieusement à disposer de lui, sans aucun scrupule.

Les chambres qui occupent une aile des bâtiments du rez-de-chaussée sont situées à droite et à gauche d'un long corridor aux parois réchampies à la chaux. Celle qui m'est attribuée se trouve à l'extrémité.

Rien de plus simple et de plus modeste que l'ameublement ; il suffit d'ailleurs aux besoins du touriste qui ne reste généralement à Biskra que deux ou trois jours.

Un carrelage en briques sur champ recouvre le

sol; les murs et le plafond n'ont d'autre ornement que la blanche et mince couche de badigeon dont ils sont revêtus.

Une petite et étroite fenêtre, sorte de lucarne armée de barreaux de fer, ne laisse pénétrer qu'un jour discret. Il règne dans cette pièce relativement fraîche une austérité monacale qui me rappelle la cellule où j'avais couché jadis, lors de la visite que je fis à la Chartreuse de Grenoble.

Ici toutes les précautions sont prises contre la chaleur, l'ennemi le plus redoutable et le plus difficile à combattre sous ce climat de feu.

Avant de me mettre au lit, je me livre à une perquisition minutieuse du local pour m'assurer qu'aucun scorpion ne s'y cache. Tranquillisé sur ce point, je m'endors bercé par le murmure du zéphyr qui, en caressant les hautes cimes des palmiers, fait résonner les feuilles comme des harpes éoliennes. Dans mes visions nocturnes, j'entrevois les ombres légères des sylphes qui voltigent entraînés par cette musique aérienne.

Je suis réveillé de grand matin par un bruit strident. Encore plongé dans un demi-sommeil, je me demande si ce sont les trompettes du jugement dernier, et je me prépare à invoquer l'indulgence du souverain juge.

Mais, à mesure que la perception me revient, je distingue nettement les diverses sonneries du clairon national, et j'obéis au signal militaire, remettant à plus tard mon examen de conscience.

Aussitôt levé, je jette un coup d'œil à travers les barreaux de mon unique fenêtre qui donne sur une petite rue transversale.

La seule constatation que je fais, et elle a son intérêt au point de vue de la civilisation locale, c'est qu'il existe vis-à-vis une boutique de pharmacien dont les bocaux multicolores, exposés à la vitre, resplendissent au soleil.

La plupart des chambres ont une ouverture sur le jardin de l'hôtel où croissent de jeunes palmiers entourés d'arbres fruitiers de nos climats. L'allée principale est abritée par un berceau autour duquel la vigne s'enroule en festons élégants, d'où pendent de nombreuses grappes dont les grains ont déjà acquis un certain développement.

L'air matinal est frais, presque piquant; sur la coupole bleue du ciel flottent quelques nuages blanchâtres si légers, si vaporeux, qu'ils ressemblent à des flocons de neige ou encore à des plumes d'autruches que le vent a bientôt dispersés au loin.

Je relève seulement 14 degrés au thermomètre, température qui pourrait permettre de se croire encore en France; mais la vue du square qui s'élève devant l'hôtel détruit promptement cette illusion.

La flore tropicale étale toutes ses richesses sur un vaste terrain sablonneux, transformé en jardin public par le travail opiniâtre de nos soldats. Les palmiers-dattiers, les gommiers, les bananiers, les orangers, les citronniers, entremêlent le feuillage exubérant de leurs rameaux et confondent les parfums pénétrants de leurs fleurs. Des allées ombreuses s'ouvrent à travers les massifs touffus ; de place en place, des jardins maraîchers montrent leur appétissante verdure.

Partout l'eau circule au moyen d'irrigations intelligentes. La fraîcheur, entretenue soigneusement par les nombreux canaux qui s'entre-croisent de tous côtés, favorise prodigieusement la végétation.

A l'extrémité de l'une de ces charmantes avenues, j'aperçois comme des ombres blanches qui s'agitent à demi cachées par les branches de quelques palmiers. En me rapprochant, je reconnais que ce sont des Arabes qui, armés d'instruments tranchants, pratiquent des incisions dont je ne saisis pas d'abord l'utilité.

Avec leurs longues tuniques flottantes, qui doivent singulièrement gêner leurs mouvements, ces personnages me font songer aux druides cueillant le gui sacré dans nos vieilles forêts gauloises.

L'ascension de l'arbre oriental est facilitée par les aspérités du tronc écailleux qui forment comme des échelons rugueux que les indigènes gravissent pieds nus.

Pendant que je suis leur travail avec attention, l'un d'eux, perché sur une des plus hautes cimes, m'interpelle directement :

« Aurais-tu, Sidi (monsieur), un couteau à me prêter? » me crie-t-il d'une voix distincte.

Flatté de cette marque de confiance, je m'empresse de lui faire parvenir celui que je possède ; mais, après expérimentation, le modeste ustensile, reconnu incapable de rendre le service qu'on en espérait, m'est honnêtement restitué.

Un individu mêlé au groupe de curieux dont je fais partie s'approche de moi, et, me voyant intrigué, s'offre complaisamment de m'expliquer le but de l'opération à laquelle j'assiste sans la comprendre. Elle consiste, selon mon obligeant voisin, à couper à l'époque de la floraison, c'est-à-dire au mois d'avril, des tiges du palmier mâle pour les implanter en les introduisant dans les incisions pratiquées sur leurs congénères femelles, qui, fécondés par le pollen des fleurs, porteront des fruits à l'automne (1), les palmiers mâles étant impropres à la fructification.

On comprend les bénéfices que procure ce mode de multiplication artificielle de la datte qui constitue non-seulement la base fondamentale de la nourriture, mais encore à peu près l'unique objet d'exportation des habitants du désert.

---

(1) Les dattes sont arrivées alors à leur maturité sous l'action d'une température qui varie de 25 à 50 degrés, à condition que les racines soient constamment irriguées ; de là le dicton oriental qui prétend que le palmier doit toujours avoir « les pieds dans l'eau et la tête dans le feu. »

Rien n'est perdu dans le dattier ; depuis le noyau du fruit jusqu'à l'écorce de cet arbre providentiel, tout est utilisé. On conçoit encore combien l'eau, sans le secours de laquelle la fructification du précieux végétal serait impossible, est enviée et recherchée.

Aussi vend-on ici des parties d'eau, comme chez nous des parcelles de terrain. Lors de mon séjour à Constantine, je m'étais souvent arrêté devant d'immenses affiches apposées sur les murs par les soins de l'administration des domaines, annonçant les adjudications, dans plusieurs oasis, d'une certaine quantité de lots de palmiers, et en même temps de portions d'eau divisées à l'infini.

J'ajoute encore, pour en finir avec ce sujet, que, dans la région du Sahara occupée par notre armée, les palmiers servent de base à l'impôt, et que, dans l'oasis de Biskra, le nombre de ces arbres s'élève à environ 15,000 (1).

La personne qui vient de me donner ces détails, est un commissaire de police, poste créé récemment à la suite de la transformation de Biskra en commune de plein exercice. Le nouveau fonctionnaire habite depuis longtemps la ville et connaît parfaitement le pays, dont il me vante les avantages, notamment celui de la vie à bon marché.

(1) Certains palmiers rapportent jusqu'à 30, 40 et 50 francs. L'impôt par pied est d'environ un franc ; en Kabylie, c'est sur les têtes de bétail que porte la contribution.

Elle résulte, entre autres, de l'affranchissement du droit de certaines denrées, telles que le sucre, le café, le tabac, etc. Les rapports entre les indigènes de l'oasis et la population européenne sont, m'assure-t-il, excellents.

Mais mon officieux interlocuteur glisse légèrement sur la question de la température, 50 degrés de chaleur à l'ombre en moyenne, l'été ! Voilà de quoi faire sérieusement réfléchir les personnes qui se laisseraient tenter par les avantages économiques de la résidence de Biskra !

## V

Le guide Moumi. — Réfectoire militaire. — Le café maure du marché. — Un maboul. — Chez le capitaine S... — Au désert. — Réminiscences poétiques. — L'oasis de Chetma. — Visite au cheik. — Lunch en plein air. — La vaisselle du cheik. — Regrets partagés.

En traversant le Jardin d'Acclimatation, je suis accosté par l'indigène qui nous a conduits la veille à *l'Hôtel du Sahara*, auquel il est attaché en qualité de guide interprète. L'offre de ses services acceptée, rendez-vous est pris pour explorer avec lui l'oasis, après déjeûner.

Notre futur cicerone, qui répond au nom de Moumi, n'est pas précisément un Adonis; les traits grossiers de son visage couleur de suie présentent un mélange hybride du type nègre avec le type arabe. L'expression de ses yeux est assez difficile à saisir, attendu que le moricaud est affreusement borgne. Au lieu du classique burnous, c'est une longue tunique blanche, sorte de chemise, qui lui enveloppe le corps et descend jusqu'aux pieds.

Dans la salle à manger, se trouvent attablés quantité d'officiers d'armes et de grades différents, un certain nombre assis à la même table, les autres mangeant séparément.

La décoration de cette espèce de réfectoire militaire est fort simple, je note seulement que, sur les murs blancs, sont accrochées plusieurs photographies représentant des vues locales.

Les domestiques déploient dans leur service une activité prodigieuse, ce dont on peut s'étonner de la part d'indigènes qui, énervés par le climat, sont naturellement portés à la paresse et à la nonchalance.

Le menu du repas, le même pour tous les convives, confectionné par un cuisinier arabe, est aussi satisfaisant qu'on peut le souhaiter en plein Sahara. Toutefois, je constate avec regret, au dessert, que les dattes sèches et à la peau ridée sont des plus médiocres, et cela, dans le pays de la production par excellence de ce fruit savoureux.

Je me réserve, comme dédommagement, de m'en régaler plus tard à Provins, où l'on n'en trouve que de qualité supérieure. Inutile d'ajouter que chacun s'abstient de boire de l'eau; ceux qui redoutent l'usage exclusif du vin pur le mélangent avec des eaux minérales exportées de France.

Moumi, fidèle au rendez-vous, nous attend à la porte de l'hôtel.

C'est dans un café maure que nous faisons notre première station, sous un des portiques en arcades du bâtiment quadrilatéral qui entoure le marché couvert. Ces galeries sont occupées par une succession de petites boutiques où se vendent toutes sortes de marchandises indigènes : vêtements, étoffes communes et de luxe, chaussures, tapis, etc.

Le marché est presque désert, c'est l'heure de la sieste ; nous nous trouvons seuls d'étrangers. Moumi commande le café pour nous et a soin de ne pas s'oublier. Notre arrivée paraît avoir produit quelque sensation dans l'établissement. Je remarque en effet que, tandis que nous dégustons le moka bourbeux, la plupart des consommateurs nous observent avec une attention plus curieuse d'ailleurs que malveillante.

La présence d'une femme européenne entrait sans doute pour beaucoup dans ce sentiment de curiosité dont la persistance commençait toutefois à devenir gênante.

Heureusement, une diversion soudaine s'opère, causée par l'apparition d'un individu encapuchonné qui traverse la galerie, et sur lequel l'attention se reporte.

« C'est un *maboul* (un fou), » dit Moumi (1).

(1) Il paraît que c'est un rôle quelquefois enviable que celui de *maboul*. Car la folie, chose sainte aux yeux des musulmans, confère à celui qui en est atteint une foule de privilèges et même l'impunité pour ses crimes. Aussi quelques Arabes se font-ils passer pour fous et exploitent la situation de toute manière. Par exemple, grâce à leur titre d'inspirés de Dieu, quelques *mabouls* se permettent à l'endroit du sexe

Nous nous en étions douté, à la vue de l'étrange personnage encore jeune qui marchait et s'arrêtait alternativement tout en se livrant à la mimique la plus grotesque. Tantôt il pousse des hurlements sauvages, tantôt il ricane stupidement, d'affreuses grimaces contractent sa figure idiote. De temps à autre, s'échappent de son gosier des sons rauques et inarticulés.

« C'est un des *mabouls* les plus vénérés de la contrée, » ajoute sentencieusement le guide.

En effet, ses coreligionnaires s'écartent pleins de déférence, pour lui laisser le passage libre ; bien loin de rire, ils conservent leur sérieux et contemplent l'insensé avec une bienveillance respectueuse.

A un instant, cette espèce d'halluciné, nous ayant aperçus, fait mine de se diriger de notre côté. Moumi, craignant que nous ne soyons l'objet de manifestations désagréables, donne le signal du départ, et nous nous faisons conduire directement chez le capitaine S..., auquel nous avons été adressés.

Le jeune officier et sa femme nous accueillent de la façon la plus aimable dans un charmant salon tout empreint de couleur locale.

Les meubles, d'une grande originalité de forme

faible des privautés qui seraient rudement châtiées, sans le respect que professent pour eux les fils de Mahomet, si susceptibles sur l'article de la foi conjugale.

et revêtus de peintures de style oriental, ont été fabriqués par des artistes indigènes. Les tables sont garnies de bibelots arabes du meilleur goût. Sur les murs s'étalent des panoplies composées d'armes en usage chez les populations du Sahara.

Le capitaine, après nous avoir initiés à d'intéressants détails locaux, sachant que nous nous proposons de faire une excursion au désert, recommande, en y insistant beaucoup, celle de l'oasis de Chetma, négligée ordinairement et à tort par les touristes, car c'est, selon lui, l'une des plus curieuses. Il témoigne en même temps de son vif regret de ne pouvoir nous accompagner, étant retenu par un surcroît d'occupations, que lui occasionne l'inspection d'un général en ce moment à Biskra.

Le cicerone, mandé par l'officier, reçoit les instructions les plus précises sur l'itinéraire à suivre et nous quitte pour aller faire atteler la voiture de l'hôtel.

Quelques minutes après, nous montons dans un confortable landau; Moumi s'installe sur le siège de devant, et Ali, le cocher, prend place à côté de lui.

A peine avons-nous dépassé les dernières maisons du bourg, que nous nous trouvons transportés en plein désert.

En face, l'horizon sans fin se confond avec la terre; de distance en distance, des taches d'un ton indécis maculent le sol ; ce sont autant d'oasis qui constituent le groupe saharien des Ziban, dont Biskra est la capitale, ou plutôt la *reine*, comme on la désigne ici.

La voiture court rapidement malgré les obstacles qu'apportent à la circulation les cailloux et les galets de toute grosseur qui émergent de l'océan de sable sur lequel nous voguons.

L'absence de végétation n'est pas absolue dans ces steppes arides, de temps en temps surgissent au milieu des pierres quelques chétifs arbrisseaux, tels que le tamaris au feuillage violacé, léger et ténu comme la plume ; çà et là poussent des bruyères et des fleurs d'un rouge écarlate qui s'effeuillent au moindre contact, enfin des chardons d'une belle couleur bleue.

Nous mettons pied à terre et marchons quelques pas dans l'immense solitude où règne un silence solennel.

Toute la plaine est illuminée par les rayons d'un soleil aveuglant dont la réverbération sur le sable cause de fréquentes ophthalmies. Le bleu du firmament a bien l'intensité de coloris que l'on observe dans les tableaux de Marhillat, de Fromentin, de Berchère, etc., quand ces artistes nous représentent quelque site oriental.

Grâce à la brise presque fraîche qui ne cesse de souffler, la température est fort agréable ; c'est celle d'une belle journée d'avril ou de mai en France.

Je m'abandonne doucement aux impressions qu'éveille le spectacle, si nouveau pour moi, de cette nature émouvante dans sa simplicité grandiose. Ici l'homme se sent transporté dans un monde à part et oublie les petites misères terrestres pour s'absorber dans des rêveries infinies.

Rien de plus en situation que les vers expressifs qui me reviennent en ce moment à la mémoire et auxquels la musique de Félicien David prête un charme si puissant. Cette première strophe de l'ode symphonique ne respire-t-elle pas un sentiment profond de la couleur locale ?

> A l'aspect du désert, l'infini se révèle,
> Et l'esprit, exalté devant tant de grandeur,
> Comme l'aigle fixant la lumière nouvelle,
>     De l'infini sonde la profondeur.
>         Au désert tout se tait.
> . . . . . . . . . . . .

Hégésippe Moreau, qui, moins heureux que le musicien David, n'avait jamais vu le désert, ne l'a-t-il pas décrit de main de maître dans ces vers de *l'Enfant maudit* :

> Le désert est bien grand, et presque infranchissable :
> C'est un champ de poussière et de feu ; rien n'y croît,
> Ni mûres ni bluets, enfants, et l'on n'y voit
>     Que du soleil et que du sable. . .

Moumi m'arrache à mon recueillement contemplatif en faisant signe qu'il est temps de se remettre en route. Chetma se trouve encore à une certaine distance. Nous approchons. On entrevoit déjà le vert rideau de palmiers derrière lequel s'abrite l'oasis.

A quelques pas du village, dont l'entrée est inaccessible aux voitures, nous quittons notre équipage en le laissant à la garde d'Ali, tandis que l'interprète nous accompagne.

Quel saisissant coup d'œil que celui de Chetma pour l'étranger qui pénètre la première fois dans ses rues, sortes de couloirs sombres et tortueux dont le sol inégal est absolument dépourvu de pavage et de macadam!

Quant aux habitations qui les bordent, c'est l'enchevêtrement le plus bizarre, le plus incohérent, le plus fantasque, de maisons difformes, lézardées, ébréchées, effritées, construites avec des briques de terre séchée au soleil, disposées par assises plus ou moins régulières qu'aucun ciment ne joint entre elles. L'absence d'un badigeon quelconque sur ces épaisses murailles nues, percées d'ouvertures fantaisistes, leur donne un aspect étrange. Plusieurs bâtiments sont soutenus par des colonnes rustiques formées de troncs de palmiers.

Le village paraît presque complètement abandonné.

Moumi nous arrête devant une maison que rien ne distingue de celles qui l'avoisinent.

« C'est la demeure du cheik (1), » dit-il en ouvrant la porte.

Nous pénétrons alors dans une salle basse tapissée de nattes ; il y règne une telle obscurité que c'est au bout de quelques minutes seulement que je parviens à distinguer des ombres humaines qui se meuvent autour d'un vieillard couché au fond d'une sorte d'alcôve. Un Arabe, drapé dans son haïk de laine blanche, et que le guide vient de prévenir, se détache du groupe et s'avance gravement vers nous en tendant à chacun la main avec affabilité.

C'est le cheik.

Il a la taille haute et élancée ; son visage, du type berbère le plus pur, est d'une pâleur un peu maladive ; ses traits sont fins et réguliers ; enfin, l'ensemble de sa physionomie respire une expression de douceur et de calme qui séduit de suite.

Après quelques mots échangés entre le fonctionnaire indigène et le moricaud qui sans doute lui fait connaître que nous lui sommes adressés par le capitaine S..., nous franchissons une petite porte qui fait communiquer la salle d'entrée avec un jardin enclos de murs.

Sur l'ordre du cheik, une table de bois de palmier est dressée à l'ombre par plusieurs Arabes qui apportent en même temps des chaises de paille

---

(1) Les attributions des cheiks correspondent à peu près à celles de nos maires en France ; seulement, l'administration de ces magistrats indigènes s'étend à plusieurs communes.

sur lesquelles nous sommes invités à nous asseoir, tandis que notre hôte reste debout.

Rien de plus ravissant, de plus poétique que la mise en scène de cette réception en plein air.

Qu'on se figure une cour ombragée par le feuillage de robustes palmiers, de lataniers, de bananiers, de citronniers, de gommiers, qui marient dans une gamme harmonieuse leur verdure un peu sombre. Une délicieuse fraîcheur est entretenue constamment par un ruisselet d'eau courante et limpide qui serpente à travers cette végétation tropicale. Son murmure argentin résonne doucement au milieu du calme profond qui enveloppe cette mystérieuse retraite. Au-dessus de nos têtes, le ciel découvre son bleu profond. Par l'intermédiaire de notre interprète, le cheik, toujours debout, s'informe du pays que nous habitons et me fait demander la profession que j'exerce.

Le nom de Provins est pour lui un mythe.

Ses connaissances géographiques me paraissent d'ailleurs assez bornées; il sait seulement que Paris est la capitale de la France, et il ne se rend pas bien compte de l'importance des fonctions de bibliothécaire que j'ai l'honneur de remplir.

Pendant que nous nous livrons à ce dialogue par procuration, deux beaux jeunes gens, les frères du cheik, disposent sur la table des assiettes, des tasses, des verres, et un joli vase de cristal rempli d'un lait pur, appétissant.

Puis apparaissent des plats de faïence, de la fabrique Creil et Montereau, garnis, les uns de dattes magnifiques, les autres de noix débarrassées de leurs coquilles, friandise très appréciée dans le pays. Cette exhibition de vaisselle, trop française à mon goût, dénotait chez le maître du logis un certain degré de civilisation.

Encouragés par la bienveillance et les instances courtoises de l'amphitryon, nous faisons honneur au menu frugal qui nous est présenté, et le contenu des plats disparaît bien vite pour être aussitôt renouvelé.

Il est juste d'ajouter que Moumi, qui était en appétit, contribuait largement à nous aider dans cette opération.

L'interprète insinue que, si le cheik eût été averti plus tôt de notre visite, le modeste lunch qu'il nous offrait eût été remplacé par une plantureuse *diffa*, y compris le mouton rôti traditionnel servi tout entier.

Au point de vue de la couleur locale, je ne pouvais me dissimuler que c'était une lacune fâcheuse dans mes impressions africaines, et Moumi semblait regretter au moins autant que nous d'avoir manqué l'occasion de se régaler du plat national.

## VI

La fille du cheik. — Tendresse paternelle. — Les adieux. — Le bracelet. — Brusque dénouement. — Doléances du guide. — La fontaine chaude. — Confidences instructives. — Le journal le *Rappel* dans le désert. — Un chroniqueur provinois. — Ali. — Provision de sable. — Encore un village nègre. — Tableau champêtre. — Le vieux Biskra. — Avenue de palmiers. — Coucher de soleil.

Pendant que nous savourons en gourmets une excellente tasse de moka parfumé, l'amphitryon, qui s'est absenté un instant, reparaît tenant par la main une gentille fillette de six à huit ans, vêtue d'une tunique traînante d'étoffe bleue, et coiffée d'un bonnet conique recouvert de bandes alternées de velours rouge et vert. C'est la coiffure des jeunes Arabes du sexe faible, les plus riches la portent tissée ou brodée d'or.

L'enfant, d'abord effarouchée, se décide, sur l'injonction paternelle, à s'approcher, et s'enhardit peu à peu jusqu'à recevoir nos caresses. Le père la contemple en souriant, son visage reflète une expression de tendresse et de sollicitude qui me surprend quelque peu, sachant combien, chez les indigènes, les filles sont généralement mal accueillies de leurs parents qui réservent toute leur affection pour les garçons.

L'heure est venue de se séparer. En prenant congé de notre hôte, nous le remercions chaleureusement, toujours par l'entremise du guide, de sa réception aussi cordiale que désintéressée. Nous n'ignorions pas, et il était inutile à Moumi de nous le rappeler, que lui offrir une indemnité quelconque, eût été l'offenser gravement.

Nous échangeons de sympathiques poignées de main avec les membres de la famille du cheik, lequel déclare qu'il va nous accompagner jusqu'à la voiture.

La petite fille témoigne à son tour le désir de nous escorter : sa timidité et sa sauvagerie ont presque entièrement disparu devant nos encouragements. Elle se familiarise même au point de tirer avec sa petite main le bracelet que porte notre compagne ; ce joyau en argent émaillé avait excité au plus haut degré son admiration. Touchée par la grâce ingénue du bébé, la dame détache l'objet convoité pour le passer au bras mignon de l'enfant sans que le père s'en aperçoive.

Le cheik nous tend encore une fois la main et nous partons.

Au bout de quelques pas, des cris retentissent à nos oreilles ; en retournant la tête, nous voyons notre hôte qui court après le landau et fait signe d'arrêter. Aussitôt qu'il nous a rejoints, l'Arabe présente le bracelet, retiré du bras de la fillette et invite la donatrice à reprendre son cadeau. Celle-ci refuse, le cheik insiste, et il s'établit alors une lutte courtoise qui menace de s'éterniser. Cependant, à un instant, le brave homme nous paraît ébranlé à la vue de l'innocente créature qui supplie en pleurant qu'on lui rende le bijou dont elle s'était parée avec tant de joie. Nous profitons de ce moment d'hésitation pour brusquer le dénouement et nous nous esquivons en laissant le bracelet.

Puisse ce souvenir de notre courte visite à Chetma porter bonheur à la gracieuse fleur de l'oasis que je n'ai pas l'espérance de jamais revoir! Car, quand même le hasard de mes pérégrinations me ramèneraient plus tard dans ces parages, l'enfant d'aujourd'hui aurait grandi, serait sans doute devenue femme, et, suivant les coutumes musulmanes, demeurerait séquestrée du monde, invisible à tout être du sexe masculin, sauf à quelques proches parents.

Le moricaud, qui n'était intervenu dans cette petite scène que pour traduire les paroles de chacun des acteurs, marqua sa vive contrariété de la façon dont s'était terminé l'incident. Car le fait, étant connu, pouvait, selon lui, compromettre aux yeux de ses coreligionnaires le cheik, soupçonné d'avoir accepté le prix de son hospitalité, contrairement au principe sacré que doit observer tout bon mahométan. Moumi craignait en outre d'encourir les reproches du capitaine pour avoir négligé de nous avertir des conséquences qui pouvaient résulter d'un acte pourtant si simple et si naturel selon nos idées européennes.

Nous laissons Moumi à ses doléances, et nous nous dirigeons du côté du vieux Biskra en faisant une partie du chemin à pied. Pendant que nous foulons le sol incandescent, une caravane qui passe non loin complète la physionomie si harmonieuse et si imposante du paysage saharien.

Une excavation ouverte à quelques pas attire notre attention ; en approchant, nous découvrons qu'au fond du trou béant coule une source d'eau très claire, trésor inappréciable au milieu de ces landes arides. Seulement, il ne faut pas compter sur celle-ci pour étancher sa soif ; à peine y ai-je plongé la main que je la retire vivement, l'eau est presque bouillante et ne saurait convenir qu'aux malades affectés de rhumatismes.

A côté de la fontaine minérale, végètent quelques broussailles éparpillées çà et là. Cet endroit doit être assez fréquenté, si j'en juge par les nombreux débris de plats, d'assiettes, de bouteilles qui y sont dispersés et ne présentent rien de nature à intéresser l'archéologue.

Ce sont des épaves provenant de la vaisselle abandonnée par de joyeux citadins de Biskra, venus sans doute ici pour faire des déjeûners champêtres, non sur l'herbe de la prairie, à l'ombre des bois, mais sur le sable ensoleillé, ce qui me paraît plus original que séduisant. Tandis que nous nous reposons sur les bords peu fleuris de la source chaude, Moumi et son camarade Ali racontent que tous deux ont suivi la petite caravane exploratrice dirigée par le docteur Largeau, et dont faisait partie M. G. Lemay, publiciste distingué qui se rattache à Provins par sa famille, une des plus honorables du pays.

Le fond inépuisable d'esprit et de gaieté de notre compatriote soutint, pendant l'expédition, le moral de ses compagnons durement éprouvés par les ennuis, les difficultés de la route et les ardeurs du climat. Le *Rappel,* dont M. Lemay était le correspondant, a publié ses impressions de voyage en Algérie, écrites avec une verve humoristique qui les rend fort attrayantes (1).

Ni Moumi, ni son camarade, dont j'ignore d'ailleurs les opinions politiques, n'étaient abonnés au *Rappel;* mais le journal parisien, qui pénètre au désert presque aussi facilement qu'à Lyon ou à Marseille, leur avait été obligeamment communiqué et ils en avaient lu le feuilleton avec le plus grand intérêt. Tous deux s'accordaient à trouver le récit très plaisant; mais ils contestaient l'exactitude de certains détails personnels.

(1) De Paris au Désert, *Rappel* de 1875-1876.

« Il faisait beaucoup rire, Sidi Lemay, » dit Ali avec un ton amer qui me donna à penser que c'était quelquefois à ses dépens. Puis je supposai, non sans quelque raison, que l'enfant du désert devait avoir gardé rancune au chroniqueur qui l'avait mis en scène dans la circonstance suivante (nous sommes sur la route de Touggourt) : « Je surprends Ali, dit-il, en train de faire le vide dans ma gourde de cognac; Largeau s'aperçoit également que le malheureux lui a vidé la sienne à laquelle il n'avait pas encore touché. Sommé de s'expliquer, il répond qu'il n'a bu que quelques gouttes. Une sévère morale lui est infligée; Ali, pour se faire pardonner, nous accommode au mieux un ragoût de mouton. »

Cette révélation laissait au moins planer quelque doute sur la tempérance d'Ali, et témoignait de son peu de respect des prescriptions du Coran.

Les guides de l'expédition de Gadamès, se plaignirent du peu de générosité des explorateurs à leur égard. Nous n'avions pas à apprécier la valeur et la justesse de leurs récriminations rétrospectives, mais il en ressortait que le passage de la caravane scientifique avait laissé une impression peu favorable dans le souvenir des deux serviteurs. Néanmoins je dois ajouter que, lorsqu'ils surent que nous connaissions particulièrement Sidi Lemay, ils nous chargèrent pour lui d'une foule de compliments et de politesses.

Avant de gagner le village nègre situé à proximité du vieux Biskra, je fais provision d'une certaine quantité de sable le plus fin possible, que je destine à l'un de mes amis Provinois, envers lequel j'ai contracté un engagement solennel. J'y joins même quelques cailloux de choix comme preuve de mon zèle à remplir scrupuleusement ma promesse.

Pendant que je me livre à cette délicate opération, Moumi cherche à gagner les bonnes grâces de notre compagne, en allant à la découverte des rares fleurs qui poussent sur le sol pulvérulent et dont il parvient à composer un bouquet qu'il offre avec une grâce chevaleresque.

Nous traversons le village formé de huttes de terre recouvertes de branchages, et de maisons du même modèle que celles de Chetma. Ici on peut se croire en plein Soudan; nous apercevons plusieurs nègres d'un type superbe, sortes d'Apollons couleur d'ébène. Les femmes, debout ou accroupies indolemment au soleil, se montrent avec leurs vêtements bariolés. Sur la peau bronzée de leurs jambes et de leurs bras nus, reluit la quincaillerie la plus fantaisiste.

A deux pas de la noire tribu, coule paisiblement un ruisseau dont l'onde cristalline est encaissée entre deux rives herbues, ombragées par des arbres d'essences diverses. Encore un peu et je croirais que c'est notre poétique Voulzie égarée dans le désert. L'illusion s'augmente encore pour moi en portant les yeux sur les vergers, les champs, les bouquets de bois qui avoisinent ce gracieux cours d'eau. Je remarque en même temps combien la propriété est divisée et avec quel soin on la cultive.

A peine s'est-on éloigné de ce petit coin champêtre, que l'on voit reparaître les palmiers-dattiers ; nous nous retrouvons de nouveau et presque sans transition en Afrique.

Toutes les oasis se ressemblent ; l'ancien Biskra présente le même aspect pittoresque et sauvage qui nous avait tant impressionné à Chetma.

Cependant les ravages causés par la guerre avec les Turcs et plus tard avec les Français, y ont imprimé un cachet particulier de désolation. L'image de la destruction s'y rencontre à chaque pas. Ici ce sont toujours des murailles de terre jaunâtre mais éventrées par le canon et dont les trous sont restés béants, des pans de mur fendillés, lézardés, ébréchés, qui ne se soutiennent que par des prodiges d'équilibre ; on est surpris d'apercevoir des êtres humains errant parmi ces ruines.

Que l'on songe un instant à l'effroyable gâchis qui doit se produire quand ces décombres, perméables à l'eau, se délaient sous l'action de la pluie !

C'est une agréable diversion que de parcourir ensuite le chemin qui conduit de l'ancienne capitale des Ziban au Biskra moderne. L'air est à cette heure d'une pureté et d'une transparence admirables. Tous les objets se détachent avec une netteté extraordinaire.

Pendant plusieurs kilomètres s'allonge une large avenue bordée de gigantesques palmiers qui forment deux rangées de colonnes aux chapiteaux de verdure. A droite et à gauche, l'œil plonge sur des champs d'orge et de trèfle incarnat, immenses tapis diaprés de mille couleurs, et où se trouvent réunis les plus beaux spécimens de la flore orientale.

Nous traversons la ville et le fort Saint-Germain pour aller jouir du spectacle grandiose et saisissant des monts Aurès éclairés par les dernières lueurs du soleil qui, avant de disparaître de l'horizon, colore les géants de granit de nuances roses et violettes auxquelles le voile vaporeux qui les enveloppe donne une douceur et une poésie incomparables.

En un instant, ce merveilleux tableau s'évanouit pour faire place aux ombres de la nuit.

## VII

Une profession non patentée. — Portrait d'un touriste. — Dévouement conjugal. — Les Ouled-Naïls. — Particularités singulières. — Une rue mal habitée. — Intérieur d'un café maure. — L'orchestre. — Le public. — Les danseuses. — Physionomie et toilette. — Un placement original. — La danse du ventre. — Interprétation.

A l'hôtel, on me passe, pour y apposer ma signature, le registre d'inscription des voyageurs. En parcourant la liste, j'y trouve le nom d'un certain nombre de personnes qui ont écrit à la colonne réservée à l'indication de la profession : *Touriste*. C'est une profession absolument nouvelle, qui n'a pas encore été soumise à la patente et dont l'exercice est d'ailleurs peu lucratif. J'eus l'occasion de lier connaissance avec l'un de ces touristes de profession et je demande la permission de le présenter au lecteur. C'était un honnête bourgeois de la famille de Joseph Prudhomme. M. X... se rapprochait, au moins extérieurement, du type du parfait notaire. D'une tenue toujours correcte, cravaté de blanc, orné d'un habit noir d'une coupe irréprochable qui faisait ressortir la blancheur immaculée de son linge. C'est dans cet élégant costume de soirée que le touriste parcourait depuis trois mois l'Algérie; il n'avait rien modifié de sa toilette, soit pour gravir les montagnes kabyles, franchir les torrents impétueux, ou traverser les landes poussiéreuses du Sahara. C'était bien du reste le voyageur qui voyage pour avoir voyagé, selon la définition ingénieuse d'Alphonse Karr.

Muni du *Guide Piesse en Algérie,* il ne voit et ne juge que par lui. Si certaines lacunes existent dans ses connaissances géographiques, il faut avouer aussi que son tempérament ne se prête guère aux impressions pittoresques. Les beautés de la nature n'excitent en lui aucun enthousiasme. Il s'est tracé un itinéraire dont rien ne saurait le faire dévier.

L'habitant de la Touraine voyage avec sa femme, qui paraît âgée de 50 à 60 hivers; elle est petite, frêle et légèrement courbée; sur son visage ridé règne une pâleur maladive.

Le dévouement conjugal l'a seul décidée à quitter le foyer domestique pour suivre son mari qui, jusque-là, aussi casanier que peu romanesque, avait éprouvé tout à coup un besoin irrésistible de locomotion lointaine.

Peut-être n'était-ce qu'une question d'amour-propre qui avait poussé le paisible M. X... à courir les aventures à travers les mers!

Se proposait-il, par cette entreprise hardie, de

stupéfier ses compatriotes du village de Z..., qui le croyaient incapable d'une pareille résolution?

La position de M. X... me rappelait celle du héros si amusant du roman de Daudet, *le célèbre Tartarin de Tarascon*, qui va en Afrique à contre-cœur, mais s'y croit obligé par point d'honneur et pour conserver son prestige auprès de ses concitoyens émerveillés.

Quoi qu'il en soit, M$^{me}$ X... nous confia, dans un moment d'épanchement, qu'elle avait une horreur profonde pour les voyages et répugnait même aux plus simples déplacements.

« Quel changement d'habitudes pour moi, disait-elle amèrement, que cette existence agitée! Quel supplice, après des nuits d'insomnie passées dans d'affreuses auberges, de se sentir ballottée des journées entières dans d'infâmes pataches, de faire pédestrement l'ascension de montagnes escarpées, inondées de poussière, brûlées par le soleil, d'effectuer des trajets maritimes quand on n'a pas le cœur plus marin que le pied! On est si bien en Touraine! »

M$^{me}$ X..., en promenant sa nostalgie de ville en ville, était ainsi arrivée à Biskra, épuisée de fatigue. Mais le sacrifice dépassait la mesure de ses forces. En vain l'infortunée avait demandé grâce, suppliant son époux d'abréger son tourment et de la ramener directement chez elle.

Celui-ci s'était montré impitoyable, aucun argument n'avait pu ébranler sa détermination, il était décidé à exécuter intégralement le programme qu'il s'était tracé. Six semaines encore de ce martyre, ajoutait avec résignation la malheureuse victime, je succomberai en route.

Nous ne pouvions, hélas! que la plaindre et lui souhaiter courage et patience.

J'espère aujourd'hui que M$^{me}$ X... jouit enfin du repos qu'elle a si bien mérité par son abnégation conjugale, et que l'intrépide Tourangeau, rentré dans ses pénates après s'être couvert de gloire, a renoncé à faire subir une seconde épreuve à sa courageuse et dévouée compagne.

Moumi avait disposé de notre soirée pour nous procurer une distraction des plus attrayantes et fort goûtée des étrangers. Il s'agissait de nous faire assister à l'exhibition des danseuses sahariennes, appelées Ouled-Naïls, du nom de la tribu dont elles sont originaires.

Le commis-voyageur en papeterie avait demandé à se joindre à nous pour la circonstance.

Je savais déjà que les almées du Sahara quittent momentanément leur pays pour parcourir l'Algérie, en se livrant dans les cafés maures à leurs exercices chorégraphiques, auxquels elles joignent un commerce aussi lucratif qu'immoral.

Mais la particularité la plus singulière de cette existence fantaisiste, c'est que ces hétaïres, après avoir réalisé une certaine somme, retournent dans leur pays où elles trouvent à se marier et sont même recherchées, dit-on, par les notables de l'endroit qui passent l'éponge sur le passé plus que scabreux de ces Madeleines peu repentantes.

A tout péché miséricorde. Mais on ne s'attendrait guère à la voir pratiquer d'une manière aussi large chez un peuple où les hommes sont si farouches à l'endroit de la chasteté féminine.

Il est juste toutefois d'ajouter que la tribu qui donne le spectacle de ces mœurs scandaleusement cyniques constitue une exception caractéristique.

Biskra paraît être le rendez-vous général des Naïliennes, qui sont cantonnées dans un quartier de la ville dont elles occupent presque exclusivement la rue principale.

Une extrême animation y règne ce soir; des groupes d'indigènes encapuchonnés circulent ou stationnent, causant et fumant. Un certain nombre de maisons, la plupart sans étage, sont éclairées par de petites lanternes à feux rouges, suspendues au mur extérieur.

Il ne faut pas longtemps pour deviner la signification du minuscule fanal, en voyant les femmes qui se tiennent debout ou assises devant le seuil des portes basses, généralement ouvertes. Ces odalisques sont vêtues de costumes hétéroclites aux couleurs tapageuses; elles ont d'ailleurs l'air plutôt grave et sérieux, j'allais dire décent, que provoquant. Elles restent silencieuses, indifférentes sous l'œil des curieux; aucune manifestation de leur part à l'adresse du passant.

Nous entrons à la suite du guide dans l'un des nombreux cafés maures qui bordent la rue.

Qu'on imagine une vaste pièce rectangulaire aux murs blanchis à la chaux; du plafond saillissent des poutres noircies par la fumée de tabac; le sol terreux, inégal, bossué, est recouvert d'un tapis, seulement dans la partie centrale.

Vis-à-vis la porte d'entrée, une espèce de tribune en bois est accrochée à la muraille. C'est là que se placent les épicuriens dilettantes qui payent leur tasse de café 25 centimes au lieu de 10.

Un fourneau toujours en ignition est installé au fond, avec son assortiment d'ustensiles primitifs. Quelques lampes fumeuses, suspendues au plafond, projettent des lueurs blafardes dans la salle garnie de banquettes et de tables rustiques. Une estrade peu élevée est réservée à l'orchestre composé de quatre musiciens dont l'un frappe en cadence sur un derbouka, l'autre fait résonner un tambour de basque, le troisième souffle dans une flûte, et le quatrième joue d'une espèce de petite clarinette au timbre aigu et criard.

Une certaine quantité d'indigènes de tout âge sont accroupis sur les banquettes ou simplement sur le sol nu; ils fument, boivent en causant avec animation. Je remarque sur la plupart des visages un air de gaieté et de contentement qui contraste avec leur flegme habituel ; évidemment on n'est pas venu ici pour méditer. Il s'établit un va et vient continuel du dehors à l'intérieur et réciproquement. Le tableau que présente ce fourmillement de burnous blancs est des plus pittoresques.

Nous prenons place avec Moumi et le commis papetier, à l'extrémité d'une table voisine de la porte.

Le kouadji (cafetier), en veste violette, gilet amarante, pantalon bouffant, circule alertement au milieu des clients auxquels il va porter le nectar odorant.

Notre tour arrive.

Mais nous attendons autre chose ; l'orchestre, pourtant peu nombreux, fait un bruit infernal et nullement varié ; toujours la même phrase sauvage répétée avec acharnement et sans reprendre haleine par la petite clarinette qui domine de ses notes perçantes le tapage des tambours. Moumi, comprenant notre impatience, nous quitte pour aller quérir une ou plusieurs almées s'il les trouve disposées à s'exhiber ce soir, ces dames étant, paraît-il, fort indépendantes et capricieuses.

Il en ramène trois, le nombre des grâces, mais elles ne sont, hélas ! ni jeunes ni jolies, leurs figures presque viriles ont plutôt un caractère d'étrangeté repoussante. C'est un mélange du type arabe avec le type nègre. L'expression de la physionomie est triste et sérieuse. L'une des ballerines vient s'asseoir à côté de nous, mais discrètement, sans familiarité ; quand elle nous regarde, c'est plutôt avec curiosité qu'avec effronterie. Ses compagnes vont s'asseoir près des musiciens.

A en juger par le frémissement de satisfaction qui accueille l'entrée de ces dames, je suppose que le guide a eu la main heureuse et qu'il vient d'introduire des étoiles ou premiers sujets (1).

Pendant que notre voisine hume son café à petites gorgées, nous avons le loisir de l'examiner à l'aise.

Sa lourde coiffure est déjà quelque chose de singulièrement disgracieux : de longues nattes de cheveux épaissies par des tampons de laine encadrent le visage bistré ; les personnes qui ont vu les Nubiennes au Jardin d'Acclimatation en 1879 peuvent se faire une idée de ces types.

Un long voile, maintenu par un cercle de métal qui s'enroule sur la tête, retombe derrière jusqu'aux pieds, laissant apercevoir sous son tissu transparent une robe ou tunique de couleur éclatante. Mais la partie la plus originale et la plus curieuse de cette toilette excentrique, c'est la quantité de bijoux qui s'y étalent. On dirait des boutiques vivantes d'orfèvrerie, en voyant ces femmes

---

(1) Le lendemain, en regardant les photographies exposées à la vitrine d'un épicier, je reconnus les portraits des trois femmes que j'avais vues la veille, et l'on m'assura qu'en effet, c'étaient les Ouled-Naïls alors le plus en vogue.

parées de colliers, de bracelets de pendeloques de toutes formes, accumulées sur elles avec une profusion inouïe et désordonnée. Il paraît du reste que ces disciples de Terpsichore, au lieu de placer leur argent à la caisse d'épargne, le convertissent en joyaux de prix. C'est un capital qu'elles portent sur elles et qui constituera plus tard la dot destinée au moins scrupuleux des fiancés.

Notre voisine se lève de son banc, calme, presque recueillie, l'air inspiré comme si elle se préparait à déclamer quelque scène tragique ; elle fait signe aux musiciens et commence aussitôt ses évolutions en décrivant d'un pas lent un cercle dans l'espace libre où l'on a étendu un tapis, et en imprimant à ses hanches une secousse uniforme. Ce genre de chorégraphie est appelé fort justement *la danse du ventre*, car le reste du corps, sauf une incessante trépidation des pieds, reste immobile. Elle fait ainsi plusieurs tours circulaires, sa figure garde une impassibilité complète, aucune émotion ne s'y trahit, et, si elle en éprouve, elle la concentre à l'intérieur.

A un instant, le rhythme se ralentit, la clarinette module quelques notes moins stridentes et plus prolongées, en même temps le derbouka fait entendre des sons plus moelleux et plus discrets.

Pendant cette espèce de point d'orgue, le corps de l'almée s'infléchit, sa tête se renverse langoureusement en arrière, on perçoit comme un petit cri voluptueux, puis l'oscillation des hanches recommence et se continue avec la même uniformité insipide jusqu'au moment où, l'artiste épuisée, presque pâmée, vient reprendre sa place à côté de nous.

A la première danseuse succèdent les deux autres qui répètent à peu près la même pantomime dans laquelle le haïk qu'elles écartent et ramènent en arrondissant les bras avec grâce joue un grand rôle.

En résumé, rien d'entraînant ni de passionné dans cette danse, au moins aux yeux des spectateurs européens (1). Quant aux indigènes, c'est autre chose, plongés dans une admiration extatique, là où nous ne trouvons qu'une gymnastique insignifiante, ils découvrent tout un poème; pour eux c'est la représentation idéale des diverses phases de la passion exprimées avec la discrétion la plus raffinée, la plus contenue.

(1) C'est, dit M. Thierry Mieg, *une danse froidement indécente.*

## VIII

Avis confidentiel. — Un peu trop risqué. — Shocking! *Boule de Neige* et le commis voyageur. — L'église de Biskra. — L'office pascal. — La musique. — Peintres et violonistes. — Au marché. — Gamins biskris. — Un instituteur modèle. — Excursion à la villa Landon.

Après les exercices de la troisième bayadère, et à la suite d'une quête faite par les artistes, Moumi me prend à part et m'annonce confidentiellement qu'il va y avoir une représentation un peu scabreuse, dont un homme et une femme seront les acteurs; il ajoute que le caractère particulier de ce spectacle est de nature à blesser les susceptibilités d'une dame. Je remercie le cicerone et je transmets l'avis à qui de droit.

Les hommes seuls restent.

Le scrupule de Moumi était parfaitement justifié, ainsi que je pus bientôt m'en convaincre moi-même.

En effet, le couple, composé d'une femme d'un âge mûr et d'un jeune homme, vient occuper la scène, et débute par des évolutions de la nature la moins équivoque. Les deux personnages se livrent d'abord à une pantomime qui s'accentue graduellement jusqu'à simuler avec un cynisme éhonté les manifestations les plus intimes de la passion. J'ai déjà dit que la femme n'était pas jeune; sa figure éraillée et vulgaire, son costume plus que négligé, ajoutent encore à la répulsion causée par cette exhibition pornographique, qui, du reste, obtient un grand succès auprès des assistants indigènes.

Comme nous nous levions pour sortir, suffisamment édifiés sur ce genre de plastique complètement étranger à l'art, on vint nous inviter à rester; il s'agissait cette fois de petits garçons qui allaient à leur tour jouer un rôle dans une exhibition anacréontique.

Nous repoussâmes avec dégoût l'invitation, nous demandant si nous étions à Gomorrhe ou à Sodome, et comment l'autorité française tolérait de telles turpitudes.

En revenant à l'hôtel, le voyageur de commerce se met de nouveau à harceler notre cicerone qu'il se complait à appeler *Boule de Neige,* et qu'il n'avait cessé au café de cribler de lazzis.

« Je n'aime pas qu'on me regarde de travers, entends-tu bien? » lui disait-il à chaque instant de sa voix brève et sarcastique, faisant allusion à l'infirmité qui défigurait le pauvre moricaud.

Celui-ci ayant sollicité un supplément de gratification pour les almées, lesquelles avaient témoigné que les spectateurs étrangers s'étaient montrés trop réservés dans leur générosité, et que leur mérite n'avait pas été apprécié :

« Tu n'es qu'un voleur, *Boule de Neige*, un filou. Faites comme moi, Messieurs, ne lui donnez rien ; il garderait tout pour lui. »

Cette accusation d'improbité formulée aussi brutalement parut ébranler le calme et la résignation de Moumi. A la clarté du réverbère, je le vis froncer les sourcils, ses yeux flamboyèrent de colère, et on l'entendit murmurer des paroles qui ne devaient pas être des douceurs.

« Tu m'insultes, *Boule de Neige ;* tu profères des injures parce que tu t'imagines que je ne te comprends pas (il ne connaissait pas effectivement un traitre mot d'arabe) : cesse, ou cela finira mal. »

J'admirais la patience du guide qui contenait sa rage. En vain, j'essayai de modérer le loustic parisien.

Une rixe terrible devenait imminente ; les poings des deux adversaires étaient déjà levés ; je ne doute pas que l'issue du combat n'eût été fatale à l'agressif papetier, qui prétendait que le lapin avait tort.

L'enfant du désert, jusque-là inoffensif, lui eût fait payer chèrement ses impertinences gratuites, le couteau ou le poignard aidant.

Heureusement, nous arrivions à la porte de l'hôtel, les champions se lancèrent encore quelques invectives en français et en arabe, et chacun rentra dans son domicile.

Le lendemain, jour de Pâques, nous sommes réveillés dès l'aube par d'éclatantes fanfares. Je suis bientôt sur pied ; au dehors, température délicieuse, 17 degrés centigrades, ciel pur, air transparent et léger.

Malgré l'heure matinale, il règne dans le Biskra européen une animation insolite.

De nombreux détachements de troupes, précédés de tambours, passent incessamment dans les rues qui conduisent à l'église où doit être célébrée à six heures et demie une messe militaire.

L'édifice religieux, situé à l'extrémité de l'une des allées du jardin public et isolé de tout bâtiment, est une construction récente, d'architecture fort simple et dont l'ornementation intérieure est des plus modestes.

Au moment où j'arrive, les abords du temple catholique sont encombrés par une foule de soldats et de civils ; quelques rares burnous se détachent au milieu des uniformes et des paletots.

Deux niches cintrées, pratiquées à droite et à gauche de la façade principale, sont occupées par deux gamins arabes qui, immobiles sous leurs capuchons, ressemblent à des statuettes de moines.

Les soldats appartenant aux diverses armes de la garnison emplissent à peu près exclusivement l'unique nef de l'église. Découragé par la difficulté de pénétrer, je vais me joindre au groupe d'assistants qui se tiennent debout à la porte d'entrée restée ouverte. Une excellente musique d'infanterie exécute presque sans interruption des morceaux plus profanes que religieux.

A *l'Élévation*, pendant que les pistons jouent l'élégiaque duo de *Norma*, les trompettes, rangées en ligne au dehors, déchirent l'air de leurs notes stridentes, et il résulte de ce mélange discordant une déplorable cacophonie.

A l'issue de l'office, les troupes défilent pour regagner leurs quartiers, et après un court intervalle commence une seconde messe également en musique.

Quelle n'est pas ma surprise et mon ravissement d'entendre là, au milieu du désert, plusieurs morceaux de violon joués par divers amateurs artistes ! Parmi ces morceaux, je distingue un duo de Spohr, auteur allemand, dont les compositions ne sont guère accessibles qu'aux virtuoses.

Un de mes voisins m'apprend que les exécutants sont deux peintres, l'un français et l'autre suisse, qui manient aussi bien l'archet que le pinceau (1). Deux autres violonistes succèdent à ceux-ci et n'ont pas moins de succès ; n'était la sainteté du lieu, les applaudissements éclateraient.

L'*Aria di Chiesa*, du vieux maître italien Palestrina, et l'*Ave Maria*, de Gounod, admirablement

(1) Le peintre français était M. Girardet, lequel exposa au Salon de 1879 un tableau très remarqué : *l'Aveugle de Biskra*.

rendus par les interprètes, produisent sur l'assistance le plus grand effet.

Je savais déjà que Biskra était la terre promise des peintres, qui trouvent dans la nature de ce pays des motifs inépuisables pour enrichir leurs palettes, mais j'étais loin de me douter que j'y rencontrerais réunis une telle quantité d'amateurs de première force sur l'instrument avec lequel Paganini s'est conquis une illustration universelle.

En traversant le marché, nous le trouvons rempli de sectateurs de Mahomet pour lesquels la solennité pascale est naturellement fort indifférente; nous distinguons quelques femmes arabes, vieilles et laides, pauvrement vêtues, et, en plus petit nombre, des juives de catégorie infime. Chacun fait ses emplettes dans ce bazar très achalandé où sont installés debout, assis ou accroupis, les marchands d'objets et de denrées de toute espèce.

C'est un coup d'œil aussi curieux que pittoresque pour l'étranger, que ces étalages où l'industrie indigène apparaît sous ses manifestations rudimentaires les plus originales et les plus variées. Je mentionnerai, entre autres produits locaux, les éventails composés d'un manche de jonc qui supporte une feuille de palmier tressée, affectant la forme d'une hache et fort en usage parmi les naturels du pays. Très originaux aussi les minuscules miroirs circulaires entourés d'une garniture de peau et de broderies de diverses couleurs. A côté, on vous offre des couteaux à lame grossière, renfermés dans des gaines de cuir rouge agrémentées de paillettes d'or et de fils d'argent. Plus loin, ce sont les fabricants d'instruments de musique, l'enfance de l'art : flûtes et flageolets en bambou dont les contours sont niellés de dessins bizarres, teints de rouge obtenu par le henné, tambourins, castagnettes en fer, etc.

Innombrables, les magasins de chaussures et d'étoffes. Quant aux objets de consommation, ils sont principalement représentés par les dattes, les fèves, les oranges, les citrons, ces derniers fruits en moins grande quantité, le citronnier réussissant peu dans cette région brûlante. En revanche, les piments à la robe écarlate s'y montrent en profusion.

J'assiste encore au mesurage et au pesage du blé, de l'orge et autres céréales, opération qui s'exécute de part et d'autre avec une gravité et un flegme imperturbables.

L'aspect de ce marché offre certainement des tableaux pleins de vie et de couleur, mais le cadre manque d'originalité ; le bâtiment est moderne et d'un type banal. Combien je préfère le bazar de Constantine avec ses rangées d'échoppes incohérentes et pittoresques, d'une physionomie saisissante, tout à fait orientale !

Une visite dont ne s'affranchit jamais l'étranger qui séjourne quelque peu à Biskra, est celle de la propriété Landon, située à environ deux kilomètres de la ville.

Nous nous risquons à entreprendre l'excursion obligée par une brûlante après-midi ; le thermomètre atteignait 28 degrés.

Nous sommes assaillis par une troupe de gavroches biskris, quelques-uns coiffés de la cecchia ou calotte rouge, les autres tête nue, sauf toujours la petite mèche caractéristique respectée par le rasoir ; tous nous harcèlent de leurs cris : *sordi, sordi*, des sous.

Nous avons beaucoup de peine à les écarter ; plusieurs, pour mériter nos libéralités, s'offrent de faire des pirouettes abracadabrantes et toutes sortes d'exercices inédits ; d'autres, d'engager une lutte corps à corps avec leurs camarades ou de se livrer à une course effrénée ; quelques-uns s'efforcent de nous baiser les mains.

Vient ensuite le tour des petits industriels qui vendent des échantillons de minéralogie locale, des oiseaux et des scarabées ; enfin, des scorpions qu'ils tiennent suspendus à une baguette, sans se soucier du danger qui peut en résulter. Ce sont d'ailleurs les seuls spécimens vivants de ces animaux venimeux que j'aie eu l'occasion de rencontrer dans le désert.

Ce qui me paraît le plus extraordinaire, c'est l'extrême facilité avec laquelle ces gamins parlent le français ; résultat remarquable qui fait autant d'honneur au directeur de l'école mixte franco-arabe de Biskra qu'à l'intelligence des élèves. Le gouvernement a du reste rendu justice au mérite de M. Colombo, l'habile et dévoué instituteur, en lui décernant la décoration. Grâce à son zèle, la nouvelle génération de Biskra sera initiée à notre langue, circonstance extrêmement favorable à la solution du difficile problème de l'assimilation de la population indigène.

Un des enfants, ayant deviné notre projet d'aller à la villa Landon, s'accroche à nous de telle façon qu'il parvient à se faire accepter comme guide, et cela au grand mécontentement des autres bambins évincés.

Le bonhomme a d'ailleurs la mine fort éveillée, et les allures d'un vrai gamin de Paris. Il répond avec intelligence aux questions qu'on lui adresse ; seulement, sur le chapitre de l'âge, impossible d'obtenir de sa part quelque chose de précis, il hésite entre neuf ou treize ans.

Cette ignorance, qui est commune à tous les Arabes, s'explique naturellement par l'absence complète de documents officiels constatant les naissances et autres actes de l'état-civil. C'est une lacune que le gouvernement français se propose de combler peu à peu ; la question, on le comprend, est du plus grand intérêt pour l'avenir de la colonie (1).

(1) Voir ce sujet le rapport intéressant du gouverneur gé-

Nous traversons encore le village nègre. Malgré les rayons aveuglants du soleil, les indigènes aux cheveux crépus se vautrent sur le sol calciné ; ils ont l'air d'attendre là qu'ils soient cuits à point pour servir au repas de quelque anthropophage.

Un peu plus loin, c'est la villa Landon qu'on aperçoit isolée de toute habitation.

néral de l'Algérie, M. Albert Grévy, qui conclut que la constitution de l'état civil des indigènes est une des nécessités les plus urgentes. (*Officiel* du 23 avril 1880).

## IX

Aspect de la villa Landon. — Le gardien cicerone. — Jardins enchantés. — Le salon d'été et le peintre Fromentin. — Un mangeur de sauterelles. — Le propriétaire de la villa. — Concert militaire. — Les Zéphyrs. — Au cercle des officiers. — La famille Médan. — Départ nocturne. — Dernières impressions.

Une enceinte de murs blancs qui allongent leurs silhouettes symétriques ; au centre de la façade principale donnant sur le chemin, une porte monumentale surmontée d'un écusson en pierre dont le champ est occupé par trois coqs peints : voilà comment s'annonce extérieurement la propriété Landon.

Au coup retentissant de la sonnette, un Arabe se présente à la porte, et, sur le désir que nous manifestons de visiter la villa, il va prévenir le gardien qui doit nous accompagner. C'est un adolescent encore imberbe, aux traits presque européens, au teint frais, au regard doux et mélancolique. Vêtu de sa longue tunique blanche, on dirait une jeune fille.

Il nous promène lentement dans l'immense jardin, coupé dans tous les sens par des allées aux capricieux détours, tracées sur un sol formé d'une terre fine, pressée et unie également comme si on l'eût passée au cylindre. Partout serpentent, sous des voûtes de verdure, des canaux dans lesquels court avec un joyeux gazouillement une eau cristalline. Les spécimens les plus rares de la flore africaine et exotique, disposés avec un art infini, étalent leurs splendeurs aux yeux éblouis. Le cicerone nous désigne en passant les espèces les plus curieuses, sur lesquelles il donne des explications techniques comme le ferait un professeur du Muséum.

Chaque pas que l'on fait révèle de nouvelles surprises et atteste les prodiges qu'il a fallu accomplir pour transformer une nature aussi rebelle en un Éden enchanteur.

Les bâtiments, disséminés çà et là, ont tous un cachet oriental du meilleur style.

Des meubles indiens et chinois décorent l'habitation du maître; le salon d'été est précédé d'un vestibule dallé de faïences blanches dont l'émail brillant fait naître à l'esprit une exquise sensation de fraîcheur. Des chaises de bois de palmier, des tables en bambou d'une tournure originale, composent le mobilier de cette pièce. Sur un guéridon en jonc, un volume attire mes regards; c'est le chef-d'œuvre littéraire du peintre Fromentin : *Un Été dans le Sahara*. Voilà un livre où déborde le sentiment profond de la couleur locale! Quel artiste, quel écrivain ont jamais rendu avec autant de vérité et de poésie les paysages et les scènes du désert!

Le guide appelle notre attention sur un gong chinois suspendu à une branche d'arbre; il frappe un coup vigoureux sur l'instrument aux vibrations fordimables, croyant nous causer une énorme satisfaction.

Un peu plus loin, c'est un petit ouistiti enfermé dans une cage comme un écureuil, dont il possède l'agilité. Le gracieux quadrumane est très friand, paraît-il, de sauterelles, régal facile à lui procurer dans ce pays où il en pleut. L'animal, auquel le guide sert un de ces insectes au corselet d'émeraude, commence à jouer avec lui comme le chat qui vient de capturer une souris et le dévore ensuite gloutonnement.

Tout en nous conviant à cette puérile récréation, l'Arabe nous donne des détails intéressants sur la propriété que nous visitons. Les dépenses d'entretien de l'oasis Landon s'élèvent annuellement, selon lui, à environ 30,000 francs. Le propriétaire, M. Landon, encore jeune et immensément riche, jouit peu de son domaine du désert; fantaisie luxueuse créée à tant de frais. Il n'y passe guère qu'une quinzaine de jours par année.

On pourrait croire qu'en réalisant ce tour de force, ce nabab parisien n'ait eu pour but que d'émerveiller les étrangers, envers lesquels les gardiens, parfaitement stylés par lui, montrent les plus grandes prévenances.

On m'a assuré que, s'il eût été donné satisfaction à la demande d'une distinction honorifique à laquelle il croyait avoir des droits, M. Landon eût fait exécuter à ses frais une foule de travaux d'utilité publique, et peut-être une partie de la ligne ferrée de Batna à Biskra.

En nous reconduisant, le gardien offre galamment à notre compagne une magnifique fleur de passiflore qu'il a cueillie à son intention. Il nous confie avec un accent de tristesse qu'au milieu des splendeurs végétales qui l'entourent, il s'ennuie profondément ici ; son rêve serait d'aller à Paris, mais son maître refuse de l'emmener, jugeant sa présence indispensable au logis, où personne ne saurait le remplacer auprès des visiteurs. Je m'aperçus bien que, si nous l'eussions invité à nous suivre en France, il ne se fût pas fait prier ; mais je me gardai d'encourager ses velléités vagabondes.

Après avoir encore une fois admiré le prestigieux tableau que présente le désert, avec ses îles verdoyantes émergeant de l'océan de sable dont l'horizon va se perdre dans un lointain vaporeux, nous reprenons le chemin de Biskra, toujours escortés par le gavroche qui continuait à se plaire dans notre société.

Une musique d'infanterie jouait en ce moment

au rond-point du jardin public. Auditoire presque exclusivement militaire, dans lequel figurent principalement les officiers et les soldats du 3ᵉ bataillon d'Afrique ou d'infanterie légère, que l'on appelait autrefois *Zéphyrs*, à cause sans doute de la légèreté de leur caractère, ou plutôt de leur morale et qu'aujourd'hui on désigne sous le sobriquet de *Joyeux*. On sait que ce n'est pas précisément dans cette arme que se recrutent les prix Montyon.

La plupart de ces jeunes gens sont, paraît-il, fort intelligents et souvent doués d'aptitudes remarquables. Ils passent d'ailleurs pour très braves, on les envoie les premiers au combat où ils déploient une intrépidité incontestable.

Les morceaux qui composent le programme du concert en plein air, généralement empruntés au répertoire de l'opéra et de l'opéra-comique, sont brillamment exécutés.

Je rencontre parmi les promeneurs dilettantes notre compagnon du coupé de la diligence de Batna, lequel me présente au cercle des officiers, établissement très confortable situé sous les arcades de la rue principale.

Là, je suis mis en relation avec plusieurs des amateurs dont le talent avait charmé les assistants à la messe du matin ; l'un d'eux, attaché à l'intendance, est un violoniste passionné pour son instrument, qu'il est, me dit-il, obligé de délaisser une partie de l'année.

La chaleur est tellement intense pendant l'été que les cordes ne peuvent tenir l'accord. La transpiration des doigts s'épanche alors sur les frêles parois de la caisse sonore dont les vibrations se trouvent ainsi étouffées.

On annonce pour ce soir une représentation hippique donnée par les artistes d'un cirque parisien ; les Arabes y viendront en foule, car ils sont fanatiques de ce genre de spectacle qui parle surtout aux yeux, et les intéresse bien autrement que la meilleure des exécutions dramatiques ou musicales auxquelles ils ne comprennent rien.

Malgré l'attrait de curiosité que pouvait offrir cette représentation, du moins au point de vue de la composition du public, nous préférons répondre à la gracieuse invitation qui nous est faite de passer la soirée avec la famille Médan, dont le vénérable chef a fondé l'*Hôtel du Sahara*. Entreprise des plus hasardées dans ce pays perdu, que les étrangers visitent seulement pendant deux ou trois mois de l'hiver et où ils ne séjournent guère que le temps de s'être procuré un aperçu plus ou moins complet du désert.

Au-delà de Biskra, en s'avançant vers le sud, il faut aller jusqu'à Tougourt pour trouver une ville, c'est-à-dire, faire cinquante lieues que l'on ne peut franchir qu'à dos de chameau ou à cheval, et sans la moindre auberge en perspective.

Depuis trente ans que M. Médan était établi à

Biskra, il avait été témoin de bien des évènements et connaissait une foule de particularités locales des plus piquantes que j'eusse été heureux de pouvoir sténographier ou graver dans ma mémoire. J'ajoute que le propriétaire de l'hôtel est un partisan des plus convaincus du régime civil en Algérie, et son opinion a pour elle l'autorité de l'expérience.

Le capitaine avait fait apporter par son ordonnance des armes qu'il se réservait de m'offrir à titre de souvenir de ma visite à l'oasis. C'était un magnifique fusil arabe et un pistolet français, repris sur les indigènes dans je ne sais quel combat.

J'étais confus de tant d'amabilité et ne consentis à accepter que le second de ces trophées guerriers.

Nous nous séparâmes à regret de l'excellente famille dont nous étions devenus en si peu de temps les amis plutôt que les hôtes.

Ma nuit fut singulièrement écourtée, le départ devant avoir lieu à deux heures du matin. Nous nous acheminons, accompagnés des frères Abdallah et du moricaud, vers la diligence de Batna.

Déjà 20 degrés au thermomètre, cela promet une rude journée. Pas le moindre souffle n'effleure la cime des arbres du parc, la voûte céleste étincelle; sauf le tintement des grelots des chevaux que l'on attelle, aucun bruit ne trouble le silence et la sérénité de la nuit.

Deux coups retentissent à l'horloge de la mairie, la voiture se met en mouvement, et, quelques minutes après, je quittais Biskra sain et sauf, sans avoir souffert de la chaleur, sans la plus petite piqûre de scorpion ; enfin, je partais avec le soupçon que le *clou de Biskra* n'était qu'une invention du commis voyageur en papeterie (1), lequel, par parenthèse, n'avait pas perdu son temps à l'oasis, car, d'après son affirmation, il avait trouvé moyen d'y réaliser de six à sept mille francs d'affaires, ce qui, je m'imagine, doit représenter une jolie provision de papier.

Pour moi, il me restait seulement le souvenir d'avoir passé deux journées au milieu des impressions les plus vives et les plus intéressantes, dans un pays où je ne pensais jamais voyager qu'en imagination.

Je ne sais trop si je dois regretter de n'avoir pas prolongé davantage mon séjour, car la première sensation causée par la nouveauté et la singularité de cette nature originale n'eût point tardé à s'émousser et à faire place à la satiété, et bientôt à la nostalgie, effet psychologique qu'il valait mieux prévenir. . . . . . . . . . . . . . . . .

Trois jours après, nous étions réinstallés à l'hôtel d'Orient, à Constantine.

(1) *Le clou de Biskra*, loin d'être un mythe, n'existe que trop réellement, ainsi que j'eus occasion de m'en convaincre plus tard *de visu*, pendant ma traversée de Philippeville à Alger où l'un des passagers du bateau se trouvait affecté de ce mal que le docteur Largeau appelle *ulcère saharien*.

## X

A la gare. — Turco et Mauresque. — La consigne est de ronfler. — En chemin de fer. — Position embarrassante. — La route de Stora. — Représentation extraordinaire. — Entre deux tirailleurs. — Le blessé de Wissembourg. — Dîner à bord. — Un missionnaire franc-comtois. — Kabyles et Arabes.

Après quelques jours de repos à Constantine, nous nous dirigions du côté de la gare, où nous échangions de sympathiques adieux avec les époux X..., dont j'ai esquissé plus haut les physionomies originales, et qui allaient partir pour Tunis, ville comprise dans l'itinéraire de l'inflexible touriste.

M<sup>me</sup> X.... se préparait à entreprendre cette nouvelle pérégrination avec la même résignation soumise dont elle avait fait preuve depuis son départ de la Touraine.

Quant à nous, nous prenions nos billets pour Philippeville, où nous devions nous embarquer sur le paquebot *la Columba*, à destination d'Alger. Affluence au guichet de voyageurs des deux sexes, indigènes et européens.

J'embrasse d'un dernier coup d'œil la vieille

capitale numide dont les maisons, noyées dans une auréole dorée par les rayons éclatants du soleil, détachent leurs pittoresques silhouettes sur le bleu profond du ciel.

Le vagon où nous entrons est déjà occupé par un lieutenant indigène de turcos, portant la croix de la Légion d'honneur, et une Mauresque blottie dans un coin, hermétiquement enveloppée de son haïk de fine laine blanche. Elle a le visage entièrement recouvert d'un voile épais, sauf une petite solution de continuité au-dessous du front, qui laisse entrevoir à peine un des yeux.

Son mari..., ce n'est qu'une supposition de ma part, est assis vis-à-vis d'elle, de façon à surveiller tous ses mouvements.

Deux collégiens et deux autres personnes font irruption dans notre compartiment. J'observe que l'officier, qui parle passablement le français, s'entretient à voix basse avec le plus âgé des lycéens, lequel, à la suite de ce mystérieux colloque, va se placer à côté de la jeune Mauresque; la consigne est de ronfler, telle est du moins mon interprétation personnelle.

Quand je dis jeune, ce n'est encore qu'une simple conjecture, mais assez vraisemblable; car, si l'on ne peut juger de sa beauté, certains indices permettent d'affirmer qu'elle n'est pas vieille. Il suffit, par exemple, de considérer la finesse de ses mains dont les ongles sont rougis par le henné, et la petitesse de ses pieds d'enfant, chaussés d'élégantes babouches de maroquin rouge brodé d'or.

Mon attention, quoique sollicitée par les attraits de la campagne, merveilleusement riche, que je traversais d'ailleurs pour la troisième fois, se concentre de préférence sur le couple indigène. L'officier de turcos, ou de tirailleurs algériens, est un homme superbe ; sa figure bronzée, énergique et martiale, respire la franchise et l'honnêteté. Il sort peu à peu de son attitude réservée pour se mêler à la conversation générale.

Quant à la Mauresque, elle demeure immobile et ne se départ aucunement de son mutisme.

Tout en causant avec nous, le turco ne la perd pas un instant de vue ; de temps à autre, il adresse à sa compagne quelques paroles avec des inflexions douces et caressantes ; quand elle répond, c'est à peine si l'on entend un léger murmure, comme un souffle d'enfant qui s'échappe de sa bouche invisible.

Le collégien justifie, par sa tenue discrète, la confiance du prévoyant Othello, qui l'a fait placer près de Desdémone, sans doute afin de la préserver d'un voisinage moins inoffensif.

A la station du *Col des Oliviers*, où les deux trains qui marchent en sens inverse, l'un venant de Constantine et l'autre de Philippeville, se croisent et s'arrêtent, le lieutenant se penche vers le paquet blanc pour l'inviter sans doute à descendre, mais rien ne bouge.

La chaleur augmente sensiblement aux approches de Philippeville ; le temps, qui s'annonçait si beau au départ, devient douteux, le ciel se charge d'une teinte gris de plomb des moins réjouissantes ; l'air est suffocant.

Aussitôt arrivés, nous nous acheminons vers le quai pour déposer nos bagages au café de Foy, et y déjeuner. L'officier, qui m'avait prié en route de le renseigner sur les hôtels de la ville, devenait de plus en plus expansif avec moi. C'est ainsi que je sus qu'il était marié depuis trois jours seulement, et emmenait sa femme à Blidah, où il allait tenir garnison.

Sa nouvelle épouse n'avait jamais franchi pour ainsi dire le seuil de la maison paternelle jusqu'au moment de ses fiançailles. Elle ne se faisait probablement aucune idée d'un chemin de fer. Aussi on juge de l'ahurissement de cette fille du prophète, transportée tout à coup dans une sorte de chambre roulant avec un bruit infernal sur des tiges métalliques, et se trouvant confondue avec des individus des deux sexes vêtus si différemment de ses compatriotes et parlant un langage qui lui était absolument inconnu.

Le guerrier m'insinue qu'il viendrait volontiers déjeuner avec nous, mais grand est son embarras. Il hésite d'un côté à se séparer de sa compagne, et ne se soucie pas davantage de l'emmener au restaurant où elle serait obligée de s'abstenir de manger et de boire, à moins que de se découvrir le visage pour accomplir cette double opération, et commettre ainsi une grave infraction aux prescriptions du Coran.

Il se décide à la conduire à l'hôtel.

Comme nous achevions de déjeuner, nous vîmes entrer le musulman qui venait nous rejoindre.

Il avait loué une chambre pour y mettre en sûreté son précieux trésor. La prisonnière ne devait être délivrée que juste au moment de s'embarquer.

Nous avions près de trois heures à dépenser à Philippeville.

Nous en profitâmes pour faire une excursion à Stora, éloigné de quelques kilomètres seulement.

La route en corniche qui surplombe le port de Philippeville, dont elle suit les contours, présente une succession de points de vue fort pittoresques. On monte toujours jusqu'au village de Stora perché sur des roches qui dominent le petit port de ce nom, abandonné aujourd'hui pour celui plus vaste et plus commode de Philippeville. Je me laisserais volontiers enivrer par les effluves balsamiques qui se dégagent des orangers et citronniers semés dans les jardins dont le chemin est bordé, si d'immenses fabriques où l'on prépare les sardines et les anchois pour l'exportation ne venaient de temps en temps mêler leurs affreuses odeurs de salaison et empester l'atmosphère. Quant au village de Stora, ses rues tortueuses sont à peu près désertes, et, sauf sa situation, il ne présente rien d'intéressant pour l'étranger.

Si nous avions pu disposer de notre soirée, le théâtre de Philippeville nous offrait une belle occasion : *Représentation extraordinaire,* annonçait l'affiche dont voici le programme, que je transcrit textuellement : *le Petit Duc,* opéra en trois actes ; *Il y a seize ans,* drame en sept actes ; des chansonnettes comme intermèdes ; grand effet de lumière électrique, feux de Bengale, etc. ; c'est ce qu'on peut appeler un spectacle corsé. Heureux habitants de Philippeville !

Tandis que nous attendions au café de Foy l'heure du départ, le turco, accompagné d'un officier de la même arme dont le régiment était en garnison à Collo, vînt s'attabler près de nous.

Pendant quelque temps, la conversation entre les deux tirailleurs roule sur des détails de service militaire, puis, d'inoffensive qu'elle est d'abord, elle prend peu à peu un caractère passionné aussitôt que les fils de Bellone abordent la question de la femme ; c'est en effet un terrain toujours brûlant, ici encore plus que partout ailleurs.

Le Français se met à persifler son collègue Arabe ; il critique particulièrement les précautions ridicules et odieuses, selon lui, employées par les mahométans pour soustraire leurs femmes aux regards masculins.

« C'est une jalousie puérile et tyrannique qui

vous inspire ces mesures de défiance ; comparez un instant la liberté dont jouissent les femmes en France avec la servitude barbare que vous infligez aux vôtres ! Croyez-vous qu'en dépit de ce luxe de précautions, les musulmanes soient des épouses plus sages et plus fidèles que les Européennes ? »

Le sectateur de Mahomet affirme que la jalousie n'est pas le seul motif du système de réclusion appliqué au beau sexe de son pays, qu'il est d'ailleurs consacré par un usage traditionnel.

« Vous ignorez, s'écrie-t-il, que, si un Arabe laissait voir sa femme à un homme et surtout à un Européen, il serait en butte aux railleries et au mépris de tous ses coreligionnaires ».

Quand vint le tour de la religion, autre question brûlante, notre sceptique compatriote ne se fit pas faute d'attaquer, avec plus de violence que d'à-propos, les pratiques islamites. Il insinua même que les indigènes, par suite de leur dévotion au Coran, ne pouvaient faire des soldats sur lesquels la France dût sérieusement compter, puisque, selon leurs croyances, ils arrivaient à considérer comme inférieurs, et même comme des ennemis, tous ceux qui ne pratiquaient pas le mahométisme.

Cette insinuation fit bondir le turco qui jusque-là avait gardé le plus grand sang-froid.

Il relève brusquement sa manche jusqu'au coude et montrant son bras sillonné de cicatrices....

« Ces blessures, dit-il avec une fierté dédaigneuse, je les ai reçues à la bataille de Wissembourg, en 1870. »

« J'en porte une autre sur la poitrine qui me fait encore cruellement souffrir : ce n'est que par la souveraine protection d'Allah que j'ai échappé à la mort ! »

« Pourriez-vous en montrer autant, mon collègue ?... »

Celui-ci, décontenancé par cette interpellation directe, ne trouve rien à répliquer. »

« J'ai passé, ajoute l'Arabe, deux années en Cochinchine au service de la France ; le climat et les maladies ne m'ont point épargné. Je ne songe pas à me plaindre, je sers votre pays fidèlement et loyalement ainsi que je m'y suis engagé, et j'obéis avec la plus entière soumission à mes chefs pour lesquels je professe une profonde estime.

« Mais quant à ma religion, rien ne saurait ébranler ma foi, pas même vos épigrammes. »

« La discussion commençait à s'envenimer, j'appréhendais le moment où les deux adversaires allaient échanger autre chose que des paroles. Heureusement, le premier coup de choche qui annonçait le départ du paquebot stationné dans le port retentit et interrompit ce colloque animé où Abd-el-Kader, c'était le nom du blessé de Wissembourg, avait eu le beau rôle. Il nous quitta précipitamment pour aller à l'hôtel chercher sa prisonnière. »

Sur le pont de la *Columba,* sont déjà installés un certain nombre de militaires et de civils et quelques femmes, parmi elles, quatre sœurs de charité.

Une foule compacte assiste du quai à l'embarquement des passagers. La mer, au calme plat, semble endormie. Sa surface, presque aussi tranquille que celle d'un lac, reflète les teintes grises et ternes du ciel. La traversée s'annonce sous les auspices les plus favorables; aussi les voyageurs, pleins de confiance et d'espoir, vont-ils tous se mettre à table à l'heure du dîner, y compris la Mauresque, qui assiste au repas sans y prendre part.

La jeune épouse, que j'appellerai Fatma, encore par supposition, a toujours l'air d'une biche effarouchée, elle détourne la tête aussitôt qu'elle se sent regardée. Il faudra encore du temps pour que l'oiseau si récemment échappé de sa cage parvienne à s'apprivoiser.

Le turco est assailli de plaisanteries d'un goût douteux par les loustics de la table, qui prétendent que sa femme n'est pas légitime et qu'elle doit faire partie des odalisques de son sérail. Abd-el-Kader proteste et affirme la régularité son mariage célébré devant la municipalité française et le cadi; il soutient le feu des railleurs aussi bien que celui des Prussiens à Wissembourg.....

J'avais en face de moi, à dîner, un ecclésiastique orné d'une barbe luxuriante; sa physionomie m'avait frappé aussitôt que j'eus mis le pied sur le bateau. Petit de taille, enveloppé d'une ample robe noire qui lui servait de pardessus, coiffé d'une calotte de velours, ce prêtre à la figure grave et sympathique, aux yeux bleus pleins d'intelligence, avait un air digne et respectable qui m'avait attiré de suite vers lui.

Après le repas, le jour commençait à tomber; nous nous mîmes à causer avec abandon et confiance, comme si nous eussions fait connaissance depuis longtemps.

C'était un missionnaire français, originaire du département de la Haute-Saône ; tout en contemplant les magnificences de la mer sur laquelle le navire laissait après lui de lumineux sillons d'écume phosphorescente, et le ciel où les étoiles scintillaient comme des rubis, j'appris que le Révérend Père habitait au centre des tribus de la Kabylie, dans les environs de *Fort National*. Rien de plus intéressant que la conversation de cet homme érudit, auteur d'un dictionnaire françaiskabyle très estimé.

Il me parla longuement des relations qu'il entretenait avec les indigènes, de leurs mœurs, de leurs usages, etc. L'intelligent Franc-Comtois a fondé plusieurs écoles (1), où les enfants reçoivent surtout

(1) J'emprunte les lignes suivantes à une lettre adressée récemment par le ministre de l'instruction publique, au gouverneur de l'Algérie, au sujet de la création d'écoles pour les indigènes de la grande Kabylie : « Vous n'ignorez pas,

des leçons de français. Seulement, il n'a pu arriver à leur inculquer notre langue qu'en leur enseignant d'abord l'arabe, car le kabyle et l'arabe sont des idiomes très distincts. Cela est si vrai que les individus qui appartiennent à ces peuplades de race différente, et que l'étranger est porté à confondre à cause de certaines ressemblances de types et de costumes, ne se comprennent pas entre eux.

Du reste, le missionnaire se louait beaucoup de l'intelligence et de la docilité de ses disciples Berbères (1), beaucoup plus accessibles au progrès et à la fois plus sobres et plus travailleurs que les Arabes.

Monsieur, que de toutes les parties de l'Algérie, la grande Kabylie est la mieux préparée par le caractère et les coutumes de ses habitants... Je n'ai pas besoin de vous rappeler que le chef kabyle, Si Loumis, qui s'est fait l'interprète de ses coreligionnaires demandait à une de vos réceptions : *De l'eau et des écoles.* »

(1) « *Berbères* : Peuple dont les institutions nationales se sont conservées avec une grande pureté. Différents des Arabes par un grand nombre de points; qualités innées, génie national, caractères physiques très-saillants tels que cheveux blonds, communauté d'origine entre eux et les peuplades de l'Occident. » (*Le Temps*, correspondance d'Algérie.)

# XI

Prêtre et médecin. — Bal champêtre. Un pensionnat à Djidjelli. — Bougie par la pluie. — En vue de Dellys. — Arrivée à Alger. — Le nouvel *Hôtel de l'Oasis*. — Rencontre d'Abd-el-Kader. — Préparatifs de fête.

Les Kabyles l'entourent d'une grande considération; c'est à lui que les malades et les blessés s'adressent pour obtenir quelque soulagement à leurs souffrances, pleins de confiance dans ses connaissances médicales qu'il met au service de tous. Notre compatriote ne fait pas de zèle prosélytique. C'est à moraliser les indigènes qu'il s'attache, employant particulièrement son influence à combattre les restes de polygamie qui subsistent encore, mais seulement à l'état exceptionnel, parmi les tribus kabyles, et dont une des plus tristes conséquences est de détruire le respect et l'affection des enfants pour leurs mères qu'ils traitent souvent en étrangères.

L'indifférence religieuse est encore un côté caractéristique des mœurs chez les Berbères de la Kabylie, qui sont plutôt musulmans en apparence qu'en réalité. Le révérend missionnaire a la conviction qu'avec le temps bien des préjugés disparaîtront de l'esprit des tièdes sectateurs de Mahomet.

La *Columba* fait escale à Collo. Parmi les passagers qui débarquent, un certain nombre de jeunes gens descendent à terre avec l'intention de prendre part au bal champêtre qui a lieu ce soir, et auquel tous les passagers sont invités.

A travers le feuillage des arbres qui avoisinent le rivage, brillent quelques lumières à la faveur desquelles on entrevoit les silhouettes des danseurs qui s'agitent joyeusement au bruit des flons-flons de l'orchestre en plein air. Un coup de cloche interrompt brusquement les quadrilles et chacun regagne son domicile flottant.

. . . . . . . . . . . . . . . . .

A cinq heures du matin, la *Columba* était ancrée dans le port de Djidjelli, chétive et peu intéressante bourgade, résidence redoutée des fonctionnaires civils et militaires.

Ici, absence complète de monuments, car on ne peut décorer de ce nom l'église, l'hôtel-de-ville et la justice de paix, rustiques constructions en planches, sortes de barraques de foire. L'église surtout, ouverte à tous vents, est remarquable par sa laideur et sa pauvreté; heureusement pour les fidèles, on se dispose à en ériger une nouvelle.

Nous visitons, sur l'invitation des sœurs descendues avec nous du bateau, l'institution de jeunes filles qu'elles dirigent.

L'établissement est situé fort agréablement; une façade regarde la mer, et l'autre donne sur un jardin potager parfaitement entretenu et dont les laitues font le plus bel ornement; il en pousse en telle quantité, nous dit la directrice, qu'on en fait de copieuses distributions quotidiennes aux malheureux du pays.

Le pensionnat compte environ deux cents élèves; chaque jour ces enfants préludent aux exercices de la journée en se plongeant dans les flots caressants qui viennent mourir sur le rivage, au pied de la maison d'éducation.

Les religieuses m'assurent qu'elles ne se déplaisent pas dans ce pays sauvage et solitaire. Les musulmans, paraît-il, vivent en bonne intelligence avec les Européens; cependant, il ne faudrait pas trop s'y fier.

Témoin l'insurrection de 1871, où les Kabyles des environs, descendus de leurs montagnes, se livrèrent à des cruautés inouïes, même envers ceux de nos compatriotes avec lesquels ils avaient entretenu les meilleures relations.

Après avoir pris congé des sœurs, nous nous faisons reconduire au bateau. A peine sortis du port, nous sommes assaillis par de terribles bourrasques qui se succèdent presque sans interruption jusqu'à Bougie, où nous passons une après-midi fort maussade, confinés dans un café, à l'abri de la pluie.

Heureusement, j'avais visité l'antique ville romaine dans mon précédent voyage, par un temps splendide, et je me consolai en évoquant ce souvenir charmant.

Quel admirable décorateur que le soleil, de quel merveilleux prestige sa lumière pare les objets! Aujourd'hui, la curieuse et pittoresque cité semble recouverte d'un crêpe, tout y est sombre et lugubre.

Le lendemain, après une nuit orageuse qui avait occasionné bien des insomnies et des malaises à bord, nous étions en vue de Dellys.

Le ciel est ce matin d'un bleu limpide, les rayons d'un soleil resplendissant s'épanouissent gaiement sur les blanches façades des maisons du chef-lieu de la petite Kabylie, adossé à des montagnes dont quelques bois d'oliviers et de chênes verts parsèment les flancs dénudés.

La brise froide souffle en tempête; les vagues écumantes qu'elle soulève ressemblent à des monticules aux crêtes neigeuses que les canots, frêles coquilles de noix, montent et descendent incessamment. Parfois on les croirait engloutis sous l'élément liquide, puis ils reparaissent pour disparaître encore. On comprend que, dans de telles conditions, une promenade maritime manque d'agrément, aussi les bateliers n'embarquent-ils pour

Dellys que les voyageurs forcés de s'y arrêter.

Quelques heures après on se montrait une pyramide crayeuse qui se détachait à l'horizon sur l'indigo d'un ciel oriental.

Alger!... Tout le monde descend. Sous l'escorte de jeunes Biskris au teint de pain d'épice qui portent nos bagages, nous prenons la direction de *l'Hôtel de l'Oasis,* dont nous avions été les hôtes en 1875. Quelle transformation! L'établissement de ce nom occupe bien le même emplacement que son aîné; mais, autant le premier avait des apparences modestes, ce qui n'excluait pas le confortable de l'intérieur, autant celui-ci est élégant et luxueux.

Une des façades regarde le quai, de belles et symétriques constructions s'élèvent sur le terrain occupé jadis par le petit jardin de l'hôtel. Malgré les embellissements et les changements qui se sont opérés, je regrette la simplicité de mon oasis. Nous retrouvons avec plaisir la maîtresse du logis restée aussi gracieuse que par le passé, mais qui, hélas! n'avait pu se rajeunir de quatre années.

Comme je me perdais dans le dédale des corridors de la maison, je me croise avec un Arabe qui m'arrête et me tend affectueusement la main.

C'était Abd-el-Kader qui avait changé de costume. Le burnous et le turban remplaçaient son uniforme de turco. Le lieutenant semblait radieux d'avoir repris pour quelques jours son vêtement national qu'il devait garder jusqu'au moment de rejoindre son régiment à Blidah.

Je n'eus garde en causant avec lui, et ce n'était certes pas le désir qui me manquait, de demander des nouvelles de l'énigmatique Fatma, n'ignorant pas qu'au point de vue des idées et des mœurs musulmanes, j'eusse commis une grave inconvenance, et je tenais à conserver la bonne impression qu'il me semblait avoir produit sur mon compagnon de la *Columba*. Nous nous séparâmes en nous faisant mutuellement les meilleurs souhaits de voyage.

. . . . . . . . . . . .

La veille de notre départ pour Oran, la ville d'Alger présentait une animation inusitée ; on attendait dans la journée le nouveau gouverneur civil, M. Albert Grévy ; presque toutes les maisons européennes étaient pavoisées. De nombreuses proclamations municipales, affichées dans les rues, annonçaient l'évènement aux habitants, qui étaient invités à faire une réception brillante et cordiale à l'important fonctionnaire. Les groupes compacts qui se formaient devant les affiches devisaient sur les avantages et les inconvénients du régime qui allait être inauguré dans la colonie.

Au milieu de la journée, une dépêche télégraphique de Marseille fit connaître que l'état de la mer n'avait pas permis au gouverneur de s'embarquer et que son arrivée était retardée de vingt-quatre heures, ce qui occasionna un certain désappointement dans le public.

Quant à nous, notre départ étant fixé pour le lendemain, nous dûmes renoncer à assister aux manifestations patriotiques réservées à M. Grévy et dont on a pu d'ailleurs lire le compte-rendu détaillé dans les journaux de l'époque.

## XII

Départ d'Alger. — Paysages. — El-Affroun. — Singulière hospitalité. — Un loueur de voitures. — L'*Hôtel de la Gare* et les hirondelles. — M. Dubois et son équipage. — Aspect lointain du Tombeau de la Chrétienne.—Les caprices de Bibi. — Une ferme modèle. — Montebello. — L'ascension. — Les deux guides. — Le gardien du tombeau. — Simple hypothèse. — Un génie protecteur.

Dans la matinée du 26 avril, nous nous faisions délivrer des billets pour El-Affroun, localité située sur le parcours de la voie ferrée d'Alger à Oran. C'est à cet endroit que le savant bibliothécaire d'Alger, M. Mac Carthy, nous avait conseillé de nous arrêter pour aller visiter le célèbre *Tombeau de la Chrétienne*.

Un certain nombre d'officiers d'artillerie montent avec nous dans le train et descendent à la première station, Hussein-Dey, sans doute pour prendre part aux exercices des troupes que nous voyons manœuvrer sur les vastes terrains qui avoisinent le village. Une partie des maisons d'Hussein-Dey, entourées de cactus et de figuiers de Barbarie gigantesques, semblent émerger de nids de verdure, tandis que les autres, rangées symétriquement sur la plage, voient se dérouler à leurs pieds les volutes azurées de la Méditerranée.

Les blanches constructions de la vieille cité mauresque se montrent encore à l'horizon, puis disparaissent tout-à-coup, au moment où le convoi s'engage dans la courbe qui va aboutir à la plaine de la Mitidja. Le railway longe presque continuellement la chaîne majestueuse de l'Atlas jusqu'aux environs d'El-Affroun, où nous descendons. C'est la troisième station après Blidah, la ville aux pommes d'or.

Nos bagages déposés à la consigne, nous nous mettons en quête d'un véhicule pour gagner le village situé à quelque distance de la gare.

Nous trouvons bien dans la cour de l'embarcadère une diligence qui fait le service de correspondance quotidienne de Cherchel, mais pas le moindre omnibus; l'absence de cet agent moderne de locomotion nous paraît déjà d'un mauvais augure.

Une grande route poudrée à blanc, inondée de soleil, bordée de champs d'orge et de maigres vergers, se déroule devant nous. Il faut se résigner à la franchir pédestrement.

A quelques mètres à gauche, s'élève un ensemble de bâtiments isolés, d'aspect modeste; une inscription qui décore la façade principale porte ces mots: *Hôtel de la Gare*. Nous passons devant sans nous y arrêter. En continuant de marcher, nous apercevons à un détour du chemin un groupe de constructions qui constituent le bourg d'El-Affroun.

Arrivés à l'hôtel qui nous avait été recommandé :

« Impossible de vous loger, s'écrie aussitôt le maître de la maison; toutes mes chambres sont occupées. »

A notre demande de déjeuner :

« Je n'ai rien à vous offrir ce matin, mes provisions suffiront à peine à ma clientèle ordinaire. »

Singulière hospistalité! Décidément, nous n'étions pas attendus à El-Affroun.

Il ne nous restait plus qu'à nous enquérir des moyens de transport pour aller au *Tombeau de la Chrétienne*.

« Il n'y a ici, messieurs, qu'un voiturier, lequel possède une seule voiture et ce sera pour vous une heureuse chance si elle est disponible. »

De mieux en mieux : menacés de jeûner, de coucher à la belle étoile et de ne pas visiter le monument!

Cette triple perspective manquait absolument de charme.

Pendant que nous nous livrions à un échange de réflexions philosophiques, on s'était mis à la recherche du voiturier; celui-ci ne tarda pas à se présenter.

C'était un homme de 55 à 60 ans, encore très-vert, physionomie d'un bourgeois mâtiné de paysan, mélange de bonhomie et de finesse astucieuse. Nous apprenons, avec une satisfaction légitime, qu'il met son unique voiture à notre disposition et se propose de conduire lui-même.

Le prix de la journée convenu, rendez-vous est donné à l'*Hôtel de la Gare*, où nous espérons rencontrer meilleur accueil qu'à celui que nous quittons.

J'ai déjà dit que son apparence est modeste : la première pièce, précédée d'une tonnelle donnant sur la route, sert de café restaurant, de *restauration*, comme disent les Allemands. Le café communique avec la cuisine et la salle à manger. Enfin, s'alignent sur une cour spacieuse une dizaine de chambres destinées aux voyageurs. L'ameublement en est des plus élémentaires. Le jour ne pénètre que par les vitres d'une imposte placée au-dessus de la porte. De nombreux nids d'hirondelles, qui ont élu domicile dans les encoignures, constituent la seule décoration des pièces, dont les murs sont blanchis à la chaux.

A défaut de voyageurs, c'est une clientèle assurée que les gracieuses messagères du printemps, pour lesquelles ont paraît avoir ici une tendresse excessive. L'*Hôtel de la Gare* est tenu par une brave famille d'Alsaciens, ce sont les jeunes filles qui font le service.

Le déjeuner ne pouvait évidemment rivaliser avec les repas succulents et délicats de l'*Oasis* d'Alger, mais il était relativement bon.

A l'heure dite, le voiturier se trouve au rendez-vous avec son équipage, sorte de char-à-banc d'une forme antédiluvienne que ne dépare aucunement l'attelage.

Soupçonnant, non sans raison, que l'impression produite sur nous est peu favorable, le propriétaire se hâte de prévenir nos commentaires.

« Voilà une bien jolie voiture, s'écrie-t-il d'un ton convaincu; il n'en existe pas de plus confortable dans le pays. Quant à Bibi, mon cheval, je vous le présente comme un modèle de courage, de patience et de docilité. Vous allez bientôt en juger. »

Sur ces mots encourageants, le cocher lance un vigoureux coup de fouet à Bibi, et nous voilà partis.

Le ciel, jusqu'alors d'un bleu limpide, se voile de nuages grisâtres qui courent follement, chassés par l'impétuosité du vent; le soleil ne se montre plus que par intermittences.

La route, large et parfaitement entretenue, est à peu près dénuée d'intérêt pittoresque; seules quelques collines verdoyantes, aux formes variées distraient de temps à autre le regard.

De distance en distance on aperçoit quelques exploitations agricoles. Voici enfin un village, j'en ai oublié le nom, ce qui est du reste assez indifférent; j'en parle seulement à cause de l'arrêt que nous y faisons sous prétexte que le cheval a besoin de repos, mais en réalité parce que son maître est fort altéré; le nombre de verres d'absinthe qu'il absorbe au café le prouve surabondamment. Le résultat le plus certain de ces libations alcoolique se traduit par un surcroît de loquacité dont le besoin ne se faisait nullement sentir.

M. Dubois, notre automédon, est originaire de Chantilly et réside depuis longtemps en Algérie, où il a tenu garnison. C'est tout ce que je retiens de son assourdissant verbiage.

En avançant, on découvre à l'horizon un groupe de hautes montagnes qui profilent leurs silhouettes bizarres à travers un voile de vapeurs bleuâtres qu'illuminent par instant, comme des éclairs, quelques rayons fugitifs de soleil. C'est derrière ce pittoresque massif que s'abrite la ville de Cherchel, l'ancienne capitale de la Mauritanie, qui portait sous la domination romaine le nom de *Cæsarea*.

Depuis El-Affroun, nous avons toujours eu à notre droite le fameux tombeau qui couronne une éminence dominant une étendue considérable de pays. Sa forme, jusque-là un peu indécise, commence à s'accuser plus nettement. On distingue maintenant les contours de cet énorme cône tronqué au sommet, dont la teinte grisâtre se confond avec celle du sol calcaire qui l'environne.

Malgré les éloges enthousiastes que nous avait faits de son cheval M. Dubois, nous acquérons de plus en plus la triste certitude que le quadrupède ne justifiait aucunement le panégyrique de son maître.

A partir de l'endroit où nous venions de stationner, la bête étique, auprès de laquelle le Rossinante de Don Quichotte eût paru un Pégase, s'arrêtait à chaque pas. Dubois avait beau multiplier les objurgations, les menaces, les prières entremêlées de persuasifs coups de fouet, c'était en vain, rien ne bougeait. Enfin, quand Bibi, obéissant à son seul caprice, se décidait à se remettre en marche, le conducteur lui prodiguait les compliments les plus flatteurs et les moins mérités.

« Quel excellent et noble animal ! s'écriait-il d'un ton ému ; quelle douceur de caractère ! quel courage ! Avec lui, aucune crainte de rester en chemin ; le voyez-vous voler comme un oiseau ? Que ne suis-je à Chantilly pour le faire concourir et jouir de ses succès ! »

Malgré tout ce lyrisme, nous n'étions pas rassurés ; en effet, quelques pas plus loin, la comédie recommençait.

Nous laissons à gauche une ferme importante, exploitée, nous dit Dubois, par une famille de riches colons établis depuis peu dans la contrée ; il nous fait remarquer une locomobile qui fonctionne dans les champs, et s'exalte à ce propos sur les progrès de la civilisation en Algérie.

Le ciel se rembrunit de plus en plus, les nuages accumulés étendent comme un voile de deuil sur la campagne déserte. Une bise glaciale fait entendre ses aigres sifflements. Malgré le feu roulant des plaisanteries de l'automédon, nous sommes envahis par un vague sentiment de tristesse et de découragement qui commence à se dissiper à la vue de quelques toits rougeâtres, disséminés au pied d'un monticule aride. C'est le village de Montebello, d'où l'on part pour faire l'ascension du tombeau.

Enfin, après bien des cahots, entremêlés de pauses qui nous rendaient la route démesurément longue et insipide, nous atteignons la première maison du village, auberge d'apparence assez confortable. L'intérieur est propre et l'hôtesse avenante.

Quelques buveurs d'absinthe sont attablés et dégustent voluptueusement la liqueur verte à l'arome pénétrant. M. Dubois mène à l'écurie son cheval épuisé, qui a besoin de faire provision de forces pour le retour, et il vient se joindre aux consommateurs. Il a devant lui trois ou quatre heures pour se désaltérer ; c'est à peu près le temps que dure l'excursion.

La maîtresse du logis nous munit de bougies pour explorer l'édifice à l'intérieur, puis elle fait prévenir un jeune garçon qui va nous servir de guide, et la caravane se met en marche.

Nous suivons d'abord, sur une pente inclinée, un sentier tortueux à peine tracé dans un terrain inculte et raviné de toutes parts. On dirait un amas de décombres semés çà et là de palmiers nains et de maigres fougères.

Le guide est un Espagnol au teint hâlé, aux yeux vifs et intelligents ; il parle suffisamment le français. Durant le trajet, le jeune gars s'éloigne de temps à autre pour butiner quelques fleurs sauvages dont il fait hommage à notre compagne.

L'un de nous découvre, en passant devant un buisson de lentisques, une tortue de moyenne grosseur, qui flânait avec l'insouciance particulière à ces animaux qui se croient à l'abri de tout danger sous leur carapace d'écaille. Au dire de l'Espagnol, ces reptiles inoffensifs sont très communs dans cette région solitaire, ils paraissent affectionner les environs du tombeau ; mais les habitants de Montebello les arrachent sans scrupule et sans pitié à leurs goûts philosophiques et à leurs joies paisibles pour se délecter de leur chair dont ils font de succulents potages.

A mi-chemin, nous sommes accostés par un Arabe qui nous souhaite gracieusement le bonjour et se met à marcher à nos côtés sans y être invité. Sa figure imberbe, aux traits fins et distingués, se détache sous sa coiffe blanche serrée autour de la tête par une triple corde de chameau, sa tunique est d'une propreté irréprochable ; il porte un fusil de chasse en bandoulière. Ahmed, c'est le nom de l'indigène, cueille à son tour des fleurs pour les offrir à la *madama* qui, par suite de cette aimable concurrence, voit croître son bouquet dans des proportions aussi gigantesques qu'incommodes.

Les deux jeunes gens se connaissent et paraissent même avoir entre eux des relations très amicales. C'est à qui s'efforcera de nous être agréable, et nous n'avons qu'à nous féliciter de leurs attentions rivales.

Nous nous croisons avec une calèche qui descend lentement et avec précaution le sentier pierreux ; c'est la première fois, assurent les guides, qu'une voiture a gravi jusqu'au sommet.

La végétation devient de plus en plus rare à mesure que nous montons. Le monument paraît et disparaît tour à tour dans les nombreux circuits de la route ; par instants, on croit y toucher et l'instant d'après, on reconnaît qu'il faut faire encore bien des détours pour l'atteindre.

Enfin, après plus de deux heures d'ascension pénible, nous débouchons sur le plateau qui supporte le colosse de pierre.

La première impression est peu favorable. A une certaine distance, les inégalités, les lacunes disparaissent pour se fondre dans un ensemble complet, harmonieux ; mais, de près, les dégradations et les mutilations s'accusent et s'accentuent brutalement. Une grande partie du revêtement du tumulus, formé de pierres cubiques, s'est détaché de la masse, et les débris gisent amoncelés sur le sol. On distingue çà et là des fûts de colonnes, des chapiteaux, des pilastres, des frises et autres fragments d'une architecture plus robuste qu'élégante, rappelant dans certaines parties le style des constructions égyptiennes.

Tandis que nous examinons curieusement ces intéressants vestiges, un vieillard à l'air vénérable sort d'une misérable cabane en planches, et s'avance pour nous offrir de visiter à l'intérieur l'édifice connu sous le nom de Tombeau de la Chrétienne ou de la Reine, cette dernière dénomination plus particulièrement locale.

Sur notre réponse affirmative, le bonhomme entame une dissertation historique et archéologique dont j'épargnerai les détails au lecteur. Il me suffira de dire que l'origine de cette construction est aussi obscure que mystérieuse. Cependant l'hypothèse qu'elle aurait eu pour destination la sépulture des rois de Mauritanie paraît admise aujourd'hui. Je ne serais pas éloigné de croire que ces souverains s'étaient fait bâtir cette demeure pour conserver après leur mort une position élevée, et tenir encore leurs sujets à distance respectueuse.

Quoi qu'il en soit, on a la preuve qu'à diverses époques, de vigoureux efforts furent mis en œuvre pour franchir l'épaisse muraille circulaire, mais toujours en vain. Il semblait qu'un génie invisible veillât sur le mausolée pour déjouer toutes les tentatives des profanateurs; cependant il arriva un jour où la vigilance du mystérieux protecteur se trouva en défaut, et c'est un Français qui, par son intelligence intuitive et sa persévérance infatigable, triompha de tous les obstacles.

## XIII

La brèche. — Désappointement. — **Mystère!** — Dans le mausolée. — Le boniment. — Un peu de gymnastique. — Recommandé aux chasseurs. — Panorama. — Une plaisanterie mal reçue. — Ahmed et sa famille. — Un village peu prospère. — Chemin de traverse. — Retour à l'hôtel.

Un hourrah joyeux et retentissant fut poussé à la fois par tous les travailleurs au moment solennel où, après des efforts multipliés, la sonde s'enfonça dans l'épais massif et rencontra enfin le vide. *Eurêka!* put s'écrier à son tour l'érudit conservateur de la bibliothèque et du musée d'Alger, sous la direction duquel toutes les opérations s'étaient effectuées.

On imagine avec quels tressaillements anxieux les vainqueurs pénétrèrent dans la place par la brèche béante. Quelles palpitations durent ressentir les archéologues à chaque pas qu'ils risquèrent dans l'obscur labyrinthe, fouillant avidement les cavités les plus souterraines, non dans l'espoir d'y trouver un trésor, mais du moins quelques vestiges humains ou autres, qui les aidassent à reconstituer un passé énigmatique!

Amère déception! Les investigateurs, après les perquisitions les plus minutieuses, découvrirent seulement quelques pièces de monnaie et des poteries sans aucune signification au point de vue du problème historique qu'il importait de résoudre. Il fallut en conclure que le mausolée avait été défloré et dépouillé à peu près de tout ce qu'il contenait primitivement. A quelle époque? Avec quel talisman magique les profanateurs s'étaient-ils introduits dans le mystérieux sanctuaire? car, chose inexplicable, aucune trace matérielle de leur passage ne subsistait ; les dégradations s'arrêtent à la superficie, à l'épiderme pour ainsi dire de la formidable cuirasse calcaire. Autant de points d'interrogation restés jusqu'ici sans réponse.

On avait employé les combinaisons les plus ingénieuses pour dérouter les chercheurs. Ainsi, il existe des portes figurées dans la décoration architecturale extérieure et dont l'orientation correspond aux quatre points cardinaux, mais une seule servait d'entrée; c'est précisément celle-là qu'il s'agissait de découvrir. Le gardien nous l'ouvre aujourd'hui sans difficulté. Elle est basse et étroite:

Quelques marches à descendre, et l'on se trouve dans un corridor circulaire dont nous entrevoyons les murailles humides et nues à la lueur vacillante des torches de résine que le vieillard agite en tous sens. Il nous promène ensuite de couloir en couloir, de caveau en caveau ; l'un d'eux s'appelle le *caveau des lions* à cause des animaux sculptés en relief sur le linteau de la porte, seule décoration intérieure de l'édifice et qui fait peu d'honneur au talent de l'artiste.

On arrive au bout de ces pérégrinations dans la chambre funéraire qui est fort vaste et occupe la partie centrale de l'hypogée. Elle est absolument vide et nue. Malgré le boniment fait d'une voix caverneuse dont les échos se perdent dans un silence sépulcral, malgré les noms imposants du roi Juba, de Ptolémée, etc., que le cicerone évoque sans doute pour exalter l'imagination paresseuse du visiteur, je reste froid et je n'éprouve guère d'autre impression que le désir de m'échapper promptement de ces catacombes sombres et glaciales.

Il s'agit maintenant de compléter notre excursion archéologique par une promenade sur les parois extérieures de la vaste construction. L'assaut est pénible, mais rendu praticable par la saillie des pierres, entre lesquelles il existe des solutions et qui forment comme des gradins plus ou moins irréguliers. L'ascension des pyramides d'Égypte s'effectue à peu près ainsi ; c'est donc un apprentissage que j'allais faire pour le cas où, un jour à venir, j'escaladerais un de ces vétérans de pierre, âgés actuellement de plus de quarante siècles. Ce genre de gymnastique paraît d'ailleurs très familier à nos jeunes guides ; toutefois, affaire de tempérament, l'Espagnol grimpe avec l'agilité du singe, tandis que l'Arabe monte posément, gravement ; je dois ajouter que sa longue tunique est pour lui un sérieux *impedimentum*.

Durant le trajet, il essaie de nous égayer par ses réflexions plus naïves que plaisantes, et entre autres à propos des lièvres que nous voyons regagner précipitamment leurs terriers. Il en passe à chaque instant ; je recommande spécialement à l'attention des Nemrods ces lointains mais giboyeux parages.

Le langage du fils de Mahomet est presque correct, ses expressions sont même parfois recherchées ; ce qui a lieu d'étonner de la part de ce musulman, qui assure n'avoir jamais été à l'école, et ne devoir ce qu'il sait de français qu'à la fréquentation journalière de nos compatriotes.

Le sommet du tumulus mauritanien ne présente rien de remarquable ; son couronnement aplati a été outrageusement dégradé, les dernières assises n'existent plus, mais on embrasse de ce belvédère aérien un admirable panorama.

D'un côté, l'œil plonge sur la nappe onduleuse de la Méditerranée, dont les flots bleus vont battre le roc noir dans l'anfractuosité duquel est blottie la petite ville de Tipaza, célèbre par ses antiquités romaines. En se retournant, on domine une immense vallée, splendide océan de verdure alternativement baigné d'ombre et inondé de soleil ; bientôt d'épaisses vapeurs envahissent l'horizon et viennent peu à peu couvrir d'un voile impénétrable le magnifique spectacle dont nous jouissions depuis quelques minutes.

Il ne nous restait plus qu'à descendre du gigantesque piédestal au bas duquel attendait le vénérable gardien. Il appelle notre attention sur la pauvre cabane qui lui sert à remiser ses outils.

Cette installation provisoire va bientôt faire place à un bâtiment sérieux, dans lequel le funèbre concierge pourra loger et s'éviter par suite une ascension quotidienne des plus fatigantes à son âge. Les touristes trouveront là désormais un abri pour se reposer et se rafraîchir. C'est grâce à la société d'archéologie d'Alger, qui a pris l'édifice sous sa protection, que cette amélioration est sur le point de s'accomplir.

Si nous avions voulu écouter le brave homme aussi longtemps qu'il le désirait, la journée n'eût pas suffi à entendre ses racontars, ses récriminations, ses doléances, sur la disette des visiteurs, la dureté des temps, etc. Nous ne tenions pas davantage à passer la nuit en compagnie des ombres qui hantent les abords de la royale sépulture.

Comme nous nous disposions à prendre congé du vieillard, celui-ci, pour se concilier tout à fait nos bonnes grâces et mériter nos largesses, exhibe à nos yeux une collection de piquants de porc-épic (encore une espèce de gibier qui se plaît dans ces lieux déserts), en nous invitant à choisir à notre convenance les plus beaux spécimens. Nous usons discrètement de la permission.

En descendant le sentier rocailleux qui aboutit au village de Montebello, nous nous croisons avec un troupeau de superbes mérinos, fait assez indifférent en lui-même et que je ne mentionnerais pas s'il n'eût été l'occasion d'un incident qui faillit avoir un dénouement sanglant.

L'Espagnol, par manière de plaisanterie, s'étant mis à barrer le chemin en faisant des moulinets avec son bâton, les innocentes bêtes à toison soyeuse se débandèrent et s'enfuirent affolées dans toutes les directions, remplissant l'air de leurs bêlements lamentables.

Cette facétie fut d'autant moins goûtée par Ahmed, qu'il était justement propriétaire des moutons.

Ses yeux flamboyèrent de colère; nous le vîmes tout à coup s'armer de son fusil, menaçant de faire feu sur le coupable s'il ne demandait pas pardon et ne s'engageait pas à ne jamais recommencer.

Celui-ci vit bien que la menace était sérieuse, aussi s'exécuta-t-il sans raisonner et en faisant humblement des excuses à l'irascible descendant du Prophète.

Quelques minutes après, Ahmed nous quittait pour rentrer dans son gourbi que nous dérobait un petit bois situé à proximité de la route. Au moment de la séparation, je me trouvai dans un certain embarras, ne sachant si je devais offrir une gratification à l'indigène, partagé entre la crainte de le froisser et le désir de récompenser ses services officieux.

Ce fut à ce dernier parti que je m'arrêtai, et la façon dont mon offre fut acceptée me prouva que mes scrupules étaient exagérés.

Suivant l'Espagnol, la famille d'Ahmed était riche, le jeune homme passait son temps à chasser et à se promener; malgré cela, il ne savait pas résister à la séduction d'une pièce de monnaie quand l'occasion se présentait.

Au pied de la montagne, le guide nous fit ses adieux emportant la tortue capturée par nous et dont il se promettait un régal pour son souper.

Les renseignements recueillis à l'hôtel de Montebello suffirent pour nous épargner la visite de ce village créé en 1855, et dont l'état actuel n'est rien moins que florissant. Le petit nombre de colons qui s'y étaient établis à l'origine diminue chaque jour. Les habitants vendent peu à peu leurs concessions et s'éloignent pour chercher ailleurs des terrains plus productifs et un climat moins rigoureux.

M. Dubois nous fit prendre au retour un chemin de traverse qui devait, selon lui, abréger considérablement le trajet. Mais, en raison du mauvais état de ce chemin et des ornières profondes dont il était creusé, par suite enfin des nombreuses haltes que faisait Bibi, malgré la quantité énorme d'avoine que son maître prétendait lui avoir dispensée, le bénéfice de la distance fut complètement perdu. La pluie supendue depuis longtemps sur nos têtes se mit à tomber dru, comme nous venions d'atteindre l'hôtel de la gare, rompus de fatigue.

Le lendemain matin, à mon réveil, j'ouvris le vasistas de la porte, aussitôt les hirondelles, qui avaient passé la nuit dans ma chambre, se précipitèrent dehors, tandis que d'autres membres de la famille ailée entraient à leur tour; je m'empressai de leur céder la place pour aller prendre au passage le train d'Oran qui était en gare.

## XIV

Sur le chemin de fer d'Oran. — Vesoul Bénian. — La vallée du Chélif. — Un viticulteur algérien. — Paysages. — Arrivée à Oran. — *L'Hôtel de l'Univers*. — Oran à vol d'oiseau. Le ghetto et les femmes juives. — Café chantant. — L'orchestre hébreu. — Marché nègre. — Danseurs et danseuses. Les youyou. — Barbarie et civilisation. — Mers el Kébir.

Nous devions arriver à Oran dans la soirée; la route que suit la voie ferrée est fort pittoresque, on croirait traverser la Suisse. C'est une succession de montagnes, de vallées, de torrents, de cascades dont le spectacle varié attire et captive l'attention. Le soleil, qui embrase cette nature accidentée, lui communique des tons chauds et lumineux que l'on ne rencontre ni dans les Alpes, ni même dans les Pyrénées. Puis, au lieu des élégants chalets qui complètent si bien le décor des paysages helvétiques, on n'aperçoit ici que de noirs et informes gourbis, sortes de huttes de charbonniers étagées sur les pentes de hautes collines, ou blotties dans les anfractuosités des rochers.

Quant aux villages français, ils sont tous taillés sur le même patron; maisons basses à toitures de briques d'un rouge vif, rues se coupant à angles droits d'où émerge le clocher d'une église sans caractère architectural.

L'un des centres de population les plus prospères de cette région est certainement celui de Vesoul-Bénian, colonie agricole fondée par des Francs-Comtois qui se livrent à la culture des céréales, de la vigne, et à l'élève des bestiaux. Là, du moins, il existe un groupe important de colons sérieux et intelligents dont le succès a couronné les efforts persévérants, tandis que la plupart des nouvelles créations ont échoué par suite de l'ignorance, de la paresse et de l'incurie des occupants.

Ainsi que cela se pratique sur les grandes lignes ferrées de la métropole, le conducteur du train d'Oran vient s'informer du nombre des voyageurs qui désirent déjeuner à table d'hôte. C'est à la station d'Affreville, où le convoi doit s'arrêter une demi-heure, que le renseignement est télégraphié.

Avant d'arriver à Affreville, on jouit de la perspective à la fois riante et grandiose que présente la plaine du Chélif qui rivalise de fertilité et de beauté avec celle de la Mitidja. Le nom de Chélif lui vient de l'importante rivière qui l'arrose et s'étend sur un parcours de 700 kilomètres. A l'horizon, se dresse majestueusement le massif montagneux de l'Ouarensenis, l'un des plus élevés de l'Algérie.

Dans le vagon que nous occupons, construit

sur le même modèle que ceux qui existent en Suisse, c'est-à-dire avec un couloir longitudinal séparant les banquettes, un de nos voisins, gros garçon à la mine réjouie, qui habite l'Afrique depuis plusieurs années, nous renseigne complaisamment sur chaque endroit que traverse le railway, avec une précision qui nous dispense de recourir au *Guide Joanne*.

Nous ne tardons pas à savoir que notre compagnon est un fort propriétaire de vignobles. Après nous avoir longuement entretenu de l'importance de son exploitation, il nous fait ses offres de service, exprimant le regret de n'avoir pas sous la main un échantillon de ses produits, qui, selon lui, peuvent lutter avec les meilleurs crus de la métropole et qu'il eût été heureux de soumettre à notre appréciation.

Il assure, et cette opinion m'a été confirmée plusieurs fois pendant mon séjour, que l'avenir commercial de l'Algérie résidait surtout dans la viticulture (1).

Le négociant descend à Orléansville, où il a plusieurs clients à visiter. Rien à dire de cette loca-

---

(1). La quantité de vins produite se chiffre par 335,582 hectolitres, et le nombre des hectares cultivés en vigne, qui était de 17,728 en 1877, doit être maintenant de 25,500. La vigne seule peut refaire sa richesse. Les vignerons du Gard, de l'Hérault, de Vaucluse, ruinés par le phylloxéra, commencent à venir réparer sur la terre africaine leurs vignobles détruits.

(*Officiel*, 5 juillet 1880.)

lité, centre militaire assez important; la ville est agrémentée de jardins, on aperçoit aux environs quelques bouquets de bois; malgré ces avantages, c'est un séjour peu recherché, le climat étant extrême, glacial en hiver, torride en été.

Nous voilà maintenant sur le territoire de la province d'Oran : campagne brûlée aux tons fauves, où sont disséminés quelques pauvres gourbis, plaines immenses d'alfa, terrains incultes; à droite, horizon de montagnes dénudées qu'on nous dit être celles du Dahra, dont les habitants ne sont pas entièrement soumis à la France; tel est l'aspect général qu'offre le pays jusqu'à la station de Pérégaux. Là, nous trouvons une énorme quantité de voyageurs et particulièrement de juifs indigènes qui revenaient à Oran, d'où ils s'étaient enfuis quelques jours auparavant, à la suite d'une terrible explosion de la poudrière du Château. Cette explosion avait causé des dégâts sérieux, comme nous pûmes le constater le lendemain en parcourant certaines rues dont les maisons étaient complètement veuves de leurs vitres.

C'est à proximité de cette station qu'est établi le fameux barrage de l'*Habra,* dont les travaux sont dus à la société Debrousses, qui, en échange de cette entreprise, a obtenu une concession de 24,000 hectares de terrains à alfa.

Les ombres du crépuscule nous dérobent peu à peu le paysage, nous n'entrevoyons qu'à travers un voile vaporeux l'immense nappe d'eau qui forme le lac salé appelé *Sebkra d'Oran*.

A la gare, quantité de véhicules de tournure hétéroclite ; nous en arrêtons un qui nous conduit à l'*Hôtel de l'Univers*, par des rues à pente fort inclinée.

L'hôtel regorge de voyageurs, il semble que tous ceux qui se trouvaient dans notre train s'y soient donné rendez-vous. La salle à manger, qui a accès sur un vaste corridor, vitré et dallé de faïences émaillées d'un dessin original, est comble. Le gaz répand partout ses lueurs étincelantes. Une joyeuse et bruyante animation règne parmi les convives hétérogènes.

La maîtresse de la maison a passé l'âge de la jeunesse printannière, mais c'est une brune encore fort piquante. Avec une activité dévorante, elle circule incessamment entre les tables, adressant à chacun un mot aimable et stimulant les domestiques qui ont du reste une tenue irréprochable, habit noir, cravate blanche, pantalon de la même couleur ; ils sont d'une extrême politesse, on dirait presque des gentlemen.

Le lendemain, avant que le soleil ait fait sentir ses ardeurs tropicales, nous commencions à visiter les divers quartiers de la ville dont l'exploration n'offre plus qu'un intérêt médiocre au touriste qui vient de visiter Alger et Constantine : maisons européennes à cinq ou six étages, d'un architecture uniforme, qui occupent les flancs de collines élevées ; monuments sans caractère tranché, sauf la mosquée et les tours imposantes du *Château Neuf*, rues larges et bien percées dont les plus basses aboutissent au port ; promenades agréables et pittoresques, encadrées dans un paysage d'une nature franchement africaine, le tout dominé par un formidable pic rocheux couronné de fortifications ; telle est à peu près la physionomie générale d'Oran, dont l'histoire se résume dans une série d'occupations et de dominations diverses, arabe, turque, espagnole et française.

Après l'élément espagnol, dont se compose en majorité considérable la population actuelle, ce qu'on rencontre le plus à Oran, ce sont les juifs indigènes, confinés dans un quartier spécial qui occupe une des hauteurs de la ville. Le *ghetto* oranais n'est guère plus propre que celui de Rome, mais il ne manque pas d'une certaine originalité. On y remarque plusieurs rangées de maisons à terrasses, peintes en blanc ou en bleu foncé, percées de portes basses, illustrées de mains rouges ou bleues grossièrement figurées, de fers à cheval également coloriés, images cabalistiques considérées comme des préservatifs par les musulmans et les israélites.

Ici les boutiques sont presque exclusivement occupées par des marchands maures ou juifs, dont les costumes ont beaucoup d'analogie entre eux.

Le regard de l'étranger se porte curieusement sur les nombreuses filles d'Israël qui circulent d'un pas alerte et que l'on reconnaît aisément à leurs manteaux d'étoffe pelucheuse d'une couleur uniforme, rouge amarante. On est frappé de la grâce avec laquelle elles relèvent ou laissent retomber les draperies de leurs péplums.

Cette uniformité de vêtement est-elle un reste du moyen âge, où les enfants de Jacob étaient contraints, sous peine des châtiments les plus sévères, à porter des habits d'une coupe ou d'une nuance déterminée? De temps à autre, se détachent des groupes de passants, quelques Mauresques au visage entièrement voilé, à la démarche lente et grave ; on dirait des fantômes vivants enveloppés de leurs blancs linceuls.

Ce soir, le *ghetto* est plein d'agitation ; au milieu des bruits de toutes sortes, je perçois les sons d'une harmonie bizarre qui s'échappe des nombreux cafés répandus dans le quartier. Je me mêle à un groupe compact qui stationne devant l'un de ces établissements, dont la physionomie diffère par certains détails de celle de nos cafés chantants.

Qu'on se représente une grande salle modestement meublée, dont l'entrée spacieuse reste entièrement ouverte sur la rue. Au fond, sur une estrade peu élevée, sont assis ou plutôt accroupis cinq musiciens habillés à l'orientale : turban, veste de couleur éclatante, pantalon bouffant.

Deux violons, une guitare, une mandoline et une espèce de tympanon, voilà les instruments avec lesquels les artistes hébreux accompagnent leurs voix nasillardes. Les solos alternent avec les chœurs, chantés toujours à l'unisson. J'observe que le violon, tenu verticalement et sans point d'appui, vacille toutes les fois que l'instrumentiste passe d'une corde à l'autre. Les sons graves et sourds que l'archet met en vibration se rapprochent de ceux de l'alto. Rarement le virtuose se permet une excursion dans les régions élevées de la chanterelle ; il est également très sobre d'accords.

J'écoute attentivement, mais sans parvenir à saisir le sens de ces mélopées sauvages et monotones qui semblent n'avoir ni commencement ni fin, et ont d'ailleurs une certaine affinité avec la musique arabe. Les nombreux clients de l'intérieur, tout en fumant leurs longues pipes et en dégustant leur café, paraissent plongés dans des rêves extatiques d'où ils sortent de temps en temps pour applaudir, comme le font les habitués des concerts Pasdeloup à l'audition d'une symphonie de Mozart, les barbares incantations qui devaient déjà réjouir les rois dilettantes Salomon et David. Même mise en scène et même musique dans les autres cafés devant lesquels je m'arrête avant de regagner mon hôtel.

. . . . . . . . . . . .

Le village nègre, qui est presque un faubourg d'Oran, mérite que le touriste lui consacre une ou plusieurs visites; là seulement il rencontrera la couleur locale qui fait à peu près défaut dans la ville.

Lorsqu'on a dépassé le *ghetto*, on se trouve sur un plateau rocheux d'une certaine étendue, formant la place dite des *Carrières*.

Les rayons solaires qui se réverbèrent sur le roc nu et calciné, la poussière fine et brûlante que le vent soulève en tourbillons épais, aveuglent le passant, et il se hâte de traverser cette fournaise ardente.

Nous atteignons les premières maisons du village, qui sont semblables à celles qu'on voit à l'intérieur d'Oran; mais un peu plus loin se présente une agglomération de petites constructions basses, blanchies à la chaux, sans fenêtres au dehors; quelques-unes avec des jardins presque incultes, entourés de murs délabrés. Peu d'Européens se risquent dans le dédale de petites ruelles malsaines qui s'entre-croisent à droite et à gauche de la rue principale. On n'y rencontre guère que quelques flâneurs poussés par la curiosité ou des troupiers qui cherchent aventure et en trouvent facilement, au milieu de cette population de bohêmes indigènes où les hétaïres de bas étage pullulent. Il y en a de toutes couleurs, des noires, des jaunes, des blanches, qui, affublées des toilettes les plus fantaisistes, se montrent dans des attitudes plus ou moins décentes devant les portes bâtardes. Si les rares

Mauresques que l'on aperçoit ont le visage couvert d'un voile, on peut présumer hardiment que ce voile abrite plutôt la laideur que la vertu.

Le promeneur en quête de couleur locale ne manque pas de s'arrêter sur la petite place centrale du marché, où s'entassent pêle-mêle les tentes grossières et les gourbis qu'occupent des indigènes arabes ou israélites se livrant à leur commerce et à leur industrie. Celle des cordonniers me paraît la plus prospère, si j'en crois la supériorité de leur nombre. Les cafés maures abondent dans cet espace resserré, le plus mouvementé et le plus bruyant de ce petit coin du Soudan.

Le village nègre est, m'assure-t-on, une création du général de Lamoricière, qui, en 1845, voulant purger la ville d'Oran des bohémiens de toute provenance et surtout des nègres misérables qui l'infestaient, les expulsa de leurs sordides demeures, et les relégua dans le lieu isolé qu'ils habitent aujourd'hui.

Ce n'est pas une sinécure que d'exercer les fonctions de commissaire de police dans ce quartier mal famé où les disputes et les rixes sont extrêmement fréquentes.

J'y fus un jour témoin d'un spectacle d'une originalité saisissante, dont le souvenir me poursuivit longtemps, comme un de ces affreux cauchemars qui vous étranglent quelquefois au milieu du sommeil.

Attiré par un bruit confus de tambours et de cris

bizarres, je m'enfonce dans une des ruelles bordées de masures délabrées, dont j'ai donné plus haut un aperçu descriptif. Au bout de la ruelle se presse, en faisant queue devant une petite porte laissée ouverte, une cohue de nègres et d'Arabes des deux sexes et de tout âge. Poussé par le flot humain qui intercepte le passage, je parviens avec peine à franchir le seuil de l'entrée, et là un tableau étrange s'offre à mes yeux.

Devant moi, une cour étroite entourée de bâtiments irréguliers en pisé, surmontés de terrasses; dans la cour, grouille une foule de nègres, de négrillons, de négresses de tous les types, formant un triple cercle au milieu duquel des *Aïssaouats* couleur d'ébène se livrent à une chorégraphie épileptique, accompagnée de gestes indescriptibles et des grimaces les plus grotesques.

Aux sons charivariques d'un orchestre dont les exécutants frappent en cadence et à tour de bras sur des tambours de basque, avec accompagnement de cymbales et de castagnettes de fer, les danseurs s'enivrent et s'exaltent en poussant des hurlements de bêtes féroces; ils sont haletants, ruisselants de sueur.

J'avais déjà assisté, à Alger et à Constantine, aux représentations plus ou moins variées des disciples d'Aïssat (1); mais celle-ci se distinguait de celles

---

(1) J'ai donné, dans le récit de ma première excursion en

dont j'avais été témoin par la présence insolite des femmes qui figuraient comme actrices dans ces exercices sauvages.

Si l'aspect des hommes qui participent à ces espèces de saturnales africaines impressionne douloureusement l'étranger, de quel dégoût ne se sent-il pas pris en voyant ces noires filles d'Ève, aux cheveux laineux, aux pommettes saillantes, au nez épaté, se trémousser, se déhancher, avec des contorsions capables de désarticuler les membres les plus solidement attachés! Au bout de quelque temps de cette gymnastique d'acrobates en délire, les danseuses énervées, épuisées, viennent tomber lourdement sur le sol comme des masses inertes. Ces péripéties, qui se renouvellent à chaque instant, sont saluées par les bravos ou plutôt les *youyou* enthousiastes du public féminin.

Les spectatrices négresses et Mauresques, ces dernières revêtues des accoutrements les plus bizarres, ornées de bijoux excentriques, occupent toutes sortes de postures, juchées sur les terrasses ensoleillées.

Rien de plus singulier que la mise en scène réaliste de ces exhibitions sur lesquelles néanmoins j'avais fini par me blaser; j'abandonnai donc sans

---

Algérie, des détails sur la secte religieuse des Aïssaouats, espèces d'illuminés musulmans, considérés par quelques sceptiques comme de simples charlatans.

regret à l'une de mes voisines la place que j'avais péniblement conquise.

En retour de l'hospitalité que j'avais reçue, je distribuai autour de moi quelques pièces de monnaie qui furent parfaitement acceptées, puis je m'ouvris un passage à travers la fourmilière bariolée qui se pressait aux abords du théâtre original où le hasard m'avait conduit.

Le soleil déclinait rapidement à l'horizon, ses lueurs mourantes s'éteignaient graduellement dans la brume crépusculaire, lorsque je rentrai en ville.

En voyant les honnêtes bourgeois qui circulaient paisiblement dans les rues, les commerçants qui vaquaient à leurs affaires, en passant devant les cafés où les consommateurs étaient joyeusement attablés, il me semblait que je venais de faire un voyage lointain dans un monde fantastique, et cependant 1 kilomètre à peine sépare le village nègre, d'Oran; transition presque subite de la vie à demi sauvage à la civilisation moderne. . . .

Après plusieurs jours de pérégrinations dans la ville et aux environs, après une intéressante visite au fort de Mers el Kébir, ancien nid de pirates accroché au flanc d'un rocher, à la base duquel s'étend un port très fréquenté avant la construction de celui d'Oran, nous arrêtâmes le plan d'une excursion à Tlemcen, la grande attraction archéologique de la région occidentale de l'Algérie. Là devait se terminer notre odyssée africaine.

## XV

D'Oran à Tlemcen. — On demande un chemin de fer. — Opinion de Pandore sur les Espagnols. — Un officier de gendarmerie. — Bureaux arabes et spahis. — Rencontre suspecte. — Misserghin. — Paysages nocturnes. — Arrivée à Tlemcen. — L'hôtel de la Paix. — Le personnel féminin.

Par une brûlante après-midi du mois de mai, nous prenions place dans la diligence qui fait le service quotidien d'Oran à Tlemcen, deux localités importantes qu'une ligne ferrée va bientôt relier, et cela à la grande satisfaction des voyageurs et particulièrement des touristes qui, malgré leur désir de visiter Tlemcen, reculent devant la fatigue de deux nuits en patache.

Une des places de coupé a été retenue par un officier supérieur de gendarmerie, lequel, ne devant monter qu'au sortir de la ville, s'est fait suppléer, en attendant, par un simple gendarme. Celui-ci ne perd pas son temps pendant les quelques minutes qu'il passe en notre compagnie ; sa langue au moins ne reste pas inactive.

Nous apprenons ainsi beaucoup de choses et

d'abord que l'honnête militaire est depuis longtemps en garnison au chef-lieu du département, d'où je conclus qu'il ne change pas plus de place que d'épaulette.

Pandore se montre peu indulgent pour les Espagnols établis à Oran, qu'il traite volontiers de canailles, de voleurs, toujours prêts à jouer du couteau et donnant beaucoup de tracas à la police. S'il pouvait les empoigner tous, il s'en ferait un vrai plaisir. Cette appréciation, empreinte sans doute d'exagération, m'a cependant été confirmée en partie par plusieurs de nos compatriotes algériens, très peu sympathiques aux déclassés de la race ibérique qui passent du détroit de Gibraltar sur la rive africaine, et dont le flot envahissant menace de transformer un jour prochain la province française en colonie espagnole.

Le modeste protecteur de l'ordre public commençait à nous faire un éloge senti de son chef, en nous félicitant de voyager avec lui, lorsque la diligence s'arrêta à l'extrémité du faubourg, et le fidèle gendarme remit à son supérieur et sa place, et le sabre qui lui avait été confié.

L'officier porte une cinquantaine d'années; c'est un homme de haute taille, à la physionomie vive et spirituelle, aux manières distinguées. Il va faire une inspection dans la province et doit commencer sa tournée par Aïn-Témouchent, village situé à peu près à moitié du parcours entre Oran et Tlemcen.

Notre voisin, d'abord fort réservé, devient peu à peu communicatif, une fois la glace rompue.

Combien je déplore le manque de mémoire qui m'empêche de reproduire les détails intéressants et instructifs de sa conversation ! J'en retiens toutefois que l'officier est un arabophile déclaré ; les Arabes sont, à son avis, infiniment meilleurs que leur réputation. Sa profession militaire l'ayant mis souvent en contact avec les indigènes, il a pu apprécier leurs qualités. Il vante surtout leur hospitalité toujours désintéressée, quelque stratagème qu'emploient les hôtes pour s'acquitter.

Cette hospitalité se manifeste d'une façon somptueuse chez les grands chefs qui tiennent table ouverte et nourrissent des quantités considérables de leurs coreligionnaires. Mais ces prodigalités entraînent chaque jour la ruine de ceux qui possèdent encore quelque fortune et dont les capitaux demeurent la plupart du temps improductifs, par suite d'imprévoyance et de l'absence d'industrie et de commerce.

Notre compagnon prend chaudement la défense des bureaux arabes contre les attaques injustes dont ils ont été l'objet, et rappelle les services rendus par cette administration militaire, dont la disparition doit entraîner fatalement la suppression du corps si utile des spahis, chargés, entre autres attributions multiples, de percevoir l'impôt chez les indigènes.

Tout en écoutant avec l'attention qu'il méritait mon interlocuteur, mes yeux se portaient sur la *Sebkra* (1), que j'avais entrevue un instant du chemin de fer d'Oran et dont l'étendue en longueur mesure 53 kilomètres.

A cette heure, le lac, enflammé par les rayons du soleil couchant qui viennent s'épanouir à sa surface, ressemble à un immense bassin rempli d'or liquide.

Les contours des montagnes arides, qui à droite estompent leurs silhouettes gigantesques, s'effacent peu à peu dans la brume qui les enveloppe. La route poudreuse est tracée au milieu de landes hérissées de palmiers nains. Nous nous croisons à tout instant avec des pâtres et des moissonneurs marocains, vêtus misérablement d'une espèce de chemise en laine qui descend jusqu'aux pieds. Ils ont le regard farouche et sinistre. Cette allure suspecte me fait songer que l'un des passagers de la *Columba*, auquel je confiais mon projet d'excursion à Tlemcen, avait essayé de m'en détourner sous ce prétexte que le chemin était infesté de bandits. Ces messieurs ne se faisaient aucun scrupule d'arrêter la diligence et de dévaliser les voyageurs, ainsi que cela se pratique assez fréquemment dans le beau royaume

---

(1) « Une *Sebkra* est une terre que les eaux couvrent, puis découvrent en y laissant une légère couche de cristaux de sel formés par les chaleurs. On tire parti de ce sel, mais le desséchement serait peut-être plus avantageux. »

des Espagnes, où l'on s'attaque même aux trains qui circulent sur les voies ferrées.

Je n'avais ajouté qu'une foi médiocre aux propos de cet alarmiste; cependant j'avoue que je me sentais plus rassuré à l'idée qu'aujourd'hui les Marocains, en cas de mauvaise intention, eussent vite reculé à la vue de l'uniforme qui brillait dans le coupé.

La nuit arrive sans transition apparente, mais cette nuit est presque aussi lumineuse que le jour. La lune caresse de ses reflets argentés la campagne endormie dans le silence ; les étoiles reluisent au ciel comme des myriades d'étincelles; l'air est tiède et embaumé, on se croirait en plein Orient.

La voiture fait halte à Misserghin, ancienne résidence des beys d'Oran. On y cultive, paraît-il, sur une large échelle les orangers et l'on se livre à l'élevage des autruches avec un plein succès; de là, une concurrence sérieuse au commerce fructueux des plumes dont le Soudan avait eu jusqu'ici le monopole. Il n'y avait pas à songer à visiter ces intéressantes exploitations, le temps destiné au souper des voyageurs était fort limité, et le conducteur précipita encore le dénouement.

Chacun regagne docilement sa place.

. . . . . . . . . . . . . . . .

A minuit, je suis réveillé par le départ de l'officier qui descend, ainsi qu'il l'avait annoncé, à Aïn-Témouchent, où il est remplacé par un simple pékin enveloppé dans un fort paletot que justifie l'abaissement subit de la température.

L'équipage, renforcé d'un cheval, continue de courir à travers d'immenses steppes de fougères et de palmiers nains. On monte et l'on descend successivement des pentes vertigineuses. Parfois nous sommes plongés tout à coup dans une obscurité profonde, lorsque la route se trouve encaissée entre deux montagnes qui interceptent les rayons de l'astre nocturne, puis, au sortir de la gorge étroite, la lumière céleste reparaît et semble resplendir d'un nouvel éclat

Aucun incident d'ailleurs à noter, mon voisin ne révèle guère sa présence que par des ronflements sonores dont je cesse bientôt de percevoir le bruit importun.

Mes yeux se rouvrent au moment où le soleil coloré de teintes rose tendre les cimes des montagnes dont la base reste encore enveloppée d'ombre. La campagne mouvementée est inculte et déserte, rien ne distrait le regard jusqu'à ce qu'on ait dépassé un cours d'eau appelé l'Isser, au-delà duquel la végétation, plus septentrionale qu'africaine, commence à s'accentuer avec une extrême vigueur.

Cette agglomération de blanches constructions qui semblent ramper aux pieds d'une mosquée dont le minaret découpe son élégante silhouette sur l'azur du ciel, c'est le célèbre village de Bou-Médine, assis en amphithéâtre sur le flanc d'une des vertes collines qui forment à gauche le premier plan des montagnes. Un peu plus loin, après de nombreux circuits que fait la route entre des champs parfaitement cultivés, des vergers dont les arbres sont en pleine floraison, des bois d'oliviers, apparaît la ville de Tlemcen que signalent ses tours, ses minarets, emprisonnés dans une vaste ceinture de remparts.

On a déjà l'impression d'une grande ville orientale, ancienne capitale d'un puissant royaume.

La diligence, après avoir franchi une porte moderne en forme d'arc de triomphe, s'engage dans une rue large et régulière et vient s'arrêter devant le bureau des messageries, situé sur un boulevard ombragé d'arbres séculaires, que bordent d'un côté des constructions européennes et de l'autre une haute muraille crénelée, blanchie à la chaux.

Au bout de quelques minutes, nous gravissions l'escalier de l'*Hôtel de la Paix*, où le maître, M. Pascalin, nous accueillait avec de grandes démonstrations de politesse. L'établissement est de création toute récente, et nous sommes peut-être les premiers étrangers qui y descendons ; de là sans doute l'aimable empressement de M. Pascalin. Le coup d'œil général est on ne peut plus favorable : chambres spacieuses et bien aérées, mobilier confortable et élégant, salon commun avec piano de Pleyel, tableaux, tapis moelleux, etc., le dernier étage surmonté d'une terrasse d'où la vue s'étend sur des horizons splendides ! Que peut souhaiter de mieux le voyageur le plus exigeant?

Le service est fait par des garçons européens et des jeunes filles juives dont l'une, qui répond au nom biblique d'Esther, est peut-être aussi belle et aussi gracieuse que celle dont s'éprit si passionnément le galant Assuérus.

Son costume ne diffère sans doute guère de celui que ses sœurs portaient sous le règne du monarque persan : corset de velours se laçant sur la poitrine, gilet de couleur voyante flottant librement, manches larges de mousseline transparente qui découvrent les bras jusqu'au coude, pieds nus dans des babouches jaunes ouvertes, cheveux à longues tresses retombant sur le cou, bracelets et colliers de métal plus ou moins précieux, telle est la toilette ordinaire de ces demoiselles; si on pouvait ajouter que la propreté ne laisse rien à désirer, ce serait trop parfait.

## XVI

Un guide Koulougli. — Le Méchouar. — Ce qu'on voit sur le boulevard. — Les servantes espagnoles. — Singulier détail de mœurs. — Excursion à Mansourah. — Un siège prolongé. — Les fortifications — Légende arabe. — La frontière du Maroc et les déserteurs. — Bou-Médine. — Une perle dans le fumier. — Le thaumaturge. — Mosquée et Médersa. — Shocking! — Cascades du Méfrouch.

A peine installés, nous recevons la visite d'un individu à la physionomie pleine d'intelligence et de finesse, au profil grec, au teint bronzé; il a l'air d'un figurant d'opéra-comique, avec son gilet de couleur sombre, sur lequel s'ouvre une veste rouge agrémentée de passementeries, pantalon large et flottant, guêtres blanches, fez rouge sur la tête.

Je me demande s'il va nous chanter une cavatine. C'est tout simplement le guide attaché à l'*Hôtel de la Paix*; il s'appelle Abd-el-Kader, un nom dont on abuse un peu chez les Arabes.

Il paraît que celui-ci, comme nous le sûmes plus tard, était un Turc né à Smyrne, ou plutôt un Koulougli (1), c'est-à-dire issu d'un Turc et d'une Mauresque ; il se charge de nous retenir une voiture pour explorer les environs.

Mais en attendant, et sans nous éloigner beaucoup, nous pouvons faire de suite connaissance avec un des monuments historiques les plus intéressants de la ville.

Vis-à-vis mes fenêtres, cette muraille crénelée dont la hauteur et l'étendue m'avaient frappé à mon arrivée, c'est la citadelle de Tlemcen, connue sous le nom de *Méchouar*. Le développement irrégulier de sa blanche façade embrasse environ 500 mètres de circuit.

Pénétrons-y un instant par une des portes surmontées de tourelles de style oriental. Là où nous ne voyons plus que des bâtiments militaires occupés par la garnison française, s'élevait, au moyen âge, un palais habité par les rois du Mahreb, dont Tlemcen était la capitale. Le Louvre arabe recélait, dit-on, des trésors immenses; il se tenait là des cours brillantes, où les artistes et les savants se donnaient rendez-vous, attirés par l'hospitalité des intelligents monarques Tlemcenois. Dans l'enceinte fortifiée, s'élevaient plusieurs édifices remarquables, entourés de jardins délicieux, irrigués par

---

(1) Les Koulouglis sont exécrés des Arabes, qui ne peuvent leur pardonner de s'être, en 1836, réunis aux Français commandés par le général Cavaignac, pour défendre le Méchouar, bloqué par les troupes d'Abd-el-Kader.

de nombreux cours d'eau. De ces splendeurs du passé, le minaret de l'ancienne mosquée est le seul témoin qui ait survécu.

Sur le boulevard qui longe le Méchouar règne à cette heure une grande circulation de voitures et de piétons; ici l'élément indigène prédomine, 3,000 Européens sur 18,000 musulmans et juifs.

C'est une véritable procession des types et des costumes les plus variés. Dans cette mosaïque vivante, se confondent Kabyles, Arabes, Maures, Marocains, Turcos, chasseurs à pied et à cheval, israélites, dont quelques-uns, les plus jeunes surtout, ont abandonné le turban pour arborer la casquette plate de velours noir, posée négligemment sur la tête et qui jure avec le reste de l'habillement tout à fait oriental. Quand aux juives, la plupart sont enveloppées de la mante rouge, comme leurs coreligionnaires d'Oran. Pendant que nous contemplons ce tableau mouvant et pittoresque, une jeune fille s'avance vers nous en nous interpellant en espagnol; puis, s'apercevant qu'elle n'est pas comprise, elle s'adresse en français à ma femme pour la prier de la prendre à son service. La *camerera* énumère ses qualités, qui sont nombreuses, et déclare qu'elle se contentera d'un gage modeste.

Mais, après l'échange de quelques paroles, aussitôt que la brune Andalouse eut appris que nous demeurions en France, au-delà de Paris, elle poussa une exclamation de terreur comme s'il se fût agi d'aller au Kamchatka, et s'enfuit précipitamment en se perdant dans la foule.

A peine celle-ci éloignée, une autre de ses compatriotes nous aborda en faisant des offres de service semblables, suivies du même résultat, ce qui n'empêcha pas une troisième de se présenter.

Décidément, il y a abondance de servantes sur la place. Je sus plus tard que ce n'était pas tout à fait sans motifs que ces demoiselles tenaient tant à ne pas quitter le pays où elles semblaient si bien acclimatées.

Ainsi, suivant la chronique scandaleuse, les caméristes qui entrent en service ont la faculté de découcher, selon leur bon plaisir; c'est une tolérance consacrée par un usage traditionnel : le jour appartient tout à fait aux maîtres, les servantes se réservent la nuit.

Le matin, une fois rentrées de leurs expéditions nocturnes, elles se remettent tranquillement à l'ouvrage, et tout est dit. Ce n'est pas précisément moral ; mais on n'a guère de domestiques ici qu'en se pliant à ces conditions un peu scabreuses qui, en France, seraient difficilement acceptées de nos ménagères. Maintenant, il faut tenir compte du climat et de l'origine ; deux circonstances atténuantes.

Quant aux Mauresques mêlées à la multitude grouillante, leur allure est encore plus austère, plus mystérieuse que celle de leurs sœurs des autres villes d'Algérie; enveloppées de leurs longs suaires de mousseline, elles marchent lentement d'un pas mesuré. Nul ne s'aviserait de les arrêter ; un homme qui tenterait de leur adresser la parole publiquement se compromettrait gravement et exposerait la fille du Prophète à de sérieux dangers.

On voit que nous sommes loin ici de la galanterie française, qui peut se produire librement chez nous et en toute sécurité.

A midi, l'heure où la plupart des Tlemcenois font la sieste, le cocher recruté par Abd-el-Kader est à la porte de l'hôtel. Le Smyrniote monte près de nous dans la calèche qui roule bientôt sur la route pierreuse de Mansourah, la grande curiosité historique et archéologique des environs de Tlemcen. Un quart d'heure suffit pour passer de la ville moderne à la ville morte. Il ne reste en effet que des ruines de l'importante et populeuse cité du XIIIe siècle, élevée sur l'emplacement d'un camp militaire formé par un sultan du Maroc, qui, mécontent du souverain de Tlemcen, son vassal, était venu l'assiéger pour le contraindre à l'obéissance. La tradition prétend que le siège dura huit années, d'où l'on peut induire que les combattants, à défaut d'autre qualité, faisaient au moins preuve d'une certaine persévérance. Quoi qu'il en soit, les assiégeants ne perdirent pas tout à fait leur temps, puisqu'ils construisirent pendant leurs loisirs une ville rivale de Tlemcen.

Une enceinte elliptique de tours crénelées, reliées par des murailles en pisé, trouées, ébréchées, auxquelles le soleil africain a donné des teintes ferrugineuses : voilà comment se présentent les anciennes fortifications de Mansourah. Quant aux édifices qui décoraient l'intérieur de la ville, un seul a échappé à une destruction complète : c'est le minaret de la mosquée, haut de 40 mètres environ. Encore ne voit-on plus que la moitié de la tour carrée, au sommet découronné ; l'autre paraît s'être effondrée d'une seule pièce.

Comment et à quelle époque l'accident eut-il lieu ?

Abd-el-Kader croit peut-être nous renseigner suffisamment en racontant la légende locale d'après laquelle le minaret aurait été édifié par deux maçons, l'un Arabe, l'autre juif. Le travail achevé, la partie construite par le confrère israélite, n'ayant pas été agréée d'Allah, s'écroula tout d'un coup. Je suppose que ce sont les Arabes qui ont mis cette légende en circulation, les juifs ne doivent sans doute l'accepter que sous bénéfice d'inventaire.

Quoi qu'il en soit, nous n'avons plus aujourd'hui qu'à concentrer notre admiration sur ce précieux débris de l'architecture mauresque, qui, malgré la protection d'Allah, aurait à son tour entièrement disparu, si les archéologues n'étaient venus à son secours pour en arrêter la chute imminente.

Au moment de notre visite, des ouvriers s'occupaient encore à consolider, au moyen de contreforts de maçonnerie, de crampons et d'armatures de fer, cette masse branlante qui projette son ombre fantastique sur le sol nu de l'immense arène.

Le guide ramasse, pour nous les offrir, des fragments de mosaïque, des morceaux d'onyx et de faïence émaillée, épaves de l'ancienne mosquée et qui en attestent la richesse.

Le coup d'œil offert par cet ensemble de ruines, qui détachent leurs sombres squelettes sur le bleu intense du ciel, est triste et imposant.

A l'horizon se dresse une chaîne de montagnes de caractère sauvage. La frontière du Maroc n'est qu'à quelques kilomètres au-delà; le Koulougli, en nous l'indiquant du geste, dit que les déserteurs français qui se hasardent à la franchir, croyant trouver au-delà la liberté et l'hospitalité, ne tardent pas à se repentir de leur imprudence. Ceux d'entre eux qui échappent au couteau des bandits marocains périssent de misère et de faim. Perspective qui n'a rien d'encourageant.

En quelques tours de roue, l'équipage nous transporte à Bou-Médine, dont la situation pittoresque avait attiré notre attention avant d'arriver à Tlemcen. C'est à pied que nous montons le sentier abrupt et raviné qui y conduit. A droite et à gauche, la végétation se montre avec une exubérance inouïe. On dirait une forêt vierge où se confondent, dans une promiscuité inextricable, les arbres, les arbustes, les plantes de la flore africaine, caroubiers, térébinthes, lentisques, oliviers, aloès, cactus de toute espèce et de toute forme. Quant au village, ce n'est qu'un amas de petites constructions informes, délabrées, sordides, qui paraissent inhabitées; seuls les lézards se promènent nonchalamment sur ces ruines misérables, encore s'empressent-ils de fuir précipitamment à notre approche, malgré leur réputation de sociabilité.

Les rues désertes, si on peut appeler ainsi d'infâmes petits cloaques, sont à cette heure inondées d'un soleil dévorant. Et cependant ce fumier recèle une des perles les plus précieuses de l'art arabe. La mosquée de Bou-Médine, dont le minaret servit de type pour le pavillon algérien que les visiteurs de l'Exposition universelle de 1878 ont pu admirer, doit son nom à un savant, et, ce qui n'est pas incompatible, à un saint musulman du XIIe siècle, que ses miracles rendirent fameux. C'est en mémoire de l'illustre thaumaturge que fut construit le splendide édifice, dont un vénérable gardien à barbe blanche nous fait les honneurs, avec autant de dignité que de courtoisie.

Je tiens trop à conserver la bienveillance de mes lecteurs pour leur infliger la description, ou même la simple mention des richesses de toutes sortes qu'offre le temple mahométan aux artistes et aux archéologues (1). Je me bornerai à dire, qu'à mon avis, la mosquée de Bou-Médine est pour l'art mauresque ce que notre cathédrale de Reims est pour l'art français.

Abd-el-Kader résume son impression personnelle par cette exclamation tant soit peu triviale : *C'est chic*, s'écrie-t-il avec conviction. Plusieurs fois il s'était servi de cette expression d'atelier qu'il s'imaginait sans doute être l'une des plus distinguées de notre langue; mais j'avoue que, dans la circonstance, cela jeta un froid sur mon enthousiasme.

Au sortir de la mosquée, dont je me plais à constater le parfait entretien, j'entends un bourdonnement confus de voix enfantines qui s'échappe d'un bâtiment contigu à l'édifice et dont les murs extérieurs sont illustrés d'inscriptions hiéroglyphiques.

C'est la *Médersa*, le collège des hautes études, dit gravement le guide.

Une porte donnant sur une cour spacieuse est ouverte, ce qui nous permet de plonger les yeux dans la grande salle du rez-de-chaussée, occupée par quantité de bambins accroupis sur le sol recouvert de nattes grossières.

Le maître d'école, autour duquel les enfants forment cercle, se tient debout, un livre à la main.

---

(1) A ceux qui, ne pouvant effectuer le voyage, désirent connaître en détail la mosquée de Bou-Médine, je recommanderai, comme la meilleure étude qui existe sur le monument, la monographie de M. C. Brosselard, ancien préfet d'Oran.

C'est le Coran, dont il fait répéter les versets à ses jeunes disciples, qui les psalmodient avec les intonations les plus discordantes, en dodelinant leurs petites têtes nues, surmontées de la mèche traditionnelle ou coiffés de la *checchia*. Apprendre et réciter par cœur le Coran, cette bible des mahométans, voilà à peu près la seule instruction qui soit donnée par les professeurs indigènes à leurs jeunes coreligionnaires.

On voit que ce n'est ni varié ni compliqué.

Si le baccalauréat existe dans ce pays, le grade de bachelier doit être moins difficile à conquérir que chez nous.

J'avais déjà plusieurs fois été témoin du spectacle amusant d'une école arabe ; aussi déclinai-je l'aimable invitation du maître qui m'engageait à assister à son cours.

A proximité de la *Médersa*, se dresse un édicule à coupole élégante, ornée d'arabesques en stuc, d'un dessin capricieux fort original.

Quelle déception pour ma curiosité lorsque, en pénétrant à l'intérieur, je reconnus que cet édifice, qui serait digne de figurer au nombre des monuments historiques, était un simple *water-closet* à l'usage des étudiants de la *Médersa !*

On a creusé dans le sol un réseau de petits canaux où coule une eau vive destinée à assainir le *chalet de nécessité*. Malgré ces précautions hygiéniques, l'humidité exerce sur les murs son action dissolvante, les charmantes sculptures se détachent pièce à pièce des parois rongées, et on peut craindre que bientôt il n'en reste plus rien.

Abd-el-Kader nous attend pour nous proposer une excursion rafraîchissante dont nous apprécions l'opportunité ; il s'agit des cascades du *Méfrouch*, qui ont une grande réputation en Algérie où l'eau est le *rara avis*. Mais, à part les sauvages beautés de la route en corniche taillée au bord d'un précipice, et le site agreste et romantique qui leur sert de cadre, les chutes du *Méfrouch* n'offrent qu'un intérêt médiocre et feraient piteuse figure à côté de celles des Alpes et des Pyrénées.

C'est du magnifique pont moderne, sous lequel l'eau des cascades vient s'engouffrer, que l'on peut jouir du ravissant effet produit par le spectacle des rochers étagés comme les gradins d'un cirque de verdure, et sur lesquels l'onde cristalline se précipite par bonds impétueux, pour retomber en pluie de diamants liquides, étincelants au soleil.

Au pied de la cascade, s'ouvrent des grottes profondes, décorées de stalactites et de stalagmites qui affectent les formes les plus bizarres.

A droite et à gauche du pont, sont installés d'un côté un café maure, de l'autre un café français. Abd-el-Kader, se conformant aux préceptes du Coran, s'abstient de toute boisson alcoolique et se contente d'absorber un inoffensif verre de sirop d'orgeat.

On nous montre, à proximité du pont, un endroit ombragé où les habitants de Tlemcen viennent chaque dimanche se livrer aux plaisirs de la danse en plein air. Il paraît qu'à ces bals champêtres, qui ont lieu entre midi et quatre heures, prennent part les indigènes (du sexe fort, bien entendu), ce qui donne un attrait piquant à ce divertissement chorégraphique. J'ajoute que les 8 ou 9 kilomètres qui séparent Tlemcen des cascades doivent singulièrement mettre en haleine les danseurs qui ont fait la route à pied. . . . . . . . . . .

. . . . . . . . . . . . . .

## XVII

Le Muezzin. — Ablution sèche. — Concert juif. — Chansonnettes lugubres. — Le ghetto. — Les rues des orfèvres et de Maskara. — Monuments religieux et civils. — Environs de Tlemcen. — Le village nègre. — Au bord d'un ruisseau. — Derrière le rideau. — Le bois de Boulogne et le marabout des femmes stériles.

Il est environ six heures, au moment de notre retour à Tlemcen, le Smyrniote nous avertit que le *Muezzin*, fonctionnaire qui chez les musulmans remplit l'office de cloche, va appeler les croyants à la prière.

En levant les yeux, j'aperçois la silhouette d'un Arabe qui fait lentement le tour de la plate-forme crénelée dont le minaret de la grande mosquée est couronné.

Pendant le cours de sa promenade aérienne, il s'arrête à diverses reprises, pour jeter au vent, d'une voix stridente et gutturale, une sorte de mélopée bizarre.

Comme j'écoutais attentivement : « Il crie, me dit le Koulougli d'un ton indigné, il ne chante pas; c'est seulement à Oran, et surtout à Alger, que l'on sait chanter et interpréter la véritable tradition mélodique des versets sacrés. »

J'avoue que pour moi, dans mes diverses auditions, je n'avais encore pu saisir la différence. C'était une étude spéciale à faire.

J'ignore le moyen employé par Abd-el-Kader pour répondre à l'appel du *Muezzin*, car il ne bougea pas et n'interrompit en rien sa conversation. Mais, ici aussi, il y a des accommodements avec le ciel.

Nous nous séparons du guide au moment où celui-ci nous entretenait de la question des ablutions, une des plus rigoureuses prescriptions de la religion islamite.

Il venait, entre autres, de nous signaler cette curieuse particularité, d'après laquelle l'absence d'eau dans un endroit n'empêche pas le musulman d'accomplir ses devoirs de purification.

Il lui suffit, à l'heure de la prière, de prendre une pierre polie sur laquelle il étend les deux mains, et, à défaut de pierre, l'opération s'effectue sur un terrain très propre (1). En somme, cela constitue une sorte d'ablution sèche. On voit que l'expédient est ingénieux, d'une exécution simple et facile. En tout cas, il doit être d'une grande ressource pour les croyants qui traversent le désert . . .
. . . . . . . . . . . .

1) Voir, à ce sujet, l'ouvrage du général Daumas : *Mœurs coutumes de l'Algérie.*

Si j'avais été quelque peu amateur de musique hébraïque, j'eusse passé une soirée fort agréable en assistant à un concert donné dans un café proche de l'*Hôtel de la Paix*. Je voulus tenter encore une expérience pour fixer mon opinion sur l'esthétique musicale des fils de Jacob.

Même mise en scène ici qu'à Oran ; cinq virtuoses, coiffés du turban classique, se livrent, avec leurs voix nasillardes et chevrotantes, et leurs instruments primitifs, à des divagations insaisissables.

Un dilettante israélite, mon voisin de table, écoute la musique tantôt avec recueillement, tantôt le sourire sur les lèvres ; parfois il éclate de rire. Je le regarde intrigué. Il m'apprend alors, à ma grande surprise, que ces chants, qui pour moi ressemblent à de lugubres *De Profundis*, sont des bouffonneries dans le genre de la *Femme à barbe* ou du *Pied qui remue*.

Qui l'imaginerait, à voir la gravité des exécutants dont les visages conservent un flegme et une placidité imperturbables? Mon complaisant voisin m'apprend encore que les artistes qui figurent dans ce concert sont des artistes de *primo cartello;* aussi les paye-t-on chacun 10 francs par soirée, prix exorbitant, paraît-il, pour le pays. . . . .
. . . . . . . . . . . . . . . . .

La journée du dimanche fut consacrée à l'exploration de la ville, divisée en différents quartiers habités par une population bien distincte.

Le quartier juif est peut-être le plus original, avec ses rues sombres et étroites, souvent voûtées à certains endroits, ses ruelles étranglées, ses impasses, ses maisons aux murailles branlantes, rongées de vétusté, dont quelques-unes, en contrebas de la voie publique, sont percées de trous en guise de fenêtres. Plusieurs constructions laissent encore voir de curieux restes d'architecture mauresque. Dans les cours ruisselantes d'humidité, on aperçoit d'affreuses créatures malpropres, des enfants en haillons qui vous regardent d'un air ahuri.

Le peintre peut trouver là une inépuisable variété des sujets les plus fantaisistes et les plus réalistes.

Une rue plus large et plus régulière que les autres traverse le *ghetto* tlemcenois dans toute sa longueur : c'est celle des orfèvres, bordée d'échoppes où l'on travaille les métaux. Partout retentissent les coups de marteau.

A chaque pas, nous sommes arrêtés par les fabricants qui nous sollicitent de regarder leurs produits et font l'article dans un langage hybride franco-arabe, qu'il est difficile de comprendre.

Mais on n'a pas de peine à résister à la tentation, car, si la matière est précieuse, sauf quelques bijoux d'une certaine originalité, l'art fait à peu près complètement défaut.

Dans le quartier musulman, c'est la rue de Maskara qui captive particulièrement l'attention de l'étranger. Cette rue, longue et à pente rapide, offre dans tout son parcours une perspective des plus attrayantes avec ses deux rangées de constructions basses et uniformes, composées exclusivement d'un rez-de-chaussée et d'où se détache la tour élancée d'un minaret revêtu, sur ses quatre faces, de faïences polychromes.

Les maisons à toiture inclinée et recouvertes de tuiles ne sont habitées que le jour; elles servent de magasins où s'entassent des quantités de marchandises indigènes, surtout des étoffes et des chaussures; inutile d'ajouter que l'article *maroquin* est représenté ici par les spécimens les plus variés et les mieux façonnés.

Les marchands portent les costumes les plus fantaisistes; je me plais longtemps à considérer l'un d'eux, drapé majestueusement dans une espèce de toge d'un tissu jaune broché d'or, d'un effet mirobolant. J'admire encore la placidité et la gravité avec lesquelles les négociants servent leur nombreuse clientèle.

Sur la chaussée, s'établit un flux et un reflux ininterrompu de passants, presque tous indigènes, parmi lesquels les fils du Maroc se distinguent par leur haute stature et leur physionomie sauvage. Tout cela forme un tableau animé, plein de vie et de couleur.

En explorant les divers quartiers de la ville, on pense bien que je ne négligeais pas de visiter les monuments qui se trouvaient sur mon passage et dont la profusion fait de Tlemcem une sorte de Rome arabe.

Comme dans la ville éternelle, les monuments religieux dominent; ici, ce sont des mosquées, dont plus de soixante existaient encore en 1845. Le défaut d'entretien et les alignements ont fait disparaître la plupart d'entre eux; mais il en reste suffisamment pour satisfaire à l'étude et à l'admiration des archéologues.

Partout le même luxe de colonnes d'onyx, de mosaïques, de faïences vernissées, de stucages aux dessins fantaisistes d'un goût exquis; enfin, tout ce qui constitue l'art décoratif des Arabes dans ce qu'il offre de plus riche et de plus attrayant. On sait que les tableaux et les images où la figure humaine est représentée sont complètement proscrits par le Coran.

Je n'ajouterai rien à ce résumé succinct qui me dispense de copier ou de paraphraser les descriptions publiées sur ce sujet par des écrivains compétents.

En ce qui concerne les édifices civils, appropriés aux divers services communaux, c'est à peine s'ils sont dignes d'une mention, au point de vue de l'esthétique. La bibliothèque et le musée sont installés dans les bâtiments de la mairie.

Le musée, de création récente, présente déjà un certain intérêt à cause des objets de curiosité locale qu'il renferme. Quant à la bibliothèque, il n'y manque qu'une chose... des livres.

Les promenades des environs de Tlemcen (1) sont remplies de charme et de poésie ; les paysages sont à la fois gracieux et imposants, la végétation africaine s'y marie heureusement avec celle de nos climats.

Un des endroits les plus fréquentés s'appelle le *Marabout des femmes stériles ;* le chemin qui y conduit jouit d'une réputation méritée.

Escortés de l'intelligent Koulougli, nous longeons d'abord une partie des vieilles fortifications, pour nous engager dans un sentier accidenté, montant et descendant tour à tour entre une double haie de rosiers en fleurs, entremêlés de cactus et d'aloès.

Nous nous en écartons un instant pour donner un coup d'œil à la remarquable mosquée de *Sidi Halloui,* dont le minaret couronne une éminence qui domine une grande étendue de pays. Un peu plus loin, c'est encore un village nègre qui s'impose à notre attention ; il se compose d'un amas désordonné de constructions misérables et sordides, habitées en parties par une population féminine de l'espèce la plus abjecte et qui vit d'un trafic immonde.

(1) Le climat de Tlemcen est sain et tempéré, pas de chaleurs excessives; l'hiver, le thermomètre varie entre 6 et 8 degrés au-dessus de zéro. La neige est presque considérée comme un phénomène; de là, la prédilection des Européens pour cette ville.

Quelques types hideux, qui font songer aux sorcières de Macbeth, sortent de leurs tanières impures; nous détournons les yeux de ce repaire du vice, pour les porter sur la campagne, aussi fertile, aussi riante que notre belle Touraine.

A droite du sentier que nous continuons à suivre, babille un frais ruisselet qui court gaiement sur un lit de sable doré et disparaît de temps à autre sous des ponts de verdure. Arrivés sur un plateau élevé qui surplombe le cours d'eau, nous cédons à l'attraction irrésistible du séduisant tableau que le hasard met sous nos yeux.

A nos pieds, sont groupées, dans les attitudes les plus diverses, plusieurs femmes indigènes qui entourent un vaste bassin alimenté par l'eau du ruisseau. Quelques-unes, selon le procédé en usage chez les ménagères du pays, lessivent leur linge étendu sur le sol en le piétinant en cadence avec une sorte d'acharnement.

Aucune n'a le visage voilé, et leur toilette plus que négligée laisse même entrevoir certains détails qui demeureraient sûrement cachés, si les sœurs de Rebecca ne se croyaient à l'abri des regards indiscrets, derrière l'épaisse charmille dont la route est bordée.

A en juger par les éclats de rire qui montent jusqu'à nos oreilles, il doit s'échanger de fameux *potins* entre les joyeuses lavandières.

Abd-el-Kader, obéissant à ses principes moraux

et religieux, s'était éloigné pudiquement pendant cette halte. Il revint bientôt sur ses pas pour nous engager à ne pas prolonger davantage nos études plastiques. Il y allait de la vie, assurait-il, si nous étions surpris par un indigène, et l'idylle pouvait avoir un dénouement tragique.

La retraite s'opéra sans incident fâcheux.

Encore quelques pas, et nous gagnons la promenade ombragée que les Français résidant à Tlemcen appellent, par une analogie plus patriotique qu'exacte, le *Bois de Boulogne*. Celui-ci diffère de son homonyme parisien, d'abord parce qu'il est planté presque exclusivement d'oliviers séculaires et de térébinthes; ensuite, parce qu'il abrite un certain nombre de petites constructions à base rectangulaire, surmontées d'une coupole, désignées sous la dénomination de *Koubbas* ou de *Marabouts* (1).

C'est parmi ces derniers, au milieu d'un site romantique, que se trouve le marabout de *Sidi Yacoub* ou des *femmes stériles*.

Un gardien indigène, drapé dans son burnous, se tient gravement en sentinelle devant la porte d'entrée que je ne cherche nullement à franchir, n'ayant rien à démêler avec le saint personnage qui préside à la fécondité du beau sexe.

Mais, pendant que je considère avec intérêt l'architecture extérieure du petit monument, percé de

(1) Petits tombeaux de saints personnages.

trois arcades mauresques, survient une bande de jeunes filles européennes qui font tout à coup irruption dans le sanctuaire de *Sidi Yacoub*, riant, babillant et chantant, comme si elles entraient dans une salle de récréation.

Ce qui m'étonne plus, c'est de voir que le gardien, loin de paraître vouloir s'opposer à cette invasion irrespectueuse, sourit à ces espiègles avec une bonhomie qui prouve en faveur de son caractère, mais qui doit lui nuire singulièrement dans la confiance de son vénéré patron.

Je me retire quelque peu scandalisé, en regrettant que le hasard ne m'ait pas conduit dans cet endroit, un jour de pèlerinage, où les femmes mauresques et juives viennent processionnellement prier le saint de faire cesser la stérilité qui les afflige, et accompagnent leurs prières de sacrifices de nature à se concilier les faveurs du puissant marabout.

## XVIII

Politesse archéologique. — Musique municipale. — Le photographe Pédra. — Son portrait et son histoire. — Répulsion des indigènes pour l'objectif. — Du haut d'un minaret. Fête nègre. — Les adieux de M. Pascalin. — Le vrai nom d'Abd-el-Kader. — Départ d'Oran. — Une halte à Carthagène. — Salut au vieux donjon provinois.

Les ruines de toutes espèces et de toutes formes, éparses dans la campagne solitaire, que nous traversons pour regagner la ville, sont, me dit-on, les derniers vestiges d'*Agadir*, la primitive Tlemcen, qui s'appelait *Pomaria* sous la domination romaine.

Je salue, avec le respect qui leur est dû, ces intéressants débris du passé; mais je me borne à cette politesse en faisant infidélité à l'archéologie, pour aller entendre la musique municipale qui donne un concert sur la place du *Méchouar*.

Les instrumentistes sont nombreux, tous portent un élégant uniforme militaire; ils abordent les morceaux les plus difficiles, empruntés aux *Huguenots*, au *Prophète*, à la *Muette* et autres opéras modernes, qu'ils exécutent en vrais artistes.

Contrairement à ce qui existe d'ordinaire dans la composition des musiques civiles, les clarinettistes sont ici en grand nombre, et, chose plus surprenante, ils jouent de leur instrument avec une justesse irréprochable.

La foule des auditeurs qui écoutent en se promenant est curieuse à observer. On y voit confondus l'élément européen et l'élément indigène réprésentés par les types les plus variés. Le soleil qui répand ses paillettes d'or sur ce monde bigarré et sur les terrasses voisines, occupées par des Mauresques et des juives parées de leurs plus brillants atours, contribue à faire de cet ensemble un tableau saisissant.

Le concert terminé, nous nous faisons conduire chez le photographe Pédra, une curiosité locale qu'il ne faut pas négliger.

La maison de l'artiste est située dans une des rues les plus pittoresques, mais aussi les plus malpropres du *ghetto*. Une petite porte bâtarde, percée dans un mur bas et crevassé, donne accès à une cour fermée sur deux de ses côtés par un bâtiment sans étage.

Le photographe est assis en ce moment devant une table rustique, chargée d'épreuves et de clichés de toute grandeur; à côté, se dresse l'objectif.

A notre approche, Pédra se lève péniblement; c'est un grand vieillard de soixante-dix à quatre-vingts ans, long et sec comme un échalas; sur sa figure parcheminée courent en tous sens des rides profondes, une épaisse barbe grise retombe négligemment sur sa poitrine ; l'ensemble de la physionomie ne manque d'ailleurs ni de finesse ni de distinction.

Sur notre déclaration que nous ne venons pas nous faire portraiturer, mais acheter des photographies, Pédra s'empresse de mettre à notre disposition une collection nombreuse de ses produits.

Pendant que nous faisons notre choix, nous recueillons quelques particularités assez intéressantes sur l'auteur.

Pédra nous apprend qu'il est Espagnol, et habite l'Algérie depuis les premiers temps de l'occupation française. Après avoir résidé successivement dans les provinces d'Alger et de Constantine, il est venu se fixer à Tlemcen.

La fortune commença d'abord à lui sourire. A cette époque, l'artiste n'avait aucune concurrence à redouter, et d'ailleurs son talent incontestable lui avait attiré une nombreuse et riche clientèle. Bientôt, il réalisait un capital qui lui permettait de faire construire une maison dans le plus beau quartier de Tlemcen, où les matériaux et la main d'œuvre sont fort chers. Mais, par suite de spéculations malheureuses, Pédra contracta des dettes, la maison fut grevée d'hypothèques et le propriétaire vint s'échouer dans l'affreux taudis où nous le voyons relégué aujourd'hui.

Rien en effet de misérable comme l'intérieur de ce logis. J'aperçois, dans la chambre à coucher, un mauvais grabat en guise de lit, quelques chaises de paille grossières, rangées à côté d'une vieille commode boiteuse ; çà et là, des vases écornés et des ustensiles nécessaires à la profession. Sur les murs sont appendus des fers à cheval dont j'ai déjà indiqué la signification, et qui jusqu'ici ont été de tristes préservatifs pour l'infortuné Pédra.

Le grand titre de gloire du photographe espagnol est d'avoir fourni les clichés qui ont servi à l'illustration des intéressants articles sur Tlemcen publiés par le *Tour du monde* (année 1875). Les vues sont en effet très bien choisies et parfaitement réussies.

Je cherche en vain, parmi les nombreux sujets étalés sous mes yeux, quelques types féminins. Comme j'exprimais ma surprise et mon désappointement à ce sujet : « Vous ignorez sans doute, dit le maître, que c'est chose presque impossible que de faire poser les indigènes, arabes ou israélites, surtout ceux qui appartiennent au beau sexe.

« Un jour, ajoute Pédra, que j'étais parvenu à faire le portrait d'une superbe juive, j'eus l'imprudence de l'exposer au dehors. Grande rumeur tout à coup parmi les frères et amis, des attroupements menaçants se formèrent devant ma demeure, le modèle faillit être lapidé et votre serviteur n'échappa qu'à grand peine aux fureurs de la tribu de Jacob.

« Depuis cette aventure, fût-ce à prix d'or, aucun indigène n'ose affronter les indiscrétions de l'objectif.

« Les nègres eux-mêmes se refusent à faire reproduire leur image; ce n'est pas précisément qu'ils aient conscience de leur laideur, mais, eux aussi, obéissent à un scrupule ou plutôt à un préjugé religieux.

« Une fois cependant, je croyais en avoir séduit un, en lui promettant un bourricaud (c'est le nom généralement employé en Algérie pour désigner l'animal aux longues oreilles).

« Le marché conclu, j'allais procéder à l'opération, lorsque le nègre, saisi de crainte ou de remords, se dédit et renonça à la prime alléchante qui l'attendait. »

On voit que ce n'est pas avec ce genre de clientèle que le pauvre photographe peut espérer rétablir ses affaires.

Nous nous retirâmes chargés d'une provision de vues stéréoscopiques et comblés des bénédictions de l'artiste et de son épouse, laquelle, par parenthèse, n'a jamais dû poser pour les Vénus d'aucune catégorie. . . . . . . . . . . . . . . . .
. . . . . . . . . . . . . . . . . .

Notre journée du lendemain, qui devait être la dernière passée à Tlemcen, fut consacrée à compléter nos explorations dans la cité mauresque.

Nous débutâmes par l'ascension du minaret de

la *Grande Mosquée*. De la plate-forme qui couronne le sommet, l'œil embrasse tout l'ensemble de la ville qui se déroule comme un vaste plan en relief.

Nous sommes dérangés dans notre contemplation topographique par plusieurs enfants indigènes qui envahissent notre observatoire, en se bousculant avec des cris et des rires bruyants. L'un d'eux s'empare même du drapeau blanc dont se sert le *Muezzin* lors des appels à la prière et l'agite en l'air. Craignant d'être compromis par les facéties irrévérencieuses de ces gamins, nous nous empressons d'abandonner la place.

En regagnant l'hôtel, à travers le labyrinthe des petites rues arabes, nous nous croisons avec une procession de nègres et de négrillons des deux sexes, qui chantent, dansent et hurlent, les uns à demi nus, les autres couverts de loques et d'oripeaux indescriptibles.

A la tête de la bande joyeuse de ces sauvages, marche un véritable colosse, sorte de tambour-major qui fait évoluer avec beaucoup d'adresse un bâton enguirlandé de feuillages et de fleurs. Puis viennent les musiciens armés de cymbales, de castagnettes de fer et autres engins musicaux particuliers à cette race primitive.

Derrière l'orchestre barbare, défile une troupe de grands diables noirs qui, surexcités sans doute par de copieuses libations d'*eau de feu,* se livrent aux gambades et aux gesticulations les plus fantasques et les plus extravagantes; ils s'arrêtent de temps à autres pour quêter parmi la foule des badauds amassés sur leur passage.

C'est aujourd'hui la fête des hommes d'ébène, qui la célèbrent ici, comme s'ils se trouvaient dans leur brûlante patrie.

L'heure du départ est arrivée. M. Pascalin, sur ma déclaration que je suis très satisfait de son hospitalité, sollicite mon intervention auprès du libraire Hachette, pour faire figurer avec une mention honorable, dans la prochaine édition du *Guide Piesse* en Algérie, *l'Hôtel de la Paix*.

J'en prends l'engagement solennel; M. Pascalin me remet alors un volumineux paquet de cartes-adresses dont il me prie de distribuer le plus grand nombre possible.

Il m'en reste encore un certain stock que je tiens à la disposition des personnes qui auraient l'intention d'aller visiter Tlemcen.

Inutile d'ajouter, je pense, que je n'ai reçu aucune remise pour me livrer à ce genre de propagande.

Je recommanderai par la même occasion le guide Abd-el-Kader, des services duquel je n'eus qu'à me louer.

Le Smyrniote vint nous reconduire à la diligence. En me serrant la main après m'avoir souhaité un heureux voyage, il me tendit un papier sur lequel je lus cette adresse : *Mustapha Mirabert (Turquie)*.

Abd-el-Kader était un pseudonyme qu'il avait cru devoir prendre à Tlemcen. J'ignore pourquoi l'excellent cicerone m'avait fait si tardivement cette révélation, car il m'eût été fort indifférent de l'appeler Mustapha.

Tlemcen était la dernière étape de mon second voyage en Algérie. Rentré à Oran, il ne me restait plus qu'à reprendre le chemin de la France. C'est au paquebot Valéry, *l'Ajaccio*, que j'allais confier ma modeste personne.

Le bateau touche à Carthagène, où l'on stationne environ six heures, temps plus que suffisant pour se faire une idée générale de la ville espagnole qui offre d'ailleurs peu de chose à la curiosité du touriste, et pour absorber une ou plusieurs tasses du chocolat national; on sait que ces tasses sont microscopiques. Elles devaient me soutenir et au-delà, jusqu'à mon arrivée à Marseille, après deux jours et deux nuits de terribles angoisses.

La cité phocéenne était alors en fête, impossible de trouver un gîte dans le plus modeste hôtel; une nuit à la belle étoile, même à Marseille, n'a rien de séduisant; aussi, nous décidâmes-nous à poursuivre notre route jusqu'à Arles, où nous trouvâmes un confortable abri sur la place du Forum.

Je ne regrettai qu'à demi l'incident qui me donnait l'occasion de revoir à loisir les admirables monuments de la Rome provençale.

Toutefois, si intéressants qu'ils fussent, leur souvenir s'effaça bien vite de ma mémoire, quand deux jours après je commençai à entrevoir, à travers la brume transparente du matin, notre vieux donjon, sentinelle de pierre qui se dresse si fièrement sur le verdoyant promontoire de la Ville-Haute.

Je rentrais à Provins, heureux d'avoir accompli, dans les meilleures conditions possibles, un voyage qui me laissait les plus charmantes impressions; et il ne manquerait rien aujourd'hui à ma satisfaction, si j'avais l'assurance que le lecteur de ce livre a suivi avec quelque intérêt les pérégrinations en Algérie dont je me suis hasardé à publier le récit.

FIN

# TABLE DES MATIÈRES

## PREMIÈRE PARTIE

Pages.

I. — Le train le *Rapide*. — Le square de la gare de Marseille. — Le palais de Longchamps. — Fontaines réhabilitées. — Le paquebot l'*Afrique*. — Un voyageur malgré lui. — Soirée à bord. — Calme et tempête. — Les îles Baléares. — Arrivée dans le port d'Alger . . . . . . . . . . . . . . . . . 1

II. — Débarquement. — Avantage des points suspensifs. — L'hôtel de l'Oasis. — Un violoniste nègre. — La place du Gouvernement. — Mosquée de la pêcherie. — Un coin de l'Arabie. — Le marché de la place de Chartres. — Les Mauresques. — Puissance de l'imagination. . . . . . . . . . . 10

III. — Fâcheuse révélation. — Les maisons mauresques. — Emblèmes superstitieux. — Comparaison n'est pas raison. — Quelques noms de rues. — Commerce et industrie locale. — Les bouchers mozabites. — Le quartier de la Kasbah. — Cafés maures et musique arabe. — Opinion d'un mélomane persan sur l'opéra. . . . . . . . . . . . . . . . 22

IV. — Chez le barbier. — A la porte d'une boulangerie. — Les odalisques du quartier de la Kasbah. — Promenade nocturne. — La grande mosquée. — Un office à la synagogue. — Les Juives d'Alger. — La Pâque et l'anniversaire de la naissance du prophète. . . . . . . . . . . . . . . . . 36

V. — Le palais du gouverneur. — La bibliothèque et le musée lapidaire. — Les théâtres. — Une soirée à la *Perle*. — Tous *Mabouls*. — La mosquée Sidi-Raman. — Une négresse excentrique. — Ce qu'on voit dans un cimetière maure. — Le jardin Marengo. . . . . . . . . . . . . . . . . . . . 50

## TABLE DES MATIERES.

Pages.

VI. — Les omnibus d'Alger. — La Kouba de Sidi-Mohamed. — Le café des platanes. — Le hamma. — Paysage oriental. — Un officier de spahis. — La rue des zouaves. — Les Aïssaouats. — Tableau!. . . . . . . . . . . . . . . . . . 63

VII. — Une séance d'Aïssaouats. — Le public. — L'orchestre. — Les acteurs. — Les *Youyou* des Mauresques. — Chorégraphie des Aïssaouats. — Exercice du serpent. — Les blanchisseurs de maisons . . . . . . . . . . . . . . . . . 74

VIII. — Encore les Aïssaouats. — Le figuier de Barbarie. — Scène de gloutonnerie. — Le supplice des épingles. — Explication physiologique. — Les mangeurs de charbon. — Prodige d'équilibre. — Destinée des Aïssaouats. — Chez les nègres. — Le chant du Muezzin et le *Désert* de Félicien David. — La prière du soir à la grande mosquée. . . . . . 82

IX. — Excursion à Blidah. — Les Arabes en chemin de fer. — Un aimable Caïd. — La plaine de la Mitidja. — Bou-Farick. — Le jardin des Hespérides. — Blidah. — Les gorges de la Chiffa et les singes en liberté. — Peintures murales. — Une famille mauresque. — Concert de la Société des beaux-arts . . . . . . . . . . . . . . . . . . . . . . . . . 94

X. — Départ d'Alger. — Adieux mélancoliques. — La *Columba*. Histoire rétrospective. — Ceci tuera-t-il cela? Incidents de la traversée. — Dellys. — Simple histoire de deux Mauresques. — Un amateur d'absinthe. — Les Anglaises à table. 108

XI. — Bougie. — Physionomie de la ville. — Marchés kabyle et européen. — Bijouterie et céramique kabyles. — Portrait d'un touriste anglais. — Ce qui nous distingue de nos voisins d'Outre-Manche. — Shocking! — Ascension de sir John au mont Gouraya. — Sauvé, mon Dieu!. . . . . . . . . . 118

XII. — Djidjelli vu de la *Columba*. — Collo. — Philippeville et son musée. — Un aigle en liège. — Le chemin de fer de Constantine. — Aspect de la campagne. — Les gourbis. — Le col des Oliviers. — Arrivée à Constantine . . . . . . 129

XIII. — L'hôtel d'Orient. — Un gandin arabe. Les boulangers de la place de Nemours. — La rue Nationale. — Le Rummel. La Kasbah. — Le rocher de la femme adultère. — Une statistique délicate. . . . . . . . . . . . . . . . . . . . . . 141

XIV. — Un tragique épisode. — Physionomie du quartier arabe. — La rue Combes. — Le sérail de Salah-bey. — Le jardin des orangers. — Détails de mœurs orientales. — La cathédrale. — Le journal l'*Indépendant*. — La philosophie au bal . . . 152

XV. — Paysage. — Le *Cassard*. — Couscoussou mozabite. — Les deux amis. — Le marché de la porte Djebbia. — Une leçon d'histoire naturelle. — Les brochettes de mouton. — Quelques industries du quartier musulman. — École arabe. La *casquette du père Bugeaud.* — Les Turcos. . . . . . . . 164

XVI. — Excursion à Sidi-Mécid. — L'établissement thermal. — Les naïades. — La salle de bal. — Le café de la grotte. — Le musée du square Valée et les israélites. . . . . . . . . 176

XVII. L'aqueduc de Justinien. — Un enterrement arabe. — La lessive au Ghetto. — La place Négrier et les encanteurs. — Départ pour Glenma. . . . . . . . . . . . . . . . . 184

XVIII. — La route de Guelma. — L'hôtel Auriel. — Préparatifs de fête. — Physionomie de la ville. — La rue d'Announa. — Les thermes et le théâtre antique. — Campement arabe. Excursion à Hammam-Meskoutine. — (Bains des maudits.) Les sources. — Les cônes. . . . . . . . . . . . . . . 191

XIX. — La légende des maudits. — L'hôpital militaire. — Mariages arabes. — Avant l'arrivée. — Un nègre facétieux. La prière en plein air. — Le théâtre et les bédouins. . . . 203

XX. — Réception du gouverneur. — Fantasia. — Une politesse arabe à mon adresse. — Pendant la revue. — Les visites officielles. — Le concert. — Les illuminations. — Départ du général Chanzy. — Mes adieux à l'hôtel Auriel. . . . . 212

XXI. — La diligence et le chemin de fer de Guelma à Bône. Héliopolis. — Un rafraîchissement qui altère. — Le lac Fezzara. — La genette. — Arrivée à Bône. — La mosquée et les cigognes. . . . . . . . . . . . . . . . . . . . 219

XXII. — Excursion à Hippone. — Le monument de saint Augustin et les Thermes. — Banquet officiel. — Le journal de Bône. — Trop de musiques. — Le bal du théâtre. — A bon entendeur salut. — Pauvre Cassard! . . . . . . . . . . 227

XXIII. — Le quartier arabe de Bône. — Les marchands et les amateurs de musc. — Un enfant précoce. — Le Rocher du Lion. — Les bains de mer. — Photographe et poète. — Portrait de l'artiste. — La légende versifiée d'Hammam-Meskoutine. — Analyse et citations du poème. — Un modèle de réclame. . . . . . . . . . . . . . . . . . . . . . 235

XXIV. — Une nouvelle à sensation. — Arrivée du paquebot de Tunis. — Reconnaissance avec sir John. — Ma dernière soirée en Algérie. — Départ de Bône. — Parallèle international. 249

XXV. — Le vapeur *l'Immaculée-Conception.* — Quelques types de passagers. — Un compatriote de Chopin. — La poule de Carthage. — Opinion de sir John sur Salammbô. — Les côtes de la Sardaigne. — Le Monte Rotondo et les îles sanguinaires. . . . . . . . . . . . . . . . . . . . . 256

XXVI. — Ajaccio. — Parallèle avec Naples. — Les maisons et les avocats. — Mes adieux à sir John. — Physionomie d'Ajaccio. — Les statues de la famille Bonaparte. — La cathédrale. — La maison de Napoléon I$^{er}$ .......... 263

XXVII. — Poignards et vendetta. — Patriotisme français du Corse. — Le musée de Marseille et la Judith d'Henri Regnault. — Un admirateur de Corot. ............. 269

# DEUXIÈME PARTIE

I. — Au lecteur. — En route pour le désert. — Débarquement à Philippeville. — Le dimanche des Rameaux. — Réservistes algériens. — Arrivée à Constantine. — Les nouvelles rues. — Un voyageur en papeterie. — De Constantine à Batna. — Les chots. — Paysage matinal. — Premières caravanes. ............................ 277

II. — Batna. — Un peu de topographie. — L'hôtel des étrangers. — Un officier provinois. — Excursion à Lambessa. — Le camp romain et le Prætorium. — Vénus et Jupiter. — Manie iconoclaste. — Les pierres qui parlent. — Un pâtre musicien. — Préludes d'orage. — Village nègre. — Fantasia de négrillons. — Détails de mœurs. — Chiens indigènes. — Pluie d'or. — Effets de perspective. ....... 290

III. — Départ de Batna. — Les messageries du Sahara. — Un officier des subsistances. — Trop d'orge. — La Baraque. — A déjeuner. — La campagne. — L'Oued-Kantara. — On demande des ponts. — La porte du désert. — L'oasis d'Elkantara. — Effet de siroco. — Les monts Aurès. — Le Djebel Mélah. — Le saut périlleux. — El-Outaya ...... 302

IV. — Une alerte. — Sauvés. — Le col de Sfa et la mer. — Entrée nocturne à Biskra. — L'hôtel du Sahara. — Garçons indigènes. — Manifestation imprévue. — Échos du soir. — Les chambres de l'hôtel. — Jardin d'acclimatation. — Les druides sahariens. — L'arbre du désert. — Les irrigations. — Renseignements utiles. ................. 315

V. — Le guide Moumi. — Réfectoire militaire. — Le café maure du marché. — Un maboul. — Chez le capitaine S... — Au désert. — Réminiscences poétiques. — L'oasis de

## TABLE DES MATIÈRES.

Pages.

Chetma. — Visite au cheik. — Lunch en plein air. — La vaisselle du cheik. — Regrets partagés . . . . . . . . . . 227

VI. — La fille du cheik. — Tendresse paternelle. — Les adieux. — Le bracelet. — Brusque dénouement. — Doléances du guide. — La fontaine chaude. — Confidences instructives. — Le journal le *Rappel* dans le désert. — Un chroniqueur provinois. — Ali. — Provision de sable. — Encore un village nègre. — Tableau champêtre. — Le vieux Biskra. — Avenue de palmiers. — Coucher de soleil. . . . . . . . . . . 338

VII. — Une profession non patentée. — Portrait d'un touriste. — Dévouement conjugal. — Les Ouled-Naïls. — Particularités singulières. — Une rue mal habitée. — Intérieur d'un café maure. — L'orchestre. — Le public. — Les danseuses. — Physionomie et toilette. — Un placement original. — La danse du ventre. — Interprétation. . . . . . . . . . . . 347

VIII. — Avis confidentiel. — Un peu trop risqué. — Shocking! *Boule de Neige* et le commis voyageur. — L'église de Biskra. L'office pascal. — La musique. — Peintres et violonistes. — Au marché. — Gamins biskris. — Un instituteur modèle. — Excursion à la villa Landon . . . . . . . . . . . . . 357

IX. — Aspect de la villa Landon. — Le gardien cicerone. — Jardins enchantés. — Le salon d'été et le peintre Fromentin. — Un mangeur de sauterelles. — Le propriétaire de la villa. — Concert militaire. — Les Zéphyrs. — Au cercle des officiers. — La famille Médan. — Départ nocturne. — Dernières impressions. . . . . . . . . . . . . . . . . 367

X. — A la gare. — Turco et Mauresque. — La consigne est de ronfler. — En chemin de fer. — Position embarassante. — La route de Stora. — Représentation extraordinaire. — Entre deux tirailleurs. — Le blessé de Wissembourg. — Dîner à bord. — Un missionnaire franc-comtois. — Kabyles et Arabes. . . . . . . . . . . . . . . . . . . . . . 375

XI. — Prêtre et médecin. — Bal champêtre. — Un pensionnat à Djidjelli. — Bougie par la pluie. — En vue de Dellys. — Arrivée à Alger. — Le nouvel *Hôtel de l'Oasis*. — Rencontre d'Abd-el-Kader. — Préparatifs de fête. . . . 386

XII. — Départ d'Alger. — Paysages. — El-Affroun. — Singulière hospitalité. — Un loueur de voitures. — L'*Hôtel de la Gare* et les hirondelles. — M. Dubois et son équipage. — Aspect lointain du Tombeau de la Chrétienne. — Les caprices de Bibi. — Une ferme modèle. — Montebello. — L'ascension. — Les deux guides. — Le gardien du tombeau. — Simple hypothèse. — Un génie protecteur. . . . . . . . 393

XIII. — La brèche. — Désappointement. — Mystère! — Dans le mausolée. — Le boniment. — Un peu de gymnastique. — Recommandé aux chasseurs. — Panorama. — Une plaisanterie mal reçue. — Ahmed et sa famille. — Un village peu prospère. — Chemin de traverse. — Retour à l'Hôtel.  404

XIV. — Sur le chemin de fer d'Oran. — Vesoul Bénian. — La vallée du Chélif. — Un viticulteur algérien. — Paysages. — Arrivée à Oran. — L'*Hôtel de l'Univers*. — Oran à vol d'oiseau. — Le ghetto et les femmes juives. — Café chantant. — L'orchestre hébreu. — Marché nègre. — Danseurs et danseuses. — Les youyou. — Barbarie et civilisation. — Mers el Kébir.  412

XV. — D'Oran à Tlemcen. — On demande un chemin de fer. Opinion de Pandore sur les Espagnols. — Un officier de gendarmerie. — Bureaux arabes et spahis. — Rencontre suspecte. — Misserghin. — Paysages nocturnes. — Arrivée à Tlemcen — L'hôtel de la paix. — Le personnel féminin.  425

XVI. — Un guide Koulougli. — Le Méchouar. — Ce qu'on voit sur le boulevard. — Les servantes espagnoles. — Singuliers détails de mœurs. — Excursion à Mansourah. — Un siège prolongé. — Les fortifications. — Légende arabe. — La frontière du Maroc et les déserteurs. — Bou-Médine. — Une perle dans le fumier. — Le thaumaturge. — Mosquée et Médersa. — Shocking! — Cascades du Méfrouch.  433

XVII. — Le Muezzin. — Ablution sèche. — Concert juif. — Chansonnettes lugubres. — Le ghetto. — Les rues des Orfèvres et de Maskara. — Monuments religieux et civils. — Environs de Tlemcen. — Le village nègre. — Au bord d'un ruisseau. — Derrière le rideau. — Le bois de Boulogne et le marabout des femmes stériles  445

XVIII. — Politesse archéologique. — Musique municipale. — Le photographe Pédra. — Son portrait et son histoire. — Répulsion des indigènes pour l'objectif. — Du haut d'un minaret. — Fête nègre. — Les adieux de M. Pascalin. — Le vrai nom d'Abd-el-Kader. — Départ d'Oran. — Une halte à Carthagène. — Salut au vieux donjon provinois.  455

FIN DE LA TABLE DES MATIÈRES

PARIS

TYPOGRAPHIE GEORGES CHAMEROT

19, rue des Saints-Pères, 19

www.ingramcontent.com/pod-product-compliance
Lightning Source LLC
Chambersburg PA
CBHW071624230426
43669CB00012B/2060